PKU International and Comparative Law Review

北大国际法与比较法评论

第16卷·总第19辑

北京大学法学院　编

法律出版社
LAW PRESS·CHINA
——北京——

图书在版编目(CIP)数据

北大国际法与比较法评论. 第16卷 : 总第19辑 / 北京大学法学院编. -- 北京 : 法律出版社, 2022

ISBN 978-7-5197-6577-4

Ⅰ. ①北… Ⅱ. ①北… Ⅲ. ①国际法-文集②比较法学-文集 Ⅳ. ①D99-53②D908-53

中国版本图书馆CIP数据核字(2022)第049476号

北大国际法与比较法评论(第16卷·总第19辑) **BEIDA GUOJIFA YU BIJIAOFA PINGLUN (DI-16 JUAN · ZONGDI-19 JI)**	北京大学法学院 编	责任编辑 韩满春 装帧设计 李 瞻

出版发行 法律出版社
编辑统筹 学术·对外出版分社
责任校对 王晓萍
责任印制 陶 松
经　　销 新华书店

开本 710毫米×1000毫米 1/16
印张 17.5 **字数** 270千
版本 2022年4月第1版
印次 2022年4月第1次印刷
印刷 三河市龙大印装有限公司

地址:北京市丰台区莲花池西里7号(100073)
网址:www.lawpress.com.cn
投稿邮箱:info@lawpress.com.cn
举报盗版邮箱:jbwq@lawpress.com.cn

销售电话:010-83938349
客服电话:010-83938350
咨询电话:010-63939796

书号:ISBN 978-7-5197-6577-4
定价:68.00元

凡购买本社图书,如有印装错误,我社负责退换。电话:010-83938349

本书得到“北京大学学科建设经费：学术期刊项目”及
“法学院国际法发展基金—校友奖教金”的经费资助，谨致谢意。

《北大国际法与比较法评论》

编委会名单

目　录

国际争端解决

专　论

经典选译

中国国际法学者

Contents

International Settlement of Disputes

Articles

Translations

Chinese International Legal Scholars

国际争端解决

国际法院咨询意见作为争端解决替代机制的理论与实践反思

◇ 廖雪霞*

【内容摘要】咨询意见是国际法院司法实践的重要组成部分,源自向国际组织提供法律意见的职能定位。出于咨询意见所具有的权威性和影响力,能否将咨询意见作为介入乃至解决国家间争端的替代机制成为研究国际法院程序的理论焦点。2021年国际海洋法法庭特别分庭作出的"毛里求斯/马尔代夫海洋划界案"初步反对意见判决宣告2019年国际法院"查戈斯群岛"咨询意见具有解决英国和毛里求斯之间领土争端的效力和影响,似乎指向这一理论的前景。本文从法理和实践的层面考察咨询意见能否成为争端解决的替代机制,并结合司法实践的新动向反思国际法院咨询意见的功能定位,展望国际争端解决的发展趋势和中国因应。

【关键词】咨询意见;国际争端解决;"查戈斯群岛"咨询意见;"毛里求斯/马尔代夫海洋划界案"

一、问题的提出

咨询意见是国际法院司法实践的重要组成部分,也是阐明国际法规则乃至促进国际法发展的重要国际法资料。《联合国宪章》(以下简称《宪章》)第96条规定,联合国大会、安理会以及联合国其他机关和各种专门机关均得请国际法院就国际法问题发表咨询意见。自国际法院设立以来,国

* 北京大学法学院助理教授,本文为国家社会科学基金青年项目(20CFX088)阶段性成果。

际法院已发表27份咨询意见。[1] 其中,一些咨询意见促进了国际法的逐步发展,如明确联合国在国际法上主体地位的1949年"执行联合国职务时所受损害的赔偿"咨询意见、厘清民族自决原则国际法内涵的1971年"南非不顾安全理事会第276(1970)号决议继续留驻纳米比亚(西南非洲)对各国的法律后果"咨询意见(以下简称"纳米比亚"咨询意见)等;一些咨询意见探索了极具争议且富有政治敏感性的国际法问题,如1996年"以核武器相威胁或使用核武器的合法性"咨询意见、2010年"科索沃单方面宣布独立是否符合国际法"咨询意见等。尽管国际法院的咨询意见并不具有形式上的法律拘束力,[2]但不可否认,咨询意见一经作出,便代表国际法院对特定国际法问题的立场,对国际法的演进变迁具有事实上的塑造力。[3] 1951年"对《防止及惩治灭绝种族罪公约》提出的保留"咨询意见(以下简称"对《灭种公约》保留"咨询意见)极大影响了后来1969年《维也纳条约法公约》有关多边条约保留的规则即为一例。

正是因为国际法院咨询意见的影响力和权威性,学界和实务界不免开始探索通过国际法院咨询意见来影响、介入乃至解决国家间争端的可能性。从国际法院咨询意见的性质与定位来看,咨询意见并非解决国家间争端的机制,而是弥补国际组织无法成为诉讼案件当事方获取法律判断的咨询机制,是"国际法院作为联合国主要司法机构参与联合国实践的重要途径"。[4] 然而,在实践中,联合国大会或安理会在关注或审议的局势中也可能包含国家间彼此冲突的权利主张,因此国际法院的咨询意见不乏触及国家间争端的情形,如2004年"在被占领巴勒斯坦领土修建隔离墙的法律后果"咨询意见(以下简称"隔离墙"咨询意见)分析以色列在其所占加沙地带、约旦河西岸及耶路撒冷等区域修建隔离墙的国际法后果,实际上涉足了以色列与巴勒斯坦之间的争端。因此,虽然国际法院咨询意见并非解决国

---

〔1〕 International Court of Justice, "Advisory Proceedings", available at https://www.icj-cij.org/en/advisory-proceedings. last visited 21 July 2021.

〔2〕 Hugh Thirlway, *The International Court of Justice* (Oxford University Press, 2016), pp. 62-63.

〔3〕 Anthony Aust, "Advisory Opinions", 1 *Journal of International Dispute Settlement* (2010), p. 150.

〔4〕 *Western Sahara* (Advisory Opinion), [1975] ICJ Reports 12, p. 21, para. 23.

际争端的机制,但在现实中却产生了介入国家间争端的效果。

本文要探讨的便是将国际法院咨询意见作为解决国家间争端的替代机制这一问题。需要强调,本文研究的并非国际法院咨询意见的实质内容可否作为裁判国家间争端的法律依据,而是国家能否利用咨询意见程序来实际上达到裁判国际争端的目的或效果。前者本质上是一个国际法渊源的问题,而后者则是发掘作为一种司法程序的咨询意见在国际争端解决中的潜在作用。这一问题的提出之所以有意义,除了理论创新外,更重要的是回应近年来实践中策略性利用争端解决机制使双边问题"国际化"、政治问题"法律化"的现象。国际法院咨询意见也不能幸免,这体现在 2021 年"毛里求斯/马尔代夫海洋划界案"初步反对意见判决宣告国际法院"查戈斯群岛"咨询意见解决了英国和毛里求斯之间的领土争端。因此,反思咨询意见与国际争端解决之间的理论与实践联结更加迫切。同时,考虑到以往的学术研究往往注重咨询意见的个案得失或在具体国际法领域发挥的作用,[5]缺乏从争端解决的视角对诉讼程序和咨询意见程序作整体考察,本文亦有探索学术前沿的意义。

二、将咨询意见作为争端解决替代机制的法理依据

如何通过咨询意见介入乃至解决国家间争端?衡量这一问题的标准是前者能否在事实上起到后者的效果或实现后者的目的,而研究这一问题的起点是辨析咨询意见与诉讼程序在性质与功能等方面的差异,并从规范层面探索咨询意见作为争端解决替代机制的法理基础。

(一)咨询意见与诉讼案件的差异

咨询意见与诉讼案件是国际法院两种不同类型的司法活动,被不同的程序规则所调整,有以下几方面的差异:

首先,程序主体不同。参与诉讼程序的主体限于国家,[6]而咨询意见

---

〔5〕 前者参见何志鹏:《大国政治中的司法困境——国际法院"科索沃独立咨询意见"的思考与启示》,载《法商研究》2010 年第 6 期;后者参见黄影:《联合国框架下非殖民化问题的最新进展——国际法院"查戈斯群岛咨询意见案"述评》,载《国际法研究》2019 年第 6 期。

〔6〕 依据《国际法院规约》第 34 条,"在法院得为诉讼当事国者,限于国家"。

请求只能由联合国等国际组织提出。这一主体差异源于诉讼程序与咨询意见的不同功能:前者为解决国家间的争端,后者为阐明国际组织工作中所遇国际法问题,以协助国际组织履行职能。这一主体差异又进一步决定了两种程序的结构性特征:诉讼案件具有相互对立与抗争的两个或多个国家主体(通常为两方),在程序中称为争端当事方(parties),其参与程序的目的是说服法院采纳其法律与事实主张、支持其权利请求;咨询意见程序中则缺乏任何当事方。尽管依据《国际法院规约》第66条,国家、国际团体(国际组织)均能参与咨询意见程序并提供书面陈述或作口头陈述,国家参与咨询程序是为协助国际法院得出一个"在法律上确切与正确的判断"。[7]

其次,程序审理的对象不同。诉讼案件中,国际法院审理的对象是"争端",咨询意见程序中国际法院回答的是"法律问题"(legal question)。这不仅是术语上的区别,更直接影响国际法院司法职能的行使:争端的界定取决于国际法院实践中发展出的一系列标准,[8]本质上是对当事方争议内容与范畴的识别(identification);法律问题通常由有权机关以组织决议的方式通过,受制于国际组织议事规则与决策程序中的政治博弈,问题的表述难免因照顾各方利益而具有模糊性或开放性,因此国际法院在实践中经常对咨询意见请求中的法律问题进行解释或者重新界定(reformulation)。解释或重新界定法律问题除了"澄清问题的主旨范围""明确真正的法律问题"外,[9]还可能具有变更问题的指向或限缩法律问题范围的效果。例如,在"科索沃单方面宣布独立是否符合国际法"咨询意见中,国际法院就通过解释联合国大会提出的问题,将"是否符合国际法"限定在宣告独立是否违反国际法的禁止性规定这一问题上,而不过问国际法上是否存在赋权性规定,同时还排除了一系列饱受政治与法律争议的问题。[10] 这种主动修饰甚至

〔7〕 *Supra* note 2, p. 115.

〔8〕 参见朱利江:《国际法院判例中的争端之界定——从"马绍尔群岛案"谈起》,载《法商研究》2017年第5期,第153~158页。

〔9〕 *Accordance with International Law of the Unilateral Declaration of Independence in Respect of Kosovo*(Advisory Opinion)[2010] ICJ Reports p. 403, 423, para. 50.

〔10〕 Ibid., para. 51.

更改提交的法律问题的做法在诉讼案件中是没有法理空间的。[11]

此外,程序结果不同。国际法院裁判诉讼案件的结果是作出判决,在咨询程序中则是出具法律意见书。判决对争端当事方具有拘束力,[12]咨询意见一般情况下则不具备拘束力。[13] 特定情况下,基于条约的具体规定,咨询意见可用于作为裁判国际组织与国家之间争端的法律工具,从而具有决定性的效力。例如,《联合国外交特权与豁免公约》第 8 条规定,"若争端之一造为联合国而他造为会员国之一时,应依据宪章第九十六条及法院规约第六十五条之规定而提请法院裁定咨议意见。法院裁定之咨议意见,应由争端当事人接受为有效裁判"。

更为重要的是,两种程序在确立国际法院管辖权的规则上具有显著差异。诉讼案件中,国际法院获得管辖权的基础是争端各方的同意。只要管辖权得以确立,国际法院不得拒绝裁判争端。[14] 咨询意见的管辖权规范则有所不同。《宪章》第 96 条与《国际法院规约》第 65 条对提起咨询意见请求的主体、对象和条件作出了规定,并明确国际法院具有不行使咨询意见管辖权的自由裁量权。[15] 国际法院在实践中探讨过诸多可能阻却咨询管辖权行使的事由,然而,"作为参与联合国工作的重要方式,国际法院原则上不应拒绝行使咨询意见管辖权"。[16] 事实上国际法院也从未拒绝行使咨询意见管辖权。

比较争端性案件与咨询意见的程序规则,可以看出两种程序在定位上并不存在互相替代的关系,反而是相互补充的关系,两者服务于不同的主体与目标,反映国际法院司法活动的不同面向。然而,在差异化的制度与规则设计之中还潜藏着咨询意见介入国家间争端的法律枢纽。

---

〔11〕 Rüdiger Wolfrum, "Panel II: Advisory Opinions: Are they a Suitable Alternative for the Settlement of International Disputes?", in Rüdiger Wolfrum and Ina Gätzschmann (eds.), *International Dispute Settlement: Room for Innovations? Beiträge zum ausländischen öffentlichen Recht und Völkerrecht* (Springer, 2013), p. 71. (Pierre-Marie Dupuy)

〔12〕 《国际法院规约》第 59 条。

〔13〕 *Supra* note 2, pp. 62-63.

〔14〕 Ibid., p. 67.

〔15〕 *Legal Consequences of the Construction of a Wall in the Occupied Palestinian Territory* (Advisory Opinion) [2004] ICJ Reports 136, p. 156, para. 44.

〔16〕 Ibid.

(二)咨询意见介入国家间争端的法理探讨

尽管咨询意见与争端性案件是两种截然不同的司法程序,两者之间的联系却并非无迹可循。

在规则层面,《国际法院规约》与《国际法院规则》为咨询意见介入国家间争端提供了法律依据。《国际法院规约》第68条规定:“法院执行关于咨询意见之职务时,应参照本规约关于诉讼案件各条款之规定,但以法院认为该项条款可以适用之范围为限。”这一规定表明咨询意见与诉讼案件在组织程序上的共通性。《国际法院规则》进一步明确了在咨询意见的请求涉及两个或两个以上国家间悬而未决的问题的情形时所应适用的程序规则,如参照适用诉讼案件中的专案法官制度、〔17〕就咨询意见书面陈述和所附文件向公共开放查阅一事查明所涉国家的意见等。〔18〕 换言之,《国际法院规约》《国际法院规则》不仅为咨询意见介入国家间争端提供了程序空间,还赋予了有关国家一系列原本只有诉讼程序当事方所享有的权利。这也解释了为何《国际法院规约》第67条要求国际法院公开宣告咨询意见时要先期通知“秘书长、联合国会员国、及有直接关系之其他国家及国际团体之代表”。正如瑟尔伟(Hugh Thirlway)教授所言,尽管咨询意见程序中本不存在任何“争端当事方”,但当咨询意见涉及两个或多个国家间悬而未决的法律问题时,这些国家实际上构成了咨询意见程序的“准当事方”(quasi-parties)。〔19〕 这些规定表明咨询意见程序介入国家间争端具备法院程序中的制度性保障。

从法理层面考虑,上述规则可溯源至《宪章》的制度性安排和国际法院的职能定位。《宪章》第六章“争端之和平解决”中的条款赋予了联合国大会与安理会调查国家间争端的权力,从而使那些可能危及国际和平与安全的争端纳入联合国大会与安理会的职责范围。例如,《宪章》第35条允许

〔17〕《国际法院规则》第102条第2款规定,在参照诉讼案件规定时,“法院应首先考虑咨询意见的请求是否与两个或两个以上国家间实际上悬而未决的问题有关”。第3款要求法院在“咨询意见的请求是就两个或两个以上国家间实际上悬而未决的法律问题提出的”情形下,依据《国际法院规约》第31条行事——允许争端当事国国籍的法官参与诉讼程序,或任命专案法官。

〔18〕《国际法院规则》第106条规定,就咨询意见书面陈述和所附文件向公众开放查阅一事,“如果咨询意见的请求是就两个或两个以上国家之间悬而未决的法律问题提出的,则应首先查明这些国家的意见”。

〔19〕 *Supra* note 2, p. 110.

“联合国任何会员国得将属于第三十四条所指之性质之任何争端或情势,提请安全理事会或大会注意”。第 36 条规定,对于可能危及国际和平与安全的国家间争端,“安全理事会在任何阶段,得建议适当程序或调整方法”。因此,当法律问题的澄清有助于解决这些争端或缓解有关情势时,诉诸国际法院咨询意见本就是联合国大会或安理会的选项之一。现实中,不少国家间争端都纳入了联合国大会或安理会的议程,如巴以冲突、印度尼西亚入侵东帝汶等。正如国际法院反复强调的,决定其是否行使咨询意见管辖权的考虑之一是“提出的问题是否脱胎于联合国履行职能所关注的局势”。[20]

除了《宪章》《国际法院规约》《国际法院规则》中的法理依据,从国家参与的角度看,咨询意见和诉讼案件程序也具有相当高的同质化特征。比如,咨询意见程序中的书面和口头陈述给国家间不同观点的交流提供了渠道,使得咨询意见和诉讼案件在审理流程上趋于相似:咨询意见的书面陈述相当于诉讼案件中的书状(起诉状与答辩状)、咨询意见中各方的口头陈述也具有浓厚的论辩色彩,两种程序的差别仅是咨询意见中是多方的对话与对抗,而诉讼案件限于双方。[21] 另外,国际法院对咨询意见和诉讼案件的审理过程、撰写咨询意见与撰写判决的过程也并无二致。[22]

更为重要的是,判决的拘束力与咨询意见的非拘束力之差异也许只是法律形式上的,国际法院咨询意见对国际法的影响力不亚于法院的判决。正如克洛玛(Koroma)教授总结的:“无论是诉讼程序还是咨询意见程序,国际法院都适用国际法来审理。国际法院并不会区分裁判争端的国际法和审理咨询意见的国际法。”[23]既然审理咨询意见的法律问题和裁判国家间争端的国际法实属同源,国际法院依法作出的结论也不会因为咨询意见和判决的形式差异而被区别对待。希金斯(Rosalyn Higgins)法官在 2004 年“隔离墙”咨询意见的个别意见中就指出:“尽管本案中国际法院是在咨询案件程序而不是诉讼程序中认定(以色列的有关行为)为非法,作为联合国的主要司法机关,国际法院判断某行为为非法的法律后果并不会因程序不同而

---

〔20〕 *Legal Consequences of the Separation of the Chagos Archipelago from Mauritius in 1965* (Advisory Opinion)[2019]ICJ Reports 95, p. 118, para. 88.

〔21〕 *Supra* note 2, p. 117.

〔22〕 Ibid., p. 118.

〔23〕 *Supra* note 11, Koroma, p. 113.

有所差异。”[24]这一观察道出了一个不应被国家忽略的事实:国际法院对国际法问题的判断,无论是在何种程序中作出的,都是国际法院司法活动的一部分,共同构成法院在长期实践中形成的“判例法”。例如,在2012年比利时诉塞内加尔“或引渡或起诉案”判决、2020年冈比亚诉缅甸“《灭种公约》适用案”临时措施命令中,国际法院都引用了1951年“对《灭种公约》保留”咨询意见中的相关论述来阐明“对世义务”(obligations *erga omnes*)与争端当事方诉权的关系。[25] 国际法院在咨询意见中对一国法律立场的否认,也会在事实上动摇该国的权利基础。例如,“纳米比亚”咨询意见就成为南非持续占领纳米比亚违反国际法的权威注脚,成为国际社会成功对南非施以压力的法律工具。[26]

更何况,考虑到国际法欠缺执行机制的结构性特征,国家对国际法院判决的遵守本就依靠自愿与自觉,而非任何机制的强制;咨询意见是否得到国际社会的接受,也主要取决于咨询意见自身的说服力。正如国际海洋法法庭特别分庭在“毛里求斯/马尔代夫海洋划界案”初步反对意见中所指出的:“有必要对咨询意见的拘束力与权威性作出区分,咨询意见不具有拘束力(哪怕对提出咨询意见请求的机关而言),这与诉讼程序的双方有义务履行判决相比显然不同。但是,咨询意见中的司法论断所具有的权威性和重要性与判决相比并不逊色,因为这些司法论断都是作为联合国主要司法机构的国际法院依据国际法、以同样苛刻和严谨的方法推演出的结论。”[27] 如此看来,在解释、适用和发展国际法的视角下,咨询意见具有和判决一样的权威性。若双边争端以咨询意见问题的形式提交到国际法院,国际法院的评判实际上会对双方的法律立场、权利义务乃至责任分配产生影响,即便从形式上看双方并不受咨询意见的约束。

---

〔24〕 *Supra* note 15, p. 217, para. 38. (Separate Opinion of Judge Higgins)

〔25〕 *Questions relating to the Obligation to Prosecute or Extradite* (*Belgium v. Senegal*) (Judgment) [2012] ICJ Reports 422, p. 449, para. 68; *Application of the Convention on the Prevention and Punishment of the Crime of Genocide* (*Gambia v. Myanmar*), Provisional Measures, Order of Judgment, 23 January 2020, p. 17, para. 41.

〔26〕 *Supra* note 11, Pierre-Marie Dupuy, p. 121.

〔27〕 *Dispute concerning Delimitation of the Maritime Boundary between Mauritius and Maldives in the Indian Ocean* (*Mauritius/Maldives*), Preliminary Objections, ITLOS Judgment of 28 January 2021, para. 203.

同时，国际法院并未给双边争端纳入咨询意见管辖范畴设置过高的门槛。国际法院在考察能否行使咨询管辖权时，既不需要审查提出咨询意见请求的机关的政治动机或政治目的，[28]也不关心出具的咨询意见能否发挥实际作用，[29]甚至也不需要考虑通过咨询意见请求的决议的起草过程或投票分布。[30] 对于涉及双边争端的咨询意见请求，只要该双边争端可被定位于联合国大会或安理会行使职能的局势之中，国际法院就可以发表咨询意见而无须争端当事国的同意。[31] 因此，一国完全可以通过政治与外交运作将自己与他国的双边争端“整形”为与联合国大会职责有关的多边问题，从而绕过诉讼案件所必需的国家同意原则，使国际法院通过咨询意见程序管辖这一争端。2017年联合国大会向国际法院咨询英国持续占领查戈斯群岛的法律后果的决议，就是由争端的一方毛里求斯起草和推动、经非洲联盟大力支持而获得通过的。[32]

可见，将咨询意见作为国家间争端解决的替代机制，不仅具有程序和法理依据，对渴望国际法院介入的争端当事方而言，还富有种种程序上的便利。咨询意见的程序特征和规则设计中已经具备与诉讼程序连结的“搭扣”，也为国家策略性利用咨询意见程序提供了“抓手”。然而，如何运用这些程序“搭扣”和“抓手”，使咨询意见程序产生解决国家间争端的效果，还需结合国际法院及其前身常设国际法院、其他国际性司法机构的实践予以考察和检验。

三、在司法节制和能动之间：咨询意见介入国家间争端解决的实践评析

国际法院的咨询意见实践大体可分为三类：[33]第一，与《宪章》具体条

---

[28] *Supra* note 9, Kosovo Advisory Opinion, p. 417, para. 33.

[29] Ibid., para. 35.

[30] *Legality of the Threat or Use of Nuclear Weapons* (Advisory Opinion) [1996] ICJ Reports 226, p. 237, para. 16.

[31] *Supra* note 15, Construction of a Wall Advisory Opinion, p. 157, para. 47.

[32] 该决议以94票支持、15票反对和65票弃权通过。See *Legal Consequences of the Separation of the Chagos Archipelago from Mauritius in* 1965 Advisory Opinion, Written Statement of the United Kingdom, para. 1. 14.

[33] *Supra* note 11, Pierre-Marie-Dupuy, pp. 72-74.

款的解释和适用有关的咨询意见,用于明确联合国行事的法律依据,如著名的1962年"联合国的某些经费"咨询意见,这些咨询意见相当于阐释联合国的组织法;第二,与一般国际法问题有关的咨询意见,如1996年"使用或威胁使用核武器的合法性"咨询意见、2010年"科索沃单方面宣布独立是否符合国际法"咨询意见等;第三,与国家间争端有关的咨询意见,也是本部分要探讨的对象。

如上文所述,联合国大会或安理会具有调查国家间争端、督促或建议国家和平解决其争端的职能,咨询意见作为厘清其中法律问题的渠道也就有了制度和法律依据。此处的关键问题是,国际法院如何看待咨询意见对国家间争端的影响,以及咨询意见是否实际上会导致裁判国家间争端的效果。司法实践表现出两种倾向:一是司法节制,即避免咨询意见干预国家间争端的解决,法院主动拒绝可能介入国家间争端的咨询意见请求;二是司法能动,即不将缺乏争端当事方的同意视为咨询意见管辖权的障碍,并且依据国际法评判争端当事方的权利、义务、责任(包括宣布一方行为的违法性和法律后果)。下文将从两个层面入手评析相关实践,最终回答咨询意见可否成为解决国家间争端替代机制这一关键问题。

(一)常设国际法院的节制:"东卡雷利亚"咨询意见

常设国际法院在"东卡雷利亚"咨询意见是关于国际法院咨询意见能否介入双边争端的任何讨论的起点。

"东卡雷利亚"咨询意见起源于芬兰与苏俄之间的争端。东卡雷利亚是位于俄罗斯与芬兰之间的一个面积广袤的地区。芬兰于1917年从苏俄独立,两国之间随即爆发战争。1920年芬兰与苏俄签署和平条约,该条约第10条和第11条规定了与东卡雷利亚地区自治权有关的内容,作为条约附件的《苏俄关于东卡雷利亚自治权的宣言》(以下简称自治宣言)进一步细化了对该地区的管理规范。然而,和平条约生效后,两国在和平条约第10条和第11条确定的权利义务范围上产生了分歧,芬兰还认为自治宣言是和平条约的固有组成部分,对苏俄有拘束力,但苏俄认为自治宣言仅是其出于解释说明的目的作出的单方宣言,如何执行属于苏俄的内政,不受芬兰干涉。芬兰于1922年将争端提交至国联理事会,国联理事会及其会员国在斡旋无果后,于1923年向常设国际法院提出咨询意见请求,请求法院回答和平条

约第 10 条和第 11 条的具体内容和自治宣言的法律性质。〔34〕

苏俄既不是《国际联盟盟约》的缔约国,也未签署《常设国际法院规约》。常设国际法院认为,依据国家的独立性,"国际法上早已确立起这样一个原则,即任何一个国家非经其同意不得被强迫将其与他国的争端提交给调解、仲裁、或任何其他形式的和平解决争端的方式"。〔35〕 本案中,苏俄多次反对国联理事会介入苏俄与芬兰的争端。因此常设国际法院拒绝对这一性质的争端发表咨询意见。

"东卡雷利亚"咨询意见是司法节制的典型代表,也是唯一一个因为存在国家间的争端而没有发表咨询意见的案件。需要注意"东卡雷利亚"咨询意见的两点特殊性:其一,咨询请求的问题完全属于双边问题,而在后来国际法院的咨询意见中,即使涉及双边争端,提出的问题也契合联合国的本职工作;其二,与国联时期不同,《国际法院规约》本身是《宪章》不可分割的一部分,联合国的会员国自动成为《国际法院规约》的缔约国。〔36〕 因此阻止常设国际法院在"东卡雷利亚"咨询意见中行使管辖权的一大障碍在国际法院的实践中再未出现。〔37〕

但这并不意味着"东卡雷利亚"咨询意见丧失了先例价值。缔约国与非缔约国的争端只是常设国际法院论证链中的一环,苏俄不参与程序导致判断法律问题所必须的情报事实信息不足也是法院拒绝行使管辖的原因之一。〔38〕 另外,常设国际法院还认为:"咨询意见请求中提出的问题不是抽象的法律问题,而是直接与苏俄和芬兰的争端有关,并且只能在调查相关事实

---

〔34〕 以上内容总结自"东卡雷利亚"咨询意见中常设国际法院的事实综述。See *Status of Eastern Carelia* Advisory Opinion of 23 July 1923, PCIJ Series B: Collection of Advisory Opinions (1923-1930), pp. 16-24.

〔35〕 Ibid., p. 27.

〔36〕 参见《宪章》第 92 条和第 93 条。

〔37〕 严格来讲,"隔离墙"咨询意见和"科索沃"咨询意见均涉及了非联合国会员国的实体,前者涉及巴勒斯坦,在 2004 年时尚未取得非联合国会员观察员国的身份,而是联合国的永久观察员;后者涉及宣布独立的科索沃自治机构。考虑到巴勒斯坦的国家资格已获国际社会的普遍承认,以及其联合国观察员国身份,本文仍将"隔离墙"咨询意见视为涉及国家间争端的实践。"科索沃"咨询意见虽然涉及塞尔维亚与科索沃自治机构之间的分歧,但实质上并非国与国之间的争端。

〔38〕 常设国际法院对此的解释是,"在正常情况下,发表咨询意见所需要的事实不应当有争议,也不应当由法院自己来查明这些事实"。*Supra* note 34, Eastern Carelia Advisory Opinion, p. 28.

后作出评判。回答这一问题实质上无异于裁判两国之间的争端。"[39] 常设国际法院认为这将有悖于法院司法活动的核心原则。这些考虑,尤其是后者,是超越缔约国与非缔约国这一分析框架的。

(二)国际法院的实践:司法节制与司法能动之平衡

综观国际法院的咨询意见实践,国际法院力图在司法能动与节制之间实现平衡:一方面,国际法院从未因咨询意见涉及国家间争端而拒绝管辖;另一方面,国际法院会通过种种制度与规则减少或消除咨询意见对有关国家权利主张或法律立场的影响。

司法能动的政策倾向在实践中是由一系列以"区分"(distinction)和"排除"(exclusion)为目的的法律技术实现的,是法律推理技术精细化的体现。

国际法院往往区分咨询意见和诉讼案件的程序要件,排除国家同意原则在咨询管辖权中的作用。在1950年"与保加利亚、匈牙利和罗马尼亚的和约的解释"咨询意见(以下简称"和约解释"咨询意见)中,国际法院区分了咨询意见和诉讼案件的不同管辖权基础,认为国家同意原则是诉讼案件中的管辖权原则,但不是咨询意见管辖权的原则,哪怕咨询意见关乎国家间待决的法律问题,"只要联合国认为有必要获取咨询意见以协助其工作,没有任何国家可以阻止咨询意见的发表"。[40] 在1975年"西撒哈拉问题"咨询意见中,国际法院回应西班牙对咨询管辖权的反对时表示,西班牙作为《宪章》的会员国和《国际法院规约》的缔约国,已经对国际法院咨询意见管辖权给予了一般性的同意。因此,西班牙没有、也不能有效地反对联合国大会履行其非殖民化过程中的职能(包括提起咨询意见请求)。[41] 2004年"隔离墙"咨询意见中,以色列辩称"联合国大会提出的问题是巴以冲突中的固有议题,涉及两国有关恐怖主义、安全、边界、人口定居、耶路撒冷的地位等其他各方面的内容",以色列强调其从未同意国际法院裁决巴以冲突。[42] 国际法院援引"西撒哈拉问题"咨询意见中的论断,并进一步指出:"法

[39] Ibid., pp. 28-29.

[40] *Interpretation of Peace Treaties with Bulgaria, Hungary and Romania* (Advisory Opinion) (First Phase) [1950] ICJ Reports 65, p. 71.

[41] *Supra* note 4, Western Sahara Advisory Opinion, p. 24, para. 30.

[42] *Supra* note 15, The Construction of a Wall Advisory Opinion, p. 157, para. 46.

院争端性案件中国家同意的欠缺对法院行使咨询意见管辖权毫无影响。”[43]

另外,通过强调咨询意见是国际法院参与联合国事务的重要途径,国际法院将联合国履行职能的需要置于管辖权分析路径的核心,淡化法律问题的争端属性。国际法院在“和约解释”咨询意见中提出,法院发表咨询意见的对象是提起问题的联合国机关,而不是国家;国际法院是联合国的主要司法机构,法院发表咨询意见是其参加联合国实践的一种形式。[44] 基于此,国际法院确立起咨询管辖权的一般原则:国际法院不应该拒绝行使咨询管辖权,除非有极强的理由(compelling reasons)证明行使咨询管辖权不具有正当性。[45]

何为不当行使咨询管辖权的极强的理由?规避争端当事方同意即是一例。[46] 但是,法院在个案判断中采取了颇为苛刻的标准。例如,在“西撒哈拉问题”咨询意见中,国际法院认为发表意见并不会规避国家同意原则,主要原因有三:第一,本案虽然涉及摩洛哥与西班牙的领土争端,但这一争端是在联合国大会行使职能的过程中产生的,是一个脱胎于非殖民化进程的争端,而非独立起源于双边关系中的争端。[47] 第二,联合国大会提出咨询请求的目的不是为了解决西班牙、摩洛哥与毛里塔尼亚三方之间的法律争议,而是为了“确定加速西撒哈拉非殖民化进程联合国大会所要采取的进一步行动”。[48] 国际法院认为咨询意见请求所提出的问题超越了争端的范畴,而是处于一个更大的局势之中。[49] 第三,西班牙和摩洛哥之间的争议与西撒哈拉现在的法律地位无关,而是关乎摩洛哥在西班牙殖民西撒哈拉时是否享有对该地区的权利。因此,发表咨询意见不会影响西班牙的权利,从结果上看,咨询意见的结论也不会削弱其法律立场。[50]

可见,国际法院在咨询意见提出的背景、提出的问题与联合国大会的关

---

〔43〕 Ibid. ,para. 47.

〔44〕 *Supra* note 40,p. 71.

〔45〕 Ibid. ;*Supra* note 4,Western Sahara Advisory Opinion,p. 24,para. 31;*Supra* note 15,The Construction of a Wall Advisory Opinion,p. 157,para. 47.

〔46〕 *Supra* note 4,Western Sahara Advisory Opinion,p. 25,para. 33.

〔47〕 Ibid. ,para. 34.

〔48〕 Ibid. ,para. 39.

〔49〕 Ibid. ,para. 38.

〔50〕 Ibid. ,para. 42.

系、回答该问题可能产生的效果等各层面都贯彻了将联合国的职能置于首位,弱化咨询问题所涉争端的双边色彩的原则。咨询意见提出的法律问题涉及国家间争端不会当然地阻碍国际法院的管辖权,咨询管辖权的行使取决于提出的问题是否超越双边关系而被联合国所关注或审议的局势或情势所涵盖。至于咨询意见可能达到的实际效果(或者可能导致的负面效果),国际法院的一贯态度是这一问题并非法院的考量,法院也无权揣度联合国的态度或预判联合国应当采取的行动。[51] 换言之,只要咨询意见请求的提出在形式上符合《宪章》有关咨询意见程序的规定,国际法院不会对咨询意见的潜在效用作实质审查。

最后,国际法院还在事实和法律关系上与"东卡雷利亚"咨询意见相区分,将后者拒绝咨询管辖归结为苏俄的非缔约国身份。例如,在"和约解释"咨询意见里,国际法院认为本案关注的焦点是各国之间可适用的争端解决程序,无关各方的法律立场,因此无论法院的结论是什么,都不会削弱各国的立场。[52] 这与"东卡雷利亚"咨询意见直接关涉芬兰与苏俄争端的实质内容有本质差别。又如,在"西撒哈拉问题"咨询意见中,国际法院强调西班牙、毛里塔尼亚和摩洛哥等国向法院提供了大量的历史文件等证据资料,法院足以依据这些文件对联合国大会所提问题作出判断,[53] 这进一步与"东卡雷利亚"咨询意见分道扬镳。

尽管国际法院总是积极行使咨询意见管辖权,但仍试图为国家提供一些"安全保障",从而实现司法节制与能动的平衡。

第一,承认规避国家同意是国际法院拒绝行使咨询管辖权的法定理由,即发表咨询意见将产生规避国家同意的效果,使没有义务将争端提交给司法解决的国家被迫受到法院的管辖时,国际法院应行使自由裁量权拒绝管辖。[54] 然而,原则是一回事,实践是另一回事。至今没有任何国家在这一点上成功说服国际法院,这一法定例外理由的标准极其严苛。

第二,强调咨询意见的非拘束力性质。国际法院指出任何国家的反对都不足以妨碍咨询意见管辖权行使的同时,也强调咨询意见的建议性质。

---

〔51〕 *Supra* note 2, p. 67.

〔52〕 *Supra* note 40, Interpretation of Peace Treaties Advisory Opinion, p. 72.

〔53〕 *Supra* note 4, Western Sahara Advisory Opinion, pp. 28-29, paras. 46-47.

〔54〕 Ibid., p. 23, para. 33.

正是因为咨询意见对提出问题的机关、对所有国家包括反对咨询管辖权的国家都不具备法律拘束力，所以国家同意才不是咨询管辖权的必要条件。[55] 另外，国际法院也强调咨询意见的结论不会削弱相关争端当事方的法律立场。

但是，这一“安全保障”的实际效果如何呢？当咨询问题涉及个别国家行为的合法性及其法律后果时，很难认为国际法院对该国行为违法性的判断不会削弱该国的法律立场。在“纳米比亚”咨询意见中，国际法院宣告了南非持续占领纳米比亚的违法性，认为南非应立即从纳米比亚撤出，并要求联合国其他会员国不得承认南非占领纳米比亚的行为为合法，也不得给与南非政府协助或支持。[56] “纳米比亚”咨询意见在法律上孤立了南非，从效果上看，意见起到了20世纪60年代“西南非洲案”所未能实现的宣告南非留驻西南非洲违反国联委任统治书中所载义务的作用。[57] 与“纳米比亚”咨询意见相似，“隔离墙”咨询意见不仅认定以色列的行为违反国际人道法、人权法并侵害巴勒斯坦人民的民族自决权，还要求以色列对修筑隔离墙造成的损害向巴勒斯坦人民进行赔偿，并要求其他国家通力合作尽快结束以色列的不法行为。[58] 假设巴勒斯坦有权在国际法院起诉以色列，其所能预计的最好的判决结果可能也不过如此。也恰恰是在这两个咨询意见中，国际法院并未谈及咨询意见对南非或以色列的立场的影响。

第三，允许争端当事方选派专案法官。实践中国际法院往往会在咨询意见口头陈述程序之前，以命令的形式先对这一问题作出决定。南非在“纳米比亚”咨询意见中试图选派一位专案法官咨询意见程序，被国际法院拒绝，因为国际法院并不认为本案涉及“两个或多个国家之间待决的法律问题”，或者南非与联合国之间的争端。尽管在咨询程序过程中南非和其他国家之间存在显著的观点对立，但不足以改变本案的咨询性质。既然不涉及国家间待决的法律问题，那么参照适用诉讼案件中的专案法官制度就无从

---

〔55〕 *Supra* note 40, Interpretation of Peace Treaties Advisory Opinion, p. 71.

〔56〕 *Legal Consequences for States of the Continued Presence of South Africa in Namibia (South West Africa) notwithstanding Security Council Resolution* 276 (1970) (Advisory Opinion) [1971] ICJ Reports 16, p. 58, para. 133.

〔57〕 1966年“西南非洲案”(第二阶段)以原告对本案诉求不存在法律上的利益为由拒绝行使管辖权。

〔58〕 *Supra* note 15, The Construction of a Wall Advisory Opinion, p. 202. para. 163.

谈起。[59] 而在"西撒哈拉问题"咨询意见中,国际法院通过命令的形式确认了本案所涉问题属于"两个或多个国家之间待决的法律问题",并同意争端一方摩洛哥选派专案法官。[60] 这是国际法院历史上第一次在咨询意见中参照适用诉讼案件程序。可见,国际法院对于咨询意见请求是否涉及国家间待决的问题拥有最终决定权,国家单方面的主张不足以触发参照执行诉讼案件程序。允许争端当事方选派专案法官有利于保障争端当事方的利益纳入国际法院的考量和决策之中。

总结上文,国际法院的实践将国际组织履行职能对咨询意见的需求置于咨询管辖权的核心。这一思路立足于咨询意见程序和诉讼程序的差异,在分析路径上强调国际法院对联合国事务的参与,放大争端所处的政治背景("局势"),同时淡化国家间争端的双边色彩。在这一思路下,国家间争端是否存在、争端当事方是否同意咨询意见管辖权都不是法院决策过程中的核心要素,甚至在涉及宣告一国违法行为及其后果和责任的问题上,国际法院也不会顾及该国的立场与态度。实践中的趋势表明,即便国际法院处处力图在司法能动和节制之间实现平衡,终归是将国际组织的诉求置于个体意愿之前。2019年"查戈斯群岛"咨询意见及后续国际海洋法法庭特别分庭审理的"毛里求斯/马尔代夫海洋划界案"则将这一趋势推到一个新高度。

(三)打破平衡:"查戈斯群岛"咨询意见及其对双边争端的影响

1."查戈斯群岛"咨询意见及其特殊性

"查戈斯群岛"咨询意见中所涉问题源于毛里求斯的非殖民化进程。20世纪60年代,美国意图将查戈斯群岛作为自己在印度洋的军事基地,英国在与毛里求斯协商谈判时便将查戈斯群岛的分离作为毛里求斯独立的附带条件,并作出一系列承诺,包括在查戈斯群岛不再被用于防务需要时会将其归还给毛里求斯(《兰卡斯特宫协议》)。最终,查戈斯群岛于1965年被列入英属印度洋领地,成为英国在印度洋的新殖民地,而毛里求斯则于1968

〔59〕 *Supra* note 56, Namibia Advisory Opinion, pp. 24-26, paras. 35-38.

〔60〕 *Supra* note 4, Western Sahara Advisory Opinion, p. 15, para. 9.

年正式独立。[61]

毛里求斯自20世纪80年代起开始积极声索对查戈斯群岛的主权。毛里求斯在国内通过修改宪法、公布专属经济区坐标等措施将查戈斯群岛纳入领土范围;在国际层面,毛里求斯也一直寻求通过诉讼或仲裁的方式解决和英国之间的领土争端,遭到英国拒绝。[62] 2010年,毛里求斯针对英国在查戈斯群岛宣布建立海洋保护区的行为,依据《联合国海洋法公约》附件七提起仲裁,请求仲裁庭对究竟英国还是毛里求斯是查戈斯群岛的"沿海国"作出判定。仲裁庭于2015年作出裁决,裁定判断"沿海国"问题等同于裁判两国之间的领土主权争端,因而不属于其管辖权的范畴。[63]

仲裁程序没有奏效,毛里求斯转而寻求联合国大会的支持,将查戈斯群岛问题作为咨询请求提交国际法院。2017年6月22日,通过第71/292号决议,联合国大会向国际法院提出关于查戈斯群岛的咨询意见请求。该咨询意见请求涉及两个问题:(1)在查戈斯群岛与毛里求斯分离后,毛里求斯于1968年获独立时其非殖民化进程是否合法完成;(2)英国对查戈斯群岛持续管理的法律后果。[64] 国际法院于2019年2月25日发表咨询意见,在管辖权问题上,法院延续了其在涉及国家间争端时的一贯立场,认为没有充分的理由妨碍咨询管辖权的行使。[65] 法院强调,"本院对这些争议的回答并不意味着发表咨询意见等同于法院在处理一个双边争端"。[66] 在实质问题上,国际法院宣告查戈斯群岛从毛里求斯分离有违民族自决原则,毛里求斯的非殖民化进程因而没有合法完成,英国持续占领查戈斯群岛为非法,英国有义务尽快停止对查戈斯群岛的管理。[67]

虽然只有美国籍的多诺霍法官(Judge Donoghue)反对咨询管辖权的行使及其结论,但几乎所有法官都发表了宣言或个别意见来阐明对咨询意见所涉问题的理解,反映了咨询意见的统一文本背后艰难的妥协。例如,时任

---

〔61〕 *Supra* note 20, Chagos Advisory Opinion, p. 108, paras. 31-33.

〔62〕 *Chagos Marine Protected Area Arbitration* (*Mauritius v. United Kingdom*) [2015] XXXI RIAA 359, paras. 104-105.

〔63〕 Ibid., paras. 221 and 230.

〔64〕 *Supra* note 20, Chagos Advisory Opinion, p. 102, para. 1.

〔65〕 Ibid., pp. 117-118, paras. 86-87.

〔66〕 Ibid., p. 118, paras. 88-89.

〔67〕 Ibid., p. 140, para. 183.

副院长的薛捍勤法官提出,查戈斯群岛的分离问题应放在非殖民化的特定历史背景下考察,这一问题自始至终都是非殖民化问题而不是双边领土争端,毛里求斯积极主张查戈斯群岛主权的行为并未改变这一问题的本质。[68] 通卡法官(Judge Tomka)指出,虽然他同意法院的结论,但他对"咨询意见程序日益成为向法院提交争端性案件的渠道"感到忧虑,尤其是考虑到联合国大会在将近半个世纪的时间内都没有审议过查戈斯群岛的问题。[69] 通卡法官认为毛里求斯的非殖民化需要在联合国的框架下、通过各利益攸关方之间的谈判完成。[70] 其他部分法官则批评法院没有进一步发展民族自决原则(尤其是该原则是否已具有强行法的性质)。[71] 多诺霍法官认为法院过度弱化了双边争端对本案管辖权的影响,偏离了以往确立的咨询管辖权不得规避国家同意原则的实践。多诺霍法官指出,"法院的宣告只可能意味着英国必须放弃查戈斯群岛的主权并将其转交给毛里求斯,而这正是毛里求斯寻求的诉讼的核心(也恰恰是被英国拒绝的)"。[72]

虽然表面上"查戈斯群岛"咨询意见遵循了国际法院的一贯实践,该案与以往涉及国家间争端的咨询意见相比具有诸多特殊性。"西撒哈拉问题"咨询意见作为同样处理非殖民化问题的法律意见,具有重要的参考价值。第一,虽然两者都被定性为非殖民化问题,但"西撒哈拉问题"咨询意见产生于联合国大会积极促进该地区非殖民化的审议过程,而"查戈斯群岛"咨询意见则不然。第二,与"西撒哈拉问题"咨询意见不同,国际法院在"查戈斯群岛"咨询意见中的结论显然会削弱英国的法律立场。联合国大会的后续实践便是证明:2019年5月22日联合国大会通过的第73/295号决议重申了"查戈斯群岛"咨询意见的结论,要求英国尽快结束对查戈斯群岛的占领和管理。[73] 第三,在"查戈斯群岛"咨询意见之前,毛里求斯已经尝试过利用第三方争端解决机制来声索对查戈斯群岛的主权,并且毛里求斯与英国之间存在领土争端已经被"查戈斯海洋保护区"仲裁案所确认,仲裁庭还宣

---

[68] Ibid., p. 147, para. 20. (Declaration of Vice-president Xue)

[69] Ibid., p. 148, para. 2. (Declaration of Judge Tomka)

[70] Ibid., pp. 148-149, paras. 2-4. (Declaration of Judge Tomka)

[71] Ibid., pp. 277-283. (Separate Opinion of Judge Sebutinde)

[72] Ibid., p. 265, para. 19. (Dissenting Opinion of Judge Donoghue)

[73] UNGA, "Resolution adopted by the General Assembly on 22 May 2019" (22 May 2019) A/RES/73/295.

告《兰卡斯特宫协议》为国际条约，对两国有拘束力。[74] 因此查戈斯群岛问题中双边争端色彩浓烈，与“西撒哈拉问题”咨询意见中摩洛哥与西班牙之间仅有“法律争议”(legal controversy)在程度上有所区别。第四，从政治环境角度看，英国从未放弃查戈斯群岛的主权，这与西班牙在“西撒哈拉问题”咨询意见之前就同意西撒哈拉地区人民的民族自决权形成强烈对比。

如果说咨询意见的非拘束力性质仍可作为英国法律立场的“安全保障”的话，“查戈斯群岛”咨询意见的后续发展则突破了咨询意见不得裁判国际争端的制度性约束。

2. 国际海洋法法庭特别分庭对咨询意见的创造性运用

国际法院发表“查戈斯群岛”咨询意见后，英国仍坚持对查戈斯群岛的主权。2019 年 6 月，在“查戈斯群岛”咨询意见作出约四个月后，毛里求斯依据《联合国海洋法公约》附件七提起针对马尔代夫的仲裁，要求仲裁庭划分毛里求斯与马尔代夫之间的大陆架和专属经济区边界。[75] 这一划界请求的对象是英国占领的查戈斯群岛和马尔代夫之间的重叠海域。经毛里求斯和马尔代夫协议，双方同意将本案转交给国际海洋法法庭的特别分庭，并对特别分庭的组成作出约定。之后，马尔代夫提出了 5 项初步反对意见，挑战特别分庭的管辖权。[76] 2021 年 1 月 28 日，特别分庭作出判决，逐一否决了马尔代夫的初步反对意见，这一案件将进入实质审理阶段。

在本案审理中，马尔代夫提出的两项初步反对意见涉及英国与毛里求斯之间的主权争端：(1)马尔代夫援引“货币黄金案”确立的原则，认为英国对查戈斯群岛的主权主张使英国成为本案“不可或缺的第三方”；(2)马尔代夫称如果特别分庭要进行海洋划界，必须先行解决英国与毛里求斯之间就查戈斯群岛的主权争端，而这是超越特别分庭管辖权的。[77] 毛里求斯则辩称，“查戈斯群岛”咨询意见已经解决了查戈斯的主权归属问题，英国不享有对查戈斯群岛的主权，因此既不是本案不可或缺的第三方，本案也无须裁判两国之间的主权争端。[78]

---

〔74〕 *Supra* note 62, Chagos Marine Protected Area Case, para. 547.

〔75〕 *Supra* note 27, Mauritius/Maldives Case, para. 1.

〔76〕 *Supra* note 20, Chagos Advisory Opinion, para. 15.

〔77〕 *Supra* note 27, Mauritius/Maldives Case, para. 79.

〔78〕 Ibid., para. 93.

特别分庭认为,这两项初步反对意见都关涉"查戈斯群岛"咨询意见的效力和影响。特别分庭从几个角度论证了咨询意见和查戈斯主权归属之间的关系:第一,虽然无论是诉讼程序还是咨询意见程序都不能违背国家同意原则,在缺乏一国同意的情况下裁判双边争端,但咨询意见仍然可能对主权归属问题带来影响。[79] 英国持续主张查戈斯群岛的主权是违背国际法院咨询意见的,因为咨询意见已经宣告英国持续占领和管理查戈斯群岛违反国际法。第二,特别分庭从非殖民化与主权问题的关联出发,称咨询意见宣告查戈斯群岛 1965 年从毛里求斯分离时"属于毛里求斯不可分离的一部分",由此可以解释出咨询意见具有确认毛里求斯对查戈斯群岛主权的意义。[80] 第三,通过援引联合国大会第 73/295 号决议呼吁英国尽快撤出查戈斯群岛的内容,特别分庭强调英国拒不履行联合国大会决议的行为进一步证实了英国对查戈斯群岛的主张违反国际法。[81] 第四,考虑到咨询意见的影响和效力,英国已经不能再有效地主张对查戈斯群岛的主权,换言之领土争端因英国权利基础的丧失而被消除。[82] 最终,特别分庭得出结论,"查戈斯咨询意见拥有法律效力,并且对查戈斯群岛目前的地位有所影响,英国持续主张对查戈斯群岛的主权有违咨询意见。虽然毛里求斯的非殖民化进程尚未结束,但可以从国际法院的意见中推断出毛里求斯对查戈斯群岛的主权"。[83] 据此特别分庭驳回马尔代夫的初步反对意见,认可毛里求斯是《联合国海洋法公约》第 74 条和第 83 条划界条款所称的"沿海国",可以与马尔代夫进行海洋划界。[84]

特别分庭对"查戈斯群岛"咨询意见的解读,不仅是对国际法院咨询意见效力的创造性理解,更打破了国际法院咨询意见实践中维持的司法节制与能动之间的平衡。在特别分庭的论证过程中,有几处"关节"值得商榷。

第一,特别分庭称国际法院的咨询意见虽不具有法律拘束力,但往往是

---

〔79〕 Ibid. ,para. 168.

〔80〕 Ibid. ,para. 174.

〔81〕 Ibid. ,paras. 228-230.

〔82〕 Ibid. ,paras. 242-245.

〔83〕 Ibid. ,para. 246.

〔84〕 Ibid. ,para. 250.

“具有权威性的陈述”,因而可以产生“效力”(effect)和“影响”(implications)。咨询意见包含权威的国际法陈述这一立场在国际法上并不新鲜,[85]何为效力与影响却值得考究。国际法院之所以行使咨询管辖权,恰恰是因为该案不存在裁判双边争端的效力。特别分庭对咨询意见“效力”和“影响”的论述,则使“查戈斯群岛”咨询意见产生了与国际法院的预期完全相反的结果,有“硬化”咨询意见权威性之嫌。特别分庭数次提及英国对查戈斯群岛的主权主张违反咨询意见(以及违反联合国大会决议),无疑在混淆咨询意见内容的权威性与其形式上的非拘束力。

第二,特别分庭对非殖民化和主权归属问题的论证欠缺国际法上的充分依据。“查戈斯群岛”咨询意见从未宣告毛里求斯现在拥有对查戈斯群岛的主权;相反,咨询意见仅承认在1965年查戈斯群岛从毛里求斯分离之时是后者领土的一部分。咨询意见要求英国尽快撤出查戈斯群岛,并要求“联合国各会员国与联合国合作从而完成毛里求斯的非殖民化进程”。[86] 换言之,国际法院并未声明毛里求斯自动获得查戈斯群岛的主权,而是将毛里求斯的非殖民化交由联合国大会处理。另外,特别分庭将非殖民化等同于获得主权是一种极为狭隘的理解。依据联合国第1541号决议,非自治领土人民的民族自决权可以通过多种方式行使,包括作为一个国家独立、与另一个国家合并成为一个新国家、并入一个业已存在的国家。[87] 因此,非殖民化以独立为目标,而如何独立则取决于个案情况。正如亚伯拉罕法官(Judge Abraham)指出的,查戈斯群岛在1965年的确是英国殖民下的毛里求斯及其附属领地的一部分,塞舌尔曾经也是毛里求斯的一部分,并且于1903年从毛里求斯分离,后来自行独立为一个新国家。如果查戈斯群岛的人民明确表示不愿选择与毛里求斯同样的非殖民化路径,英国尊重其选择是否违背国际法呢?[88] 可见,毛里求斯非殖民化的完成有赖于在联合国框架内查明并尊重查戈斯群岛人民的真实意愿,这并不必然意味着毛里求斯自咨询意

〔85〕 See *Supra* note 3, p. 150; *Supra* note 11, Wolfrum, p. 64.

〔86〕 *Supra* note 20, Chagos Advisory Opinion, p. 140, para. 183.

〔87〕 UNGA, Resolution 1541 (XV) "Principles which Should Guide Members in Determining whether or not an Obligation Exists to Transmit the Information Called for under Article 73 e of the Charter" (15 December 1960) A/RES/1541.

〔88〕 *Supra* note 20, Chagos Advisory Opinion, Declaration of Judge Abraham, p. 154.

见作出后就当然获得查戈斯群岛的主权。

第三,特别分庭的论证与其他《联合国海洋法公约》争端解决机制项下的案例形成冲突,使司法实践面临碎片化危机。在2020年2月21日仲裁庭作出的乌克兰诉俄罗斯"黑海海洋权利案"初步反对意见裁决中,争议之一即是乌克兰的诉求是否涉及两国之间就克里米亚的主权争端,如果存在主权争端,该争端和海洋权利主张之间的联系是否足以影响仲裁庭的管辖权。〔89〕乌克兰认为,在2014年联合国大会通过的第68/262号决议中,联合国大会呼吁"所有国家,国际组织和特别机关不承认克里米亚自治共和国和塞瓦斯托波尔市的地位因上述公投而产生任何改变"。因此,仲裁庭不需要独立判断两国之间是否存在主权争端,只需将乌克兰对克里米亚拥有主权视作"被国际社会所认可的既定事实"。〔90〕仲裁庭否定了乌克兰的主张,认为联合国大会的决议本身无拘束力,是否要将联合国大会决议纳入考量取决于决议本身的内容及通过的情形等因素。乌克兰让仲裁庭将联合国大会决议的内容视为既定事实,无异于让仲裁庭接受乌克兰对联合国大会决议的片面解释,相当于在事实上(*ipso facto*)承认乌克兰对克里米亚拥有主权——而这恰恰是仲裁庭无权管辖的事项。〔91〕反观"毛里求斯/马尔代夫"划界案对咨询意见的"解读",特别分庭将裁判双边争端的结果归结于咨询意见,是否正是将没有法律拘束力的国际法文件按照争端一方的片面理解来处理,从而在事实上作出主权归属的判定呢?在"黑海海洋权利案"中,乌克兰还主张,两国之间是否存在争端不仅需要考虑俄罗斯是否对克里米亚提出了主权主张,还需要考虑俄罗斯的主张是否确有国际法上的依据,即俄罗斯主权主张的有效性。〔92〕仲裁庭则认为,争端是否存在仅取决于界定争端的标准是否满足。自2014年以来,俄罗斯和乌克兰一直对克里米亚的地位持有相反立场,且这一冲突持续至今。〔93〕换言之,仲裁庭并不对一方的权利主张作实质审查(该主张在国际法上的有效性),而仅从立场、观点的对

---

〔89〕 *Dispute concerning Coastal State Rights in the Black Sea, Sea of Azov, and Kerch Strait* (*Ukraine v Russia*), Award concerning the Preliminary Objections of the Russian Federation, 21 February 2020, para. 161.

〔90〕 Ibid., paras. 170-171.

〔91〕 Ibid., paras. 174-177.

〔92〕 Ibid., para. 183.

〔93〕 Ibid., paras. 189-190.

立界定争端存在。而在“毛里求斯/马尔代夫海洋划界案”中,特别分庭相当于以“查戈斯群岛”咨询意见为法律依据审查了英国对查戈斯群岛主权主张的有效性,而不顾英国至今仍主张查戈斯群岛主权的事实。虽然特别分庭解释称审理“黑海海洋权利案”的仲裁庭并无国际法院的咨询意见来帮助其对双方的权利主张作判断,〔94〕但在国际法院自身都否定咨询意见具有裁判双边争端的效力和意图的情形下,特别分庭的解释难有说服力,反而与“黑海海洋权利案”形成冲突。

总而言之,特别分庭通过强化咨询意见所具有的“效力”和“影响”,突破了咨询意见非拘束力与拘束力的分别,也模糊了咨询意见程序与诉讼程序的边界,导致国际法院的咨询意见产生了解决与消除国家间争端的效果。

四、评估与启示

“查戈斯群岛”咨询意见和“毛里求斯/马尔代夫海洋划界案”折射出国际法院咨询意见与《联合国海洋法公约》争端解决机制之间的“非典型”联结,似乎指向咨询意见在实践中替代诉讼程序的前景。理解国际司法实践中的这些新动向对我们反思司法节制与司法能动之间脆弱的平衡、重访国际法院咨询意见的定位与功能、展望国际争端解决的发展趋势和中国因应均有重要意义。

理解将咨询意见作为诉讼程序的替代机制这一现象必须理解国际法与国际政治的不可分性。〔95〕 毛里求斯和英国之间国力悬殊,毛里求斯很难通过政治途径实现其目标,因此毛里求斯选择国际法及国际法律工具(仲裁与咨询意见)来推进其政治主张,通过引入国际法的话语和机制来拉平两国之间的实力差距,使英国不得不直面毛里求斯的诉求。相较于谈判桌前的弱势,在国际法庭和法院庄严的演讲台前毛里求斯与英国更像“平等的国际法主体”。国际法因而是国际政治角力的资源之一。另外,国际法院在咨询意见中宣告英国违反国际法,无论其效力如何,国际法自身所带的

〔94〕 *Supra* note 27, Mauritius/Maldives Case, para. 244.

〔95〕 禾木:《国际裁判中的法律争端与政治争端》,载《中外法学》2013 年第 6 期,第 1268 页。

道义“光环”和修辞力量以及国际法院的权威地位也加强了毛里求斯与英国对抗的“底气”。“查戈斯群岛”咨询意见的作出已然宣告了毛里求斯对英国“法律战”的胜利,而“毛里求斯/马尔代夫海洋划界案”则进一步巩固了毛里求斯的胜利成果——与咨询意见不同,“毛里求斯/马尔代夫海洋划界案”的初步反对意见判决以及未来可能作出的划界判决在当事国之间是有拘束力的。

毛里求斯的胜利难免会吸引其他有类似争端的国家投身国际法的场域,以期实现政治博弈中所难以实现的效果。然而,不应忽视咨询意见介入国家间争端可能对国际法及国际法院产生的不利影响。“毛里求斯/马尔代夫海洋划界案”反映了国际性司法和准司法机构日渐形成一个彼此联系的网络,国际法院的判决和咨询意见不属于一个封闭的判例体系,而是其他法院或法庭可以援引、解读乃至再创造的公共资源。即便国际法院无意让咨询意见解决国家间争端,却难以控制其他国际法主体就咨询意见的后果、影响、暗示等大做文章。因此,国际法院应将咨询意见对国家间争端的潜在影响纳入行使咨询管辖权的裁量范围,而不是一味采取形式化的区分技术。咨询意见应回归协助国际组织工作的“初心”。

同样不能忽视的是这一现象对我国可能带来的影响。虽然我国向来对国际争端解决抱有保守态度,尽量避免同意任何可能导致强制争端解决的条约条款,但咨询意见替代诉讼程序之所以在法律上可能,恰恰是因为其原则上不需要个别国家的同意,只需要所涉国际法问题处于联合国或其他有权机关履行职能的范畴之中。同样,从双边争端中提炼出多边的问题或要素并非难事。查戈斯群岛的分离虽然促成了双边领土争端的产生,但无法摆脱非殖民化的历史渊源。在美国和其他一些国家的大力渲染下,南海周边国家间的领土与海洋权利问题也摇身一变成为了“航行自由问题”。双边与多边关系定位的转换、将个体利益藏于集体利益的话语背后,本身就是“法律战”常见的“战术”之一。[96] 因此,面对国际争端解决的新发展,中国既不能置身事外,也不可能独善其身。为此,需要考虑以下几方面的因应。

---

〔96〕 See Congyan Cai, *The Rise of China and International Law: Taking Chinese Exceptionalism Seriously* (Oxford University Press, 2019), pp. 273-276.

第一,把握国际争端解决的多样性和复杂性,充分评估各种方式的潜力和彼此之间的张力。具体而言,要理解界定国际法问题的灵活性与多面性,避免他国将双边问题设置为多边议题、将国家间的分歧描述为个体利益与集体利益的对立。为此需警惕其他有权作出咨询意见的司法机构采用同样方式扩张自身管辖的可能。例如,在 2015 年“分区域渔业委员会”咨询意见中国际海洋法法庭肯定了法庭全庭发表咨询意见的权力,即便《联合国海洋法公约》本身并未明确赋予该法庭以咨询管辖权。[97] 这一实例为有关国家通过国际海洋法法庭咨询管辖权介入国家间海洋权利或海洋活动争端埋下了伏笔。

第二,积极参与咨询意见程序,从“回应型”参与转向“引导型”参与。考虑到国际法院咨询意见对国际法的影响力和塑造力,我国应对国际法院和其他司法机构的咨询意见采取更为积极的参与态度,更加主动地利用咨询意见程序中的书面和口头陈述“输出”自身的法律立场和观点,以期带动司法能动向司法节制的转向。寄希望于司法机构自我约束是不现实的,因为无论是司法能动还是节制均是司法机构在综合衡量多方的立场和诉求之后的政策选择,是对特定利益的回应甚至迎合——国际司法机构本就不在政治真空之中。换言之,只有作为参与者放大音量,才能帮助司法机构更好地审时度势。

第三,提高国际法能力建设。毛里求斯执国际法之剑的抉择固然在情理之中,但通过咨询意见“曲线救国”也得益于毛里求斯对国际法院咨询意见的长期观察和深刻理解,以及对联合国大会内部的政治力量和国际法院对待非殖民化问题的谨慎态度的精准把握。将政治诉求“落地”离不开高超的国际法运用能力和创新的国际法思维。这对我国的启示是显而易见的:国际法能力建设不仅需要探索新型国际法秩序和更加符合中国利益的国际规则体系,还包括强化对既有规则的运用和实践,认识国际法生命力的根源,使既有规则在复杂变化的政治环境中焕发活力。

---

〔97〕 See Massimo Lando,“The Advisory Jurisdiction of the International Tribunal for the Law of the Sea:Comments on the Request for an Advisory Opinion Submitted by the Sub-Regional Fisheries Commission”,29 *Leiden Journal of International Law*(2016),pp. 445-454.

Advisory Opinions of the International Court of Justice as an Alternative to Dispute Settlement: Reflections on the Theory and Practice

Liao Xuexia

Abstract: Advisory opinions constitute an integral part of the judicial activities of the International Court of Justice, whose function consists of providing legal opinions for international organizations. Because of their authority and influence, whether advisory opinions can serve as an alternative to dispute settlement that intervenes in or even resolve inter-state disputes has been widely theorized. The preliminary objections judgment of the 2021 Mauritius/Maldives Case delivered by a Special Chamber of the International Tribunal for the Law of the Sea, which declared that the 2019 "Chagos Archipelago" Advisory Opinion of the International Court of Justice had the effect and implications of settling the territorial dispute between Mauritius and the United Kingdom, seems to echo the above-mentioned theory. This article assesses the legal and practical dimensions of using advisory opinions as a substitute for dispute settlement and reviews the developments in the jurisprudence in order to reflect on the function of the advisory opinion, with a view to exploring the prospects of international dispute settlement as well as developing a possible Chinese reaction.

Keywords: Advisory Opinion; International Dispute Settlement; "Chagos Archipelago" Advisory Opinion; Mauritius/Maldives Case

国际法院在何种案件中依职权任命专家?
——从“刚果(金)境内的武装活动案”说起

◇ 张茂莉*

【内容摘要】国际法院在其最近审理的“刚果(金)境内的武装活动案”赔偿阶段中根据《国际法院规约》第50条任命了4名专家。在此过程中,国际法院是否将任命使用专家的情形限于“事实密集型”或“技术复杂性”案件的问题尤为引人关注。本文考察《国际法院规约》第50条的文本和缔约历史,认为依职权任命的专家是法院查明事实的方式之一。这种专家与其他处理专业知识的制度(如当事国聘请的专家等其他制度)有所区别。另外,本文通过考察《国际法院规约》相关司法实践,提出法院依职权任命专家的情形并不限于“事实密集型”案件与“技术复杂性”案件。理论上,只要认为查明事实需要,国际法院应该可以在任何争讼案件中使用依职权任命的专家。

【关键词】国际法院;刚果(金)境内的武装活动案;“事实密集型”案件;专家;襄审官;分庭

引 言

2020年9月8日,在“刚果(金)境内的武装活动案”中,国际法院(International Court of Justice)决定根据《国际法院规约》[1](以下简称《规

* 北京大学法学院2017级博士研究生。

[1] 《国际法院规约》,1946年4月18日生效。本文中《规约》译文多采用1946年译本。特殊之处将作额外说明。

约》)依职权任命“专家”(expert *ex curia*),以确定乌干达应向刚果(金)给付的赔偿额。[2] 国际法院获取案件事实(fact-finding)的方式十分有限,第50条便是其中一种,但其适用相当罕见。目前,国际法院总共处理了178个案件,仅4次适用第50条主动依职权任命专家,占案件总数的2%。在这一背景下,国际法院在“刚果(金)境内的武装活动案”中任命专家颇为引人注目,尤其是令人思考国际法院在何种案件中会选择任命专家。

以司法方式解决争端时,裁决者面临两个问题:认定事实和适用法律。其中,获取案件事实是进行事实认定的前提,而认定事实是适用法律的基础。《规约》与《国际法院规则》(以下简称《规则》)[3]是国际法院开展司法活动的根据,其中有数条规定了法院获取案件事实的方式,包括:《规约》第34条(向国际组织寻求信息)、[4]《规约》第44条(法院法官全庭进行的实地考察)、[5]《规约》第48条(为搜集证据发布裁定)、[6]《规约》第49条(要求当事国提供信息)、[7]《规约》第50条(任命外部人员出具调查报告

---

[2] *Armed Activities on the Territory of the Congo* (*Democratic Republic of the Congo v. Uganda*), Order, Decision to obtain an expert opinion, 8 September 2020, [2020] ICJ, p. 6, para. 16, available at <https://www.icj-cij.org/public/files/case-related/116/116-20200908-ORD-01-00-EN.pdf>(last visited 20 July 2021).

[3] 《国际法院规则》,1978年4月14日通过,1978年7月1日生效,最后修订于2019年10月21日。

[4] 《规约》第34条第2款规定:“二、法院得依其规则,请求公共国际团体供给关于正在审理案件之情报。该项团体自动供给之情报,法院应接受之。”

[5] 此条不同于专家或鉴定人根据第50条进行的实地考察。英文文献常将两者都称为“site visit”。《规约》第44条规定:“一、法院遇有对于代理人、律师、及辅佐人以外之人送达通知书,而须在某国领土内行之者,应径向该国政府接洽。二、为就地搜集证据而须采取步骤时,适用前项规定。”“就地搜集证据”是法院全庭进行实地考察的依据,该条仅在“加布奇科沃—大毛罗斯大坝案”中使用过。See *Gabčikovo-Nagymaros Project* (*Hungary v. Slovakia*), Order, Site Visit, 5 February 1997, [1997] ICJ Reports 3, p. 6, para. 3. 需要注意的是,法官全庭进行的实体考察(第44条)不同于法院通过第50条依职权任命专家进行的实地考察,后者在“科孚海峡案”中发生过。See *Corfu Channel*(*United Kingdom v. Albania*), Judgment, [1949] ICJ Reports 4, p. 21, para. 2.

[6] 《规约》第48条规定:“法院为进行办理案件应颁发命令;对于当事国每造,应决定其必须终结辩论之方式及时间;对于证据之搜集,应为一切之措施。”从国际法院的现有实践来看,《规约》第48条与第50条总是同时被援引。

[7] 《规约》第49条规定:“法院在开始审讯前,亦得令代理人提出任何文件,或提供任何解释。如经拒绝应予正式记载。”

或专家意见)〔8〕以及《规则》第61条(法官在庭上提问)〔9〕。

与国内法院相比,国际法院获取案件事实的方式相对较少。〔10〕难道这是因为在国际争端解决中事实不如法律重要吗？实际上不是这样的。国际法院的案件可以分为“事实密集型”(fact-intensive)案件与“规则密集型”(rule-intensive)案件。在“格陵兰和扬马延之间区域海洋划界案”的单独意见中,斯里兰卡籍法官威拉曼特利(Christopher Gregory Weeramantry)首次区分了“事实密集”与“规则密集”两个概念。〔11〕国际法院有许多引人注意的案件都是规则密集型案件。这是国际法的动态性(dynamic character)与原始性(primitive)决定的。国际法渊源盘根错节、边界模糊,不成文的特点颇为明显。国际法院作为联合国的主要司法机构,其判决与咨询意见对相关国际法原则、规则起到很好的阐释、说明作用,因此产生了很多规则密集型案件。例如,在“北海大陆架案”中,当事各方对事实争议不大,而对该地区划界所应适用的国际法原则、规则各执一词。该案中,国际法院对条约与习惯法的关系、大陆架划界规则均有深入且颇为开创性的阐述。〔12〕这便是“规则密集型”案件。

---

〔8〕《规约》第50条规定:“法院得随时选择任何个人、团体、局所、委员会或其他组织,委以调查或鉴定之责。”值得说明的是,虽然《规约》文本对“调查”与“专家意见”使用了不同的措辞,分别为“inquiry”与“expert opinion”,但是《规约》文本在该肯定句中使用的是具有替代性逻辑的措辞——“或者(or)”。此外,在援引第50条的实践中,国际法院并不会区分其寻求外部人员获取信息的方式究竟被定义为“调查”还是“专家意见”。

〔9〕《规则》第61条规定:“1.法院得在审讯前或在审讯中任何时候指出法院要当事国双方专门加以论述法院认为已经过充分辩论的任何要点或问题。2.法院在审讯时得向代理人、顾问和律师提出问题并请其解释。3.每一法官均有提出问题的同样权利,但在行使这项权利前,应将其意图告知依据规约第四十五条负责指挥审讯的院长。4.代理人、顾问和律师得立即或在院长规定的期限内回答。”

〔10〕法院无法强制要求当事方提供证据或资料,也因此遇到一些困难。“科孚海峡案”中,英国以“海军机密”(naval secrecy)为由拒绝出示法院根据第49条要求的信息,即该案中的XCU文件。See *Supra* note 5, *Corfu Channel*, Judgment, p. 32, para. 2;在“《防止及惩治灭绝种族罪公约》的适用案”中,塞尔维亚与黑山以国家安全利益(national security interest)为由拒绝出示未经编辑的证据。See *Application of the Convention on the Prevention and Punishment of the Crime of Genocide* (*Bosnia and Herzegovina v. Serbia and Montenegro*), Judgment, [2007] ICJ Reports 131, p. 128, para. 205.

〔11〕*Maritime Delimitation in the Area between Greenland and Jan Mayen*(*Denmark v. Norway*), Judgment, Separate Opinion of Judge Weeramantry, [1993] ICJ Reports 38, p. 257, para. 163.

〔12〕*North Sea Continental Shelf*(*Germany v. Denmark*), Judgment, [1969] ICJ Reports 3, p. 41, para. 71.

在“事实密集型”案件中,事实情况复杂,当事双方对案件事实抱有较大争议,法院对案件事实作出的认定将直接决定判决的走向。例如,在“科孚海峡案”中,英国军舰在阿尔巴尼亚领海扫雷时触雷,爆炸造成了人员伤亡与财产损失。当事双方对于“谁埋藏水雷”的事实存在争议,法院一时难以自行作出判断。而这一事实直接决定阿尔巴尼亚是否在该案中承担国家责任。最终法院根据《规约》第50条依职权任命了专家,并根据专家意见判定阿尔巴尼亚“不可能不知道”其领海内埋有水雷一事。由于阿尔巴尼亚并未将该危险情况通知英国,因而负有国家责任。这便是“事实密集型”案件。此外,案件材料繁多也是“事实密集型”案件的一个特点。例如,在“巴塞罗那电车、电灯及电力有限公司案”中,法院面临近2000页的案件材料。国际法院时常遇到外交保护的案件也因有关征收合法与否而涉及财会知识与经济知识,事实复杂。海洋争端是“事实密集型”案件的另一“重镇”。在“尼加拉瓜和洪都拉斯在加勒比海的领土和海洋争端案”中,法院面临超过4000页的案件材料。在“事实密集型”案件中,如果有专家协助认定事实,将大大提高国际法院的判案效率。

国际法院获取案件事实的方式较少并非因为案件事实不复杂、不密集,而是受到国际社会政治现实的限制。《规约》与《规则》仅授权法院以前述方式获取事实。自1968年开始,每年秋天联合国大会召开期间,国际法院院长都会出席并发言。而自2006年时任院长希金斯(Dame Rosalyn Higgins)开始,数次院长发言都注意到了“事实密集型”案件给法院工作带来的挑战。[13] 其中,法院依职权任命的专家(expert *ex curia*)被认为是应对

〔13〕 Speeches by H. E. Judge Rosalyn Higgins, President of the International Court of Justice, to the General Assembly of the United Nations (26 October 2006, 1 November 2007, 2 November 2007), available at <https://www.icj-cij.org/public/files/press-releases/9/13149.pdf>, <https://www.icj-cij.org/public/files/press-releases/3/14113.pdf>, <https://www.icj-cij.org/public/files/press-releases/3/14123.pdf> (last visited 20 July 2021); Speech by H. E. Judge Peter Tomka, President of the International Court of Justice, to the Sixth Committee of the General Assembly, and his speech to the Sixty-ninth Session of the General Assembly of the United Nations (31 October 2014), available at <https://www.icj-cij.org/public/files/press-releases/8/18398.pdf>, <https://www.icj-cij.org/public/files/press-releases/8/18388.pdf> (last visited 20 July 2021); Speeches by H. E. Mr. Ronny Abraham, President of the International Court of Justice, to the Sixth Committee of the United Nations General Assembly (28 October 2016), available at <https://www.icj-cij.org/public/files/press-releases/0/19280.pdf> (last visited 20 July 2021).

“事实密集型”案件的良方。〔14〕

那么，法院在“刚果（金）境内的武装活动案”的赔偿问题中作出任命专家的裁定是因为该案是一个“事实密集型”案件吗？该问题在国际法院内部没有一致意见。乌干达赔偿义务的依据是法院对该案作出的实体判决。2005 年 12 月 19 日，国际法院认定乌干达在刚果民主共和国领土上从事了针对后者的军事活动，侵占伊图里并向在刚果民主共和国领土上活动的非正规部队积极提供支援，从而违反了在国际关系中不使用武力原则和不干涉原则；在乌干达军队和卢旺达军队于基桑加尼的敌对过程中，乌干达未履行国际人权法和国际人道法规定的义务；乌干达武装部队对刚果（金）平民的行为，特别是作为伊图里地区占领国的行为，违反了国际人权法和国际人道法规定的其他义务；其武装部队成员在刚果民主共和国领土上实施掠夺、抢占和盗采刚果（金）自然资源行为且作为伊图里地区占领国未能防止此类行为，违反了国际法规定的义务。在 2005 年的判决中，法院表示，赔偿问题将在后一阶段中决定，如果两国之间就赔偿问题达成协议，法院将不会对赔偿问题作出判决。〔15〕 2015 年 5 月 13 日，刚果（金）政府请求法院就该案中乌干达应向刚果民主共和国支付的赔偿额作出判决。〔16〕 双方均在法院规定的时限内提交了有关赔偿问题的诉状。国际法院于 2020 年 9 月 8 日发布裁定，认为有必要决定根据《规约》第 50 条依职权任命专家就“人员死亡”“自然资源损害”“财产损失”三个问题出具专家意见。〔17〕 法院紧接着于 2020 年 10 月 12 日任命了 4 名专家。〔18〕 两个月后，专家具体就（武装冲突造成的）直接死亡、与武装冲突相关的大量死亡、有关生命与财产损失的

---

〔14〕 Ibid., Higgins, 2 November 2007; Tomka, 31 October 2014; Abraham, 28 October 2016.

〔15〕 *Armed Activities on the Territory of the Congo* (*Democratic Republic of the Congo v. Uganda*), Judgment, [2005] ICJ Reports 168, p. 281, para. 7.

〔16〕 *Supra* note 2, *Armed Activities on the Territory of the Congo*, Order, Decision to obtain an expert opinion, p. 3, para. 1.

〔17〕 *Supra* note 2, *Armed Activities on the Territory of the Congo*, Order, Decision to obtain an expert opinion, p. 4, para. 9.

〔18〕 *Armed Activities on the Territory of the Congo* (*Democratic Republic of the Congo v. Uganda*), Order, Appointment of Experts, 12 October 2020, [2020] ICJ, p. 3, paras. 8-11, available at <https://www.icj-cij.org/public/files/case-related/116/116-20201012-ORD-01-00-EN.pdf> (last visited 20 July 2021).

赔偿额以及自然资源的开发问题出具了书面报告。[19]

乌干达籍法官塞布廷德(Julia Sebutinde)对法院任命专家的裁定发表了单独意见(separate opinion),质疑任命专家的合理性,因为她认为该案件并不涉及复杂的技术问题。[20] 这一现象从侧面反映出,依职权任命专家制度在何种情形下可以适用这一问题,特别是是否限于"事实密集型"案件或"技术复杂性"案件的问题,并未在国际法院内部获得一致结论。"技术复杂性"案件往往也是"事实密集型"案件,法院在这些案件中时常不能凭一己之力迅速对事实作出理解与认定。在这类案件中,专家的使用显得如此必要,以至于让人产生两者存在必然联系的错觉。[21] 本文通过考察《规约》相关文本以及国际法院依职权任命专家的司法实践,对《规约》第50条作出解释,得出结论认为国际法院依职权任命专家并不限于"事实密集型"案件,在"刚果(金)境内的武装活动案"中任命专家符合《规约》与现有实践(established practice)。

一、第50条的文本未对案件类型作出限制

国际法院的建立及其运作的依据都是《规约》。要回答国际法院在何种情形下可以任命专家的问题,首先需要考察《规约》的文本,对其作出解释。《规约》第50条规定:"法院得随时选择任何个人、团体、局所、委员会或其

---

〔19〕 *Armed Activities on the Territory of the Congo* (*Democratic Republic of the Congo v. Uganda*), Experts Report on Reparations, 19 December 2020, [2020] ICJ, available at <https://www.icj-cij.org/public/files/case-related/116/116-20201219-OTH-01-00-EN.pdf> (last visited 20 July 2021).

〔20〕 *Supra* note 2, *Armed Activities on the Territory of the Congo*, Separate opinion of Judge Sebutinde, p. 1, para. 1, available at <https://www.icj-cij.org/public/files/case-related/116/116-20200908-ORD-01-02-EN.pdf> (last visited 20 July 2021). 塞布庭德法官认为,只要法院可以通过法律知识(judicial expertise)解决相关问题,就不应该使用专家。她还通过分析常设国际法院与国际法院的司法实践,提出法院在任命专家的问题上向来保守。

〔21〕 中文文献也十分强调专家与"事实密集型"案件之间的联系。例如,宋瑶:《国际法院对专家证据的评估问题研究》,华东政法大学2019年硕士学位论文;何田田:《论国际法院与专家证据——以1994年国际法院"陆地和海洋边界案"为视角》,载《国际法研究》2019年第2期,第11~22页。

他组织，委以调查或鉴定之责。”[22]

可见，《规约》第50条并未将使用专家的情形限于“事实密集型”案件。实际上，第50条不仅没有对使用专家的情形作出任何限制，也没有列举任何例子，还将该权力的使用时间与适用对象扩展至最大：法院“随时”可以选择“任何”对象“委以调查或鉴定之责”。

那么，被委任的对象——“专家”指的是什么呢？在中文中，“专家”这一概念常泛指具有专业知识的人。例如，世界卫生组织（World Health Organization）为应对新冠肺炎疫情建立了“专家”咨询团和“专家”委员会。[23] 世界贸易组织争端解决机构的成员被称为专家组（panelists）。但《规约》第50条项下的专家特指在司法性争端解决过程中，使用自己不同于普通人的知识而帮助裁决者确认事实的人。第50条项下的“专家”自身并非裁决者。

由于历史原因，《规约》的作准文本是英文和法文。实际上，无论是英文文本还是法文文本，《规约》第50条都没有将“专家”作为一个职位，而是直接指向专家或鉴定人的产出与成果，即专家意见（英文的“an expert opinion”和法文的“une expertise”）。“expert opinion/expert testimony”被译为“专家提供的意见证据”，指的是“在法律上，如果科学、技术或其他专业知识能够帮助陪审团理解证据或确定争议事实，那么，在知识、技能、经验或教育等方面具有专家资格的证人可以用意见或其他方式作证”。换言之，在英美法系中，专家意见意在（帮助陪审团）确认事实。[24]

法文是《规约》的另一作准文本。同英文中的“an expert opinion”一样，法文中的“expertise”也是名词，被译为“鉴定、专家评定；鉴定书”。《规约》并未使用动词“expertiser”（作出鉴定），也未使用指向身份的名词“expert”

---

〔22〕 之所以使用“鉴定”一词，一方面是基于1946年的民国译本，另一方面是基于对法语中“expertise”的通常翻译。

〔23〕 《咨询机构的报告：专家咨询团和专家委员会及其成员》（2018年12月11日），available at<https://apps.who.int/iris/handle/10665/327752? search-result=true&query=%E4%B8%93%E5%AE%B6%E5%92%A8%E8%AF%A2%E5%9B%A2%E5%92%8C%E4%B8%93%E5%AE%B6%E5%A7%94%E5%91%98%E4%BC%9A%E6%9D%A1%E4%BE%8B&scope=&filtertype_0=dateIssued&filter_relational_operator_0=equals&filter_0=%5B2000+TO+2049%5D&rpp=10&sort_by=score&order=desc>（last visited 25 July 2021）。

〔24〕 薛波主编：《元照英美法词典》，潘汉典校，法律出版社2003年版，第515页。

(鉴定人)。[25] 可见,《规约》的法文文本也是指向“专家的成果”而非“专家身份”。

在1946年版的中文译文中,“giving an expert opinion”被译为“鉴定”,但国际法院依职权任命的专家并非大陆法系中严格意义的“鉴定人”,也非英美法系中的专家证人。与英美法系中的专家证人不同,第50条项下的专家并不需要经过任何资格认证。在国际法院出庭的律师都不需要通过任何司法考试,遑论专家。这也给后文的律师型专家(counsel-expert)留下了空间。与大陆法系中的鉴定人不同,第50条项下的专家与法院不存在任何机构性联系。国际法院根据第50条任命的专家均为遇到案件后临时选任,具有相当大的随机性。

可见,《规约》第50条的文本并未将使用专家的情形限于“事实密集型”案件,并尽可能地扩展了法院任命专家的权力。那么,专家的使用是如何与“事实密集型”案件发生关联的呢?实际上,《规约》中还有一些制度与第50条项下的专家关系紧密、错综复杂。在这些制度的产生过程中,复杂而密集的事实给国际法院司法工作带来了挑战。正因如此,“事实密集型”案件常与包括专家在内的相关制度联系在一起,甚至被认为是专家制度所针对的唯一对象。如果不能对这些相互交织的概念做出明确界分,将难以正确认识使用第50条项下专家的情形。因此,下文将厘清《规约》中与第50条项下的专家相关的概念。

二、“事实密集型”案件的挑战催生《规约》中相关制度

(一)法院依职权任命的专家(expert *ex curia*)不同于当事国聘请的专家(expert *ex parte*)

第50条并非《规约》文本唯一提及“专家”之处。另一处为第43条。该条第5款规定:“口述程序系指法院审讯证人、鉴定人、代理人,律师及辅

[25] 薛建成主编:《拉鲁斯法汉双解词典》,外语教学与研究出版社2001年版,第754页。

佐人。”[26]可见,《规约》对第 43 条的处理与对第 50 条不同。第 43 条直接指向了“专家”或“鉴定人”这类人,而第 50 条指向的是这类人的产出或成果——调查报告或鉴定意见。如果给这些履行“调查或鉴定之责”的人赋予一个身份,并将他们与第 43 条项下的人区分开来,那么第 50 条项下的人是法院依职权任命的专家,而第 43 条项下的人是当事国聘请的专家。当事国聘请的专家协助当事国表达有关事实的主张(assertion on facts)。不同于法院依职权任命的专家,当事国聘请的专家所出具的意见是单方证据(*ex parte* evidence),有关事实的主张经过质证(cross-examination)后才可能成为被法院认定的事实,而法院依职权任命的专家所出具的意见一般被认为具有中立性。[27] “专家”或“鉴定人”的概念包括且仅包括以上两类,即第 50 条项下的专家和第 43 条项下的专家。

在以司法方式解决国家间争端的过程中,使用专家的制度并非国际法院首创。1907 年于海牙签订的《和平解决国际争端公约》中便规定了专家制度。[28] 而后,《常设国际法院规约》第 43 条与第 50 条也规定了法院依职权任命的专家与当事国聘请的专家,[29]它们是《规约》第 43 条与第 50 条的前身。实际上,专家制度普遍存在于司法性争端解决过程中。如前所述,英美法系和大陆法系中都有规定“专家”或“鉴定人”制度。专家制度产生的背景是工业化带来的社会分工细化。学科间鸿沟加深的“知识专业化”现象给事实发现与事实认定带来挑战——法官与律师的职业训练内容主要为法学学科,而事实的认定日渐需要其他学科专业人士的帮助。

---

〔26〕 该条并未直接规定“当事国有权聘请专家出庭”,但规定出庭程序中包括专家,以此可以反推当事国有权聘请专家。在实践中,当事国聘请专家出庭也是援引该条款。

〔27〕 Durward v. Sandifer, *Evidence Before International Tribunals*(revised ed, University Press of Virginia, 1975), p. 240; Sophie Schiettekatte, “Building the Bridge between Science and Law at the International Court of Justice: From *Ex Parte* to *Ex Curia* Experts”, *SSRN Journal* (2017), available at <http://www.ssrn.com/abstract=2964246>(last visited 25 July 2021).

〔28〕 《和平解决国际争端公约》第 90 条规定:“诉讼程序全部以书面方式进行。但各方有权要求传唤证人和鉴定人出庭。法庭有权要求双方的代理人以及它认为有必要出庭的鉴定人和证人作出口头说明。”Convention for the Pacific Settlement of International Disputes,中文:《和平解决国际争端公约》,1907 年 10 月 18 日签订,1910 年 1 月 16 日生效,我国于 1993 年 11 月 22 日加入。

〔29〕 《常设国际法院规约》,1920 年 12 月 16 日通过,1929 年 9 月 14 日修订,1936 年 2 月 1 日修订生效。

《规约》第50条项下的专家与第43条项下的专家都意在帮助法院进行事实认定,但两者有所区别。是否根据第50条任命专家属于法院自由裁量的范围,[30]当事国可以请求法院根据第50条任命专家但法院有权拒绝;[31]是否根据第43条聘请专家是当事国的自主选择。与第50条相同,《规约》第43条并没有将当事国聘请专家的情形限于"事实密集型"案件。

值得注意的是,在国际法院的司法实践中,当事国所聘请的"专业人士"可能以两种身份出庭。一种身份是当事国聘请的专家(expert *ex parte*),另一种身份是笼统地作为代表团成员(member of the delegation)。国际法院处理两者的程序有所区别。当事国聘请的专家需要根据《规则》第64条b款作出宣誓,其所提供的专家意见需要经过质证(cross-examination)。"刚果(金)境内的武装活动案"的实质判决庭审中处理了专业人士以代表团成员身份出庭的问题。时任院长史久镛法官特别指出,如果"专业人士"以代表团成员身份出庭,他们将被视作律师(counsel)或辅助人(advocate)。[32]他们也被称为律师型专家(counsel-expert)。[33]

律师型专家的做法在"乌拉圭河沿岸的纸浆厂案"中遭到了哈苏奈(Al Khasawneh)法官和辛玛法官(Simma)的强烈反对,因为这种做法规避了专家质证环节,从而给事实认定的准确性带来瑕疵。[34] 这种做法在"南极捕

---

〔30〕 有学者认为法院任命专家是作为争端解决机构的法院的固有权力(inherent power),甚至无须在法院文件言明。这一点也遵循了国际法院建立前国家间仲裁的实践。See Christian J. Tams and James G Devaney, "Part Three Statute of the International Court of Justice, Ch. III Procedure, Article 50" in Andreas Zimmermann et al (eds.), *The Statute of the International Court of Justice: A Commentary*, 3rd edn (Oxford University Press, 2019), p. 1427.

〔31〕 当事国初次请求是"国际工商业投资公司案"中,瑞士政府请求法院依职权任命专家判断该公司财产的非敌性质。然而该案件因法院同意美国政府的初步反对意见而结束诉讼,未能进行至实体阶段。See *Interhandel* (*Switzerland v. United States*), Judgment, Preliminary Objections, [1959] ICJ Reports 6, p. 9, para. 3.

〔32〕 *Armed Activities on the Territory of the Congo* (Democratic Republic of the Congo v. Uganda), Verbatim Record, CR2005/7, 18 April 2005, p. 53, para. 54, available at <https://www.icj-cij.org/public/files/case-related/116/116-20050418-ORA-01-01-BI.pdf> (last visited 25 July 2021).

〔33〕 *Supra* note 13, Higgins, 2 November 2007.

〔34〕 *Pulp Mills on the River Uruguay* (*Argentina v. Uruguay*), Judgment, Joint Dissenting Opinion of Judges Al Khasawneh and Simma, [2010] ICJ Reports 108, p. 111, paras. 6-7, 13.

鲸案”中得到改善。澳大利亚与日本所聘请专业人士都作为专家(expert *ex parte*)出庭，以专家身份宣誓并接受对方律师的交叉询问。最终法院基于日本方专家在交叉询问中的矛盾表现而采纳了澳大利亚方专家有关何为“科学”的意见。[35] 足见对专家进行交叉询问的重要性，因此，当事国聘请的专业人士以专家身份(expert *ex parte*)出庭更为可取。

总之，当事国聘请的专家不同于法院依职权任命的专家。[36]

（二）特种案件分庭（special chambers）与专案分庭（*ad hoc*-chambers）

“事实密集型”案件中的事实认定本就复杂而困难，而知识专业化使得这种困难更加突出。这种突出的效果是如此显著，以至于将处理知识专业化的所有制度都与“事实密集型”案件捆绑起来也显得如此自然。第50条项下的专家与第43条项下的专家都是处理知识专业化的一种制度，但它们并不是《规约》给出的唯一对策。它们也并非仅针对“事实密集型”案件。

就“知识专业化”问题而言，《规约》中更为引人注意的是第26条第1款所规定的“特种案件分庭”(special chambers)。[37] 该款规定：“法院得随

---

〔35〕 *Whaling in the Antarctic*(*Australia v Japan*, *New Zealand Intervening*), [2013] ICJ Pleadings CR 2013/14, available at <https://www.icj-cij.org/public/files/case-related/148/148-20130703-ORA-02-01-BI.pdf>(last visited 25 July 2021); *Whaling in the Antarctic*(*Australia v. Japan*, *New Zealand Intervening*), Judgment, [2014] ICJ Reports 226, p. 275, para. 159.

〔36〕 无论是法院依职权任命的专家还是当事国聘请的专家，都不同于法庭之友(*amicus curia*)，其主要区别在于进入法庭的路径不同。专家是法院任命或当事国聘请，其作用在于协助法院理解与确认事实。法庭之友是不作为当事任何一方就相关问题作出解释的人。他们参与司法活动或由自己主动，或由法院邀请。法庭之友为国际争端解决程序提供不同观点，提高其透明度和合法性。See Bryan A Garner and Henry Campbell Black(eds.), *Black's Law Dictionary*, 9th edn(MN: West, 2009), p. 98. 国际法院从未正式使用法庭之友。有学者认为《规约》第34条第2款规定的在遇到国际组织构成性文件解释问题时寻求该国际组织的帮助也是法庭之友。See Astrid Wiik, *Amicus Curiae before International Courts and Tribunals*, (Hart, 2018), p. 436. 总之，法庭之友并非本文讨论的对象。

〔37〕 特种案件分庭并非《规约》中唯一的分庭，专案分庭(*ad hoc* chamber)与之极易混淆。中文文献中常常将“special chambers”与“*ad hoc* chamber”均译为“特别分庭”。“专案分庭”原文措辞与《规约》第30条的专案法官相同，即为“*ad hoc*”。本文将第26条第1款的“special chamber”译为“特种案件分庭”，而第26条第2款的“*ad hoc* chamber”与第30条的“*ad hoc* judge”协调一致，译为“专案分庭”。

时设立一个或数个分庭,并得决定由法官三人或三人以上组织之。此项分庭处理特种案件,例如劳工案件及关于过境与交通案件。"[38]不同于《规约》第50条进行的宽泛授权,第26条第2款对案件类型举出了例子。与该款相对应的现行《规则》条款是第16条:"1. 法院决定按规约第二十六条第一项的规定设立一个或数个分庭时,应规定设立每一分庭所审理的案件类别、分庭成员名额、其任职期限及就任日期。2. 分庭成员应按本规则第18条第1款从本法院成员中选出,选举时应考虑到本法院任何成员对成立该分庭所要审理的一类案件可能具有的特殊知识、专门技能或先前经验。"

特种案件分庭中具有"特殊知识、专门技能或先前经验"的人是"本法院成员"。这不同于法院依职权任命的专家或当事国聘请的专家。换言之,第26条第1款所涉及的"专业人士"是国际法院的审判人员,这类审判人员以其"特殊知识、专门技能或先前经验"而当选。特种案件分庭应对的是国际法内部的"知识专业化";[39]专家或鉴定人处理的是国际法与其他学科间的"知识专业化"龃龉。特种案件分庭的法官是国际法内部的"专业人士";[40]专家或鉴定人在特定专业领域内以其不同于普通人的知识协助审

---

〔38〕 国际法院的前身——常设国际法院已经设置了劳工和过境、交通问题的特种案件分庭制度,因为《常设国际法院规约》的起草者意识到该类案件的处理需要专业人士的参与。See Advisory Committee of Jurists, *Procès-Verbaux of the Proceedings of the Committee June 16th-July 24th 1920 with Annexes*(Van Langenhuysen Brothers, 1920), p. 258.

〔39〕 正如联合国国际法委员会于2006年所作出的研究报告所言,国际法内部日益变成一个个封闭而独立的隔间(compartments)。See *Fragmentation of International Law: Difficulties Arising from the Diversification and Expansion of International Law*, *Report of the Study Group of the International Law Commission Finalized by Martti Koskenniemi*(13 April 2006) UN Doc. A/CN. 4/L. 682.

〔40〕 此处指广义的专家。实际上,国际法院的法官都被认为是国际法的专家(experts of international law)。《规约》第2条要求法官"品格高尚并在各本国具有最高司法职位之任命资格或公认为国际法之法学家"。在其《规则》的修改过程中,分庭应由相关领域专业人士组成(Chamber of experts)的考虑也特别被提及。See Manley O Hudson, *A Treatise on the Permanent Court of International Justice*, 1920-1942(Garland Publishing Inc., 1972), p. 345.

判人员确认事实。[41]

总之，特种案件分庭与专案分庭是不同于专家的制度。特种案件分庭的建立出于案件事实的专业性与复杂性，该分庭处理的案件很可能是"事实密集型"案件。但"事实密集型"案件并非都需要建立特种案件分庭。特种案件分庭与专案分庭也可以根据需要任命专家。

（三）襄审官[42]（assessor）

特种案件分庭的设立是为处理国际法内部的专业化，特种案件分庭成员的专业性是相对于其他法官而言的。在《规约》中，还有一群人以其专业性而具有特殊身份，即"襄审官"。第30条第2款规定："法院规则得规定关于襄审官之出席法院或任何分庭，但无表决权。"在历史上，这一制度的设立与特种案件分庭密切相关。国际法院特种案件分庭制度承袭于常设国际法院。《常设国际法院规约》中的特种案件有且仅有两种，即劳工和过境交通案件。[43] 在原来的规定中，只要是劳工案件与过境交通案件，无论是全庭审理还是分庭审理，均配有4名技术性襄审官。襄审官重在其技术性，他们不享有表决权，但参与评议。在起草《规约》时，华盛顿法学家委员会认为有

---

〔41〕 国际法院自1985年起便开始讨论建立环境问题特种案件分庭的可能性。See *International Court of Justice Yearbook* 39, 1984-1985 (1985), p. 14. 国际法院于1993年根据《规约》第26条第1款建立前组建了由7名法官组成的、常设的环境问题特种案件分庭（Chamber for Environmental Matters），每3年进行一次选举。然而该特种案件分庭在成立的33年间并未收到任何案件，因此国际法院于2006年决定停止选举环境问题特种案件分庭的法官。参见联合国：《国际法院的报告》（2007年8月10日），UN Doc. /A/62/4，第241段。环境问题特种案件分庭门庭冷清的原因可能在于世界贸易组织争端解决机构的成立似乎并未威胁国际法院的环境案源，国际法院（全庭，"full court"）仍然收到了诸如"加布奇科沃—大毛罗斯大坝案"等复杂的环境案件。*Supra* note 5, *Gabčikovo-Nagymaros Project*, Judgment, 25 September 1997, [1997] ICJ Reports 3, p. 32, para. 33. 此外，国际法院对于自己的定位更加清晰，因此最终放弃了环境问题特种案件分庭。时任院长希金斯（Dame Rosalyn Higgins）指出："可以理解的是，现在各国显然将环境法视为整体国际法的组成部分。"桑兹（Philippe Sands）也认为，没有当事国会认为自己的争端是纯粹的"环境法"问题。See Philippe Sands, "Litigating Environmental Disputes: Courts, Tribunals and the Progressive Development of International Environmental Law" in Thomas A Mensah et al, eds, *Law of the Sea, Environmental Law, and Settlement of Disputes: Liber Amicorum Judge Thomas A Mensah* (Martinus Nijhoff, 2007), p. 315.

〔42〕 "襄审官"的译法来自1946年《国际法院规约》民国政府译本。襄审官的作用在于"协助"作为审判人员的法官审理案件，以避免技术错误。根据现行《规则》第21条，襄审官有权参与案件评议，由此看来，其作用不同于法院依职权任命的专家或当事国聘请的专家。

〔43〕 分别被规定在《常设国际法院规约》第26条与第27条中。

必要修改特种案件制度。〔44〕在《规约》中,襄审官的使用从特种案件扩展至一般案件。〔45〕

图1展示了《规约》中相关概念的关系。

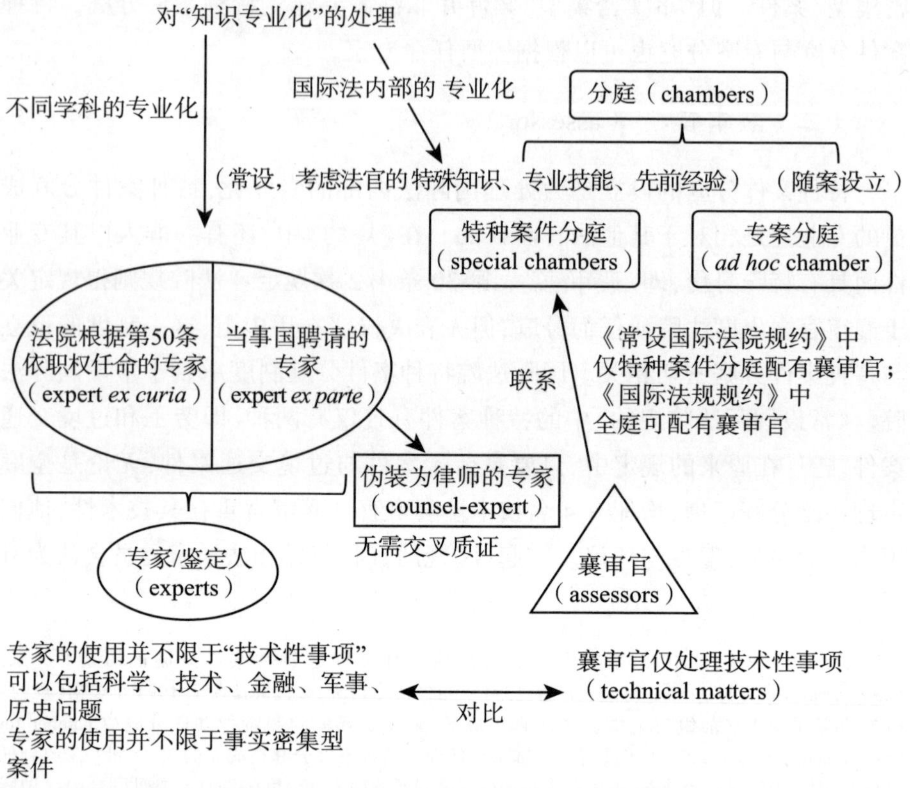

图1 《规约》对"知识专业化"的处理及相关概念

国际法院依职权任命专家是获取案件事实的一种方式。法院授权第三方进行"调查与鉴定"的必要性如此明显,以至于在《常设国际法院规约》的

---

〔44〕 Malcolm N. Shaw, *Rosenne's Law and Practice of the International Court*: 1920–2015, fifth edn(Brill, 2016), para. I. 8.

〔45〕 休·瑟尔威(Hugh Thirlway)教授指出这是意外,而非《规约》起草者或缔约国的深思熟虑。See Hugh Thirlway, "Part Three Statute of the International Court of Justice, Ch. I Organization of the Court, Article 30" in Andreas Zimmermann et al (eds.), *The Statute of the International Court of Justice: A Commentary*, 3rd edn(Oxford University Press, 2019), p. 589. 国际法院从未援引第30条正式任命过襄审官。

起草过程中，该条款被迅速通过。[46] 专家与"事实密集型"案件存在必然联系的错觉根植于对《规约》中相关概念认识不清。实际上，特种案件分庭制度所针对的专业性与"事实密集型"案件的联系更为紧密。不像其他一些国际性法庭，[47]使用第50条项下的专家不限于技术性（technical）事项。《规约》文本仅仅提及其任务是"调查或鉴定"。第50条项下的专家与技术问题或密集事实脱钩的观点还可以从《常设国际法院规约》的起草过程得到确证。1920年，法学家咨询委员会在起草《常设国际法院规约》时，日本籍委员安达峰一郎（Adachi Mineichirō）提议在法院可以授权的对象中增加国际联盟行政院建立的技术机构。此前授权对象仅为自然人。该提议最终没有得到通过。但是委员会同意在授权对象中增加"团体、局所、委员会或其他组织"。[48] 换句话说，安达峰一郎提议中的"技术性"部分被摒弃，而扩展授权对象的部分被保留，从而反面证明了将任命专家的事项限于技术性问题的说法不成立。

可见，《规约》的文本、上下文和起草历史都没有将法院使用依职权任命专家的情形限于"事实密集型"案件。此外，国际法院根据第50条依职权任命专家的实践也是认识专家制度的重要素材。因此，下文将具体分析国际法院适用第50条的司法实践。

三、国际法院依第50条的实践并不限于"事实密集型"案件

（一）"科孚海峡案"

如前所述，国际法院首次根据《规约》第50条依职权任命专家是在其第

---

〔46〕 *Supra* note 40, Manley O. Hudson, p. 202.

〔47〕 世界贸易组织争端解决谅解备忘录第13条第2款将出具专家报告的情形限定于"科学与技术事项"。See "Understanding on the Rules and Procedures Governing the Settlement of Disputes (DSU)", 1869 UNTS 401 (1994), Article 13, "2. Panels may seek information from any relevant source and may consult experts to obtain their opinion on certain aspects of the matter. With respect to a factual issue concerning a scientific or other technical matter raised by a party to a dispute, a panel may request an advisory report in writing from an expert review group. Rules for the establishment of such a group and its procedures are set forth in Appendix 4."

〔48〕 *Supra* note 40, Manley O. Hudson, p. 202.

一个争讼(contentious)案件中,即"科孚海峡案"。该案由1946年10月22日在科孚海峡发生的事件引起:两艘英国驱逐舰在阿尔巴尼亚水域触水雷而遭到损坏,并造成严重的人员伤亡。1946年11月12日与13日,英国政府再次不顾阿尔巴尼亚政府的反对,对相关水域进行扫雷,发现了22枚GY型号的水雷。英国政府要求阿尔巴尼亚政府对爆炸承担国家责任,要求其支付赔偿。阿尔巴尼亚否认布设水雷,双方对事实存在重大争议。法院不同意阿尔巴尼亚自己布设了水雷这一说法。但是英国政府主张,无论布设水雷者可能是谁,布雷一事不可能在阿尔巴尼亚不知道的情况下完成。

法院于1948年12月17日根据《规约》第50条任命3名专家组成委员会对有关爆炸的事实出具专家报告。[49] 当事两国的律师在庭审中分别对法院任命的专家进行了询问。[50] 法院最终根据专家报告与专家实地考察的结论,[51]以及阿尔巴尼亚对爆炸一事的态度等间接证据,[52]认定阿尔巴尼亚"不可能不知道"其领海被埋藏水雷这一事实。法院引证了专家报告的结论:"就布雷一事来说,如果从北朝南看,在基法里角应当能看到布雷者;如果从南朝北看,在基法里角和圣乔治修道院应当能看到他们。"[53]根据上述事实和意见,国际法院得出了布雷区布雷一事不可能在阿尔巴尼亚不知晓的情况下完成的结论,从而判定阿尔巴尼亚没有遵守将相关危险通知航运界的义务。阿尔巴尼亚因知情地使其领土损害他国与不作为(omission)而承担国家责任。[54]

容易被人忽视的是,在"科孚海峡案"中,国际法院曾两次适用《规约》第50条任命专家:一次是认定阿尔巴尼亚的国家责任时,另一次是计算阿尔巴尼亚对英国遭受的人员伤亡和财产损失所应担负的赔偿金额时。在法院作出阿尔巴尼亚负有责任的实体判决后,阿尔巴尼亚政府表示拒不参与

---

〔49〕 *Corfu Channel*(*United Kingdom v. Albania*), Order, Expert Opinion, [1948] ICJ Reports 124, p. 124.

〔50〕 *Corfu Channel*(*United Kingdom v. Albania*), Pleadings, Oral Arguments, [1949] ICJ Verbatim record 1949/2, available at <https://www. icj-cij. org/public/files/case-related/1/001-19491109-ORA-02-00-BI. pdf>(last visited 20 July 2021).

〔51〕 *Supra* note 5, *Corfu Channel*, Judgment, pp. 21-22.

〔52〕 Ibid., p. 17, para. 2.

〔53〕 Ibid., p. 18, paras. 2-3.

〔54〕 Ibid., p. 23, para. 2.

法院的后续任何程序,因此法院根据《规约》第 53 条就赔偿问题进行了缺席审判。[55] 在听取了英国政府的陈述后,法院发布裁定,委托专家对英国提出的数字和估计进行审查,因为所提出的赔偿计算问题是"技术性的"(questions of a technical nature)。[56] 两位荷兰籍造船和海军方面的专家,在 12 月 2 日向法院提交了专家报告;在法院随后的一次会议上,他们回答了一些希望了解更多情况的法官向他们提出的问题。法院依次审议了英国要求的三项赔偿:对重造索马里兹号驱逐舰的赔偿,由于科孚海峡中的爆炸该舰已完全灭失;对沃拉吉号驱逐舰所受损害的赔偿;以及对海军人员死伤的赔偿。关于要求的前两项,国际法院说道,"根据它指定的鉴定人的意见",英国政府提出的数字可被认为是对受损害的确切而合理的估计(a fair and accurate estimate)。[57] 关于对海军人员赔偿的要求,法院认为英国政府提出了充分的文件证据(proved to the satisfaction of the Court)。[58] 因此,国际法院作出了有利于英国的要求的判决,并判处阿尔巴尼亚向该国支付总数为 843,947 英镑的赔偿。[59]

可见,在"科孚海峡案"中,无论是有关国家责任的实体问题,还是有关赔偿额的确定问题,法院都尊重并依赖其根据第 50 条依职权任命的专家所出具的意见。专家意见对于判决结果起到了至关重要的作用。在赔偿额的计算阶段,法院仅仅因为其具有技术性而任命了专家。具有技术性(technical nature)并不意味着事实密集或涉及复杂的技术问题(technical complexities)。"科孚海峡案"可以证明使用依职权任命的专家并不限于"事实密集型"案件的观点。

---

〔55〕《规约》第 53 条规定:"一、当事国一造不到法院或不辩护其主张时,他造得请求法院对自己主张为有利之裁判。二、法院于允准前项请求前,应查明不特依第三十六条及第三十七条法院对本案有管辖权,且请求人之主张在事实及法律上均有根据。" See *Corfu Channel* (*United Kingdom v. Albania*), Judgment, Compensation, [1949] ICJ Reports 244, p. 246, paras. 3-5.

〔56〕 *Corfu Channel* (*United Kingdom v Albania*), Order, Compensation Due from Albania to the United Kingdom: Appointment of Expert, 19 November 1949, [1949] ICJ Reports 237, p. 238, para. 5.

〔57〕 *Supra* note 55, *Corfu Channel*, Judgment, Compensation, p. 247, para. 6.

〔58〕 Ibid., p. 250, para. 1.

〔59〕 Ibid., p. 250, para. 7.

(二)"缅因湾区域海洋边界划界案"

国际法院第2次适用第50条是在其组建专案分庭的首个案件中。1981年11月25日,加拿大政府和美国政府通过一个《特别协定》将划分两国在缅因地区海湾大陆架和渔业区海洋边界的问题提交法院。《特别协定》规定,法院需同双方协商后,依照《规约》第26条第2款和第31条由5名法官组成分庭。双方在《特别协定》中还附上一份《仲裁协议》,表示双方随时可能从国际法院撤销案件,转而采用国家间仲裁作为争端解决方式。[60] 1982年1月20日,法院以11票对2票通过裁定组成分庭。[61]

《特别协议》第2条还规定:"双方应要求分庭任命一名由双方共同提名的技术专家(technical expert),协助其处理技术问题,特别是准备第2款所述的海洋边界描述和海图。"[62] 1984年3月30日,分庭发布一项裁定,同意双方依据《特别协定》提出的要求,指定一名技术专家,在技术事项、特别是在编制所需海洋边界说明和图表方面协助分庭。法院在裁定中主动援引了《规约》第50条。[63] 英国皇家海军、技术专家比兹利(Beazley)先生于1984年10月3日提交了书面报告,被附在法院于11天后作出的实体判决之后。[64]

与"科孚海峡案"相比,"缅因湾区域海洋边界划界案"中专家的使用有所不同。第一,根据当事国的要求,专家的使用被明确限于技术性事项。如前所述,《规约》第50条并未作出如此限制。第二,当事两国没有机会对技

---

[60] *Delimitation of the Maritime Boundary in the Gulf of Maine Area*(*Canada v. United States of America*), Pleadings, Volume 1, Special Agreement, 25 November 1981, p. 17, available at <https://icj-cij.org/public/files/case-related/67/9595.pdf>(last visited 26 July 2021).

[61] *Delimitation of the Maritime Boundary in the Gulf of Maine Area*(*Canada v. United States of America*), Order, Constitution of Chamber, [1982] ICJ Reports 3, p. 8, para. 4.

[62] *Delimitation of the Maritime Boundary in the Gulf of Maine Area*(*Canada v. United States of America*), Judgment, [1984] ICJ Reports 246, p. 253, para. 5.

[63] 法院同时援引了第48条与第50条。See *Delimitation of the Maritime Boundary in the Gulf of Maine Area*(*Canada v. United States of America*), Order, Appointment of Expert, [1984] ICJ Reports 165, p. 165, para. 4.

[64] *Supra* note 62, *Delimitation of the Maritime Boundary in the Gulf of Maine Area*, Judgment, p. 347.

术专家的报告作出评论。[65] 从判决看来,技术专家的作用仅在于准确地"描述"坐标,承担制图师的职能,避免法院的判决出现重大技术错误。"缅因湾区域海洋边界划界案"中的技术专家实际上起到了襄审官的作用。[66] 考虑到该案距今久远,这种偏离是法院在通过实践探索在什么情形下使用依职权任命的专家时的正常现象。

(三)"加勒比海和太平洋海洋划界案"

就全庭(full court)而言,国际法院再次根据第 50 条任命专家已是距"科孚海峡案"近 70 年后的"加勒比海和太平洋海洋划界案"。[67] 2014 年 2 月 25 日,哥斯达黎加对尼加拉瓜提起诉讼,请法院"根据国际法,确定分属哥斯达黎加和尼加拉瓜的加勒比海和太平洋所有海洋区域之间单一海洋边界的完整走向","确定加勒比海和太平洋的单一海洋边界的准确地理坐标"。法院于 2016 年 5 月 31 日发布裁定决定就边界附近的一段海岸状况获取专家意见。法院在其裁定中解释称,某些涉及该段海岸状况的事实问题可能与解决诉至法院的争端有关;就这些问题而言,专家意见对法院有益。[68] 在该案中,法院需要考察待划界区域实际的物理结构与地质状况。泻湖与加勒比海的边界是否清晰是一个地质构造问题。因为海平面极高,潮涨潮落是客观现实,不稳定的地质结构将直接影响划界基点的选择。专家需要确定圣胡安河与海洋的低潮线之间交界的坐标,以及与该案相关的亚历山大仲裁裁决中所涉及的陆地边界基点最相近的坐标,并确定在陆地基点与海水河水交汇基点之间是否存在任何沙石结构。如果存在这样的砂石结构,需要确认该结构的物理特性,并预测该结构是否在未来会发生

---

[65] 在"科孚海峡案"的赔偿问题阶段中,因为阿尔巴尼亚拒不参与程序,仅英国政府对有关赔偿的专家报告作出评论。See *Corfu Channel* (*United Kingdom v Albania*), UK Government's Observations on Compensation, [1949] ICJ, available at <https://www.icj-cij.org/public/files/case-related/1/10899.pdf> (last visited 26 July 2021).

[66] Anna Riddell and Brendan Plant, *Evidence before the International Court of Justice* (British Institute of International and Comparative Law, 2009), p. 335.

[67] *Maritime Delimitation in the Caribbean Sea and the Pacific Ocean* (*Costa Rica v. Nicaragua*), Order, Appointment of experts, [2016] ICJ Reports 240.

[68] *Maritime Delimitation in the Caribbean Sea and the Pacific Ocean* (*Costa Rica v. Nicaragua*), Order, Decision to obtain an expert opinion, [2016] ICJ Reports 235, p. 237, para. 8.

变化。[69]

法院于 2016 年 6 月 16 日发布裁定,任命了一名地理学教授与另一名地质地貌学教授负责编制专家意见。[70] 他们还进行了两次实地考察。专家于 2017 年 4 月 30 日提交了报告。[71] 当事两国于 1 个月后向法院提交了对专家报告的评论,[72]双方在后续的口头程序中也未对专家意见提出反对。[73] 法院法官也通过书面形式向两名专家提出问题。[74] 法院最终援引专家报告,支持了哥斯达黎加的主张——泻湖与加勒比海之间并无稳定结构。专家们确定,“在海岸线外,即使在退潮时也没有水面以上的地物”,“海岸由宽阔的沙滩组成,后岸有不连续且与海岸平行的封闭泻湖”,“在最西端靠近圣胡安河口的地方,泻湖没有独立水域”。基于这些专家意见,法院认定哥斯达黎加对整个波蒂略斯岛拥有主权,该权利直至河流到达加勒比海之处。[75]

可见,“加勒比海与太平洋海洋划界案”与“科孚海峡案”类似,法院在认定事实出现困难的情形下使用了依职权任命的专家。法院的判决十分依

〔69〕 Ibid. ,pp. 237–238,para. 10.

〔70〕 Ibid. ,p. 241,paras. 6–7.

〔71〕 *Maritime Delimitation in the Caribbean Sea and the Pacific Ocean* (*Costa Rica v. Nicaragua*) ,Report of the Court-appointed experts,[2017]ICJ,available at <https://www. icj-cij. org/public/files/case-related/157/157-20170430-WRI-01-00-EN. pdf>(last visited 26 July 2021).

〔72〕 *Maritime Delimitation in the Caribbean Sea and the Pacific Ocean* (*Costa Rica v. Nicaragua*) ,Letter of Nicaragua concerning the report of the experts,[2017]ICJ,available at <https://www. icj-cij. org/public/files/case-related/157/157-20170601-WRI-02-00-EN. pdf>(last visited 26 July 2021); *Maritime Delimitation in the Caribbean Sea and the Pacific Ocean* (*Costa Rica v. Nicaragua*) ,Written observations of Costa Rica on the report of the experts,[2017]ICJ,available at <https://www. icj-cij. org/public/files/case-related/157/157-20170601-WRI-01-00-EN. pdf>(last visited 26 July 2021).

〔73〕 *Maritime Delimitation in the Caribbean Sea and the Pacific Ocean* (*Costa Rica v. Nicaragua*) ,*and Land Boundary in the Northern Part of Isla Portillos*(*Costa Rica v. Nicaragua*), Judgment,[2018]ICJ,p. 32,para. 71.

〔74〕 *Maritime Delimitation in the Caribbean Sea and the Pacific Ocean* (*Costa Rica v. Nicaragua*) ,Question of Judge Tomka to the experts,[2017]ICJ,available at <https://www. icj-cij. org/public/files/case-related/157/157-20170612-WRI-01-00-BI. pdf>(last visited 26 July 2021).

〔75〕 *Supra* note 73,*Maritime Delimitation in the Caribbean Sea and the Pacific Ocean*,Judgment, p. 32,para. 71.

赖专家意见。[76] 在“科孚海峡案”中，法院正是依赖专家意见认为阿尔巴尼亚需要对爆炸承担国家责任，并确定了相应的赔偿额；在“加勒比海与太平洋海洋划界案”中，法院正是根据专家意见认定相关海岸并无稳定砂石结构而同意了哥斯达黎加的主张。

国际法院均对以上3个适用第50条的案件作出实体裁决。但只有“科孚海峡案”与“加勒比海与太平洋海洋划界案”中的专家是实质意义上的第50条项下的专家，“缅因湾区域海洋边界划界案”中的技术专家实为第30条项下的襄审官。在“科孚海峡案”与“加勒比海与太平洋海洋划界案”中，当事国都通过书面或口头的形式对专家报告作出了评论；专家出具报告至法院作出实体判决的时间也间隔较久：在“科孚海峡案”中，法院在专家提交报告后近5个月后作出实体判决；在“加勒比海与太平洋海洋划界案”中，法院在专家提交报告后近10个月作出实体判决。与此不同的是，在“缅因湾区域海洋边界划界案”中，当事国并无机会对专家报告作出评论。分庭在专家作出报告后的第10天便作出实体裁决。如前所述，该案中的技术专家仅仅起到了制图师的作用。目前，“刚果(金)境内的武装活动案”[77]赔偿诉

〔76〕 有意思的是，这并不是法院第一次在划界案件中遇到待划界区域地质状况的问题。在“陆地、岛屿、海洋边界争端案”中，法院为划界需要确定河流改道的证据，以及三角洲中沉积岩形成的时间及其稳定程度。但是在该案中，法院的专案分庭(*ad hoc* chamber)并没有根据第50条依职权任命专家。在“纸浆厂案”中，乌拉圭建造的纸浆厂造成了河流的污染，甚至形成了泥沙堆积，并且改变了河岸的位置。在法官优素福(Abdulqawi Ahmed Yusuf)的单独意见中，他认为河流改道以及泥沙堆积改变了土地样貌，构成对领土主权的侵犯。而领土主权原则是国际法一项基本原则，但即使在一个影响如此巨大的原则中，国际法院也没有任命专家考察河流改道的成因，以及泥沙堆积的状况。

〔77〕 本案的一个新发展是当事国对国际法院有关专家的提议表示了反对。无论是“科孚海峡案”还是“加勒比海与太平洋海洋划界案”，当事国都对法院的专家提名表示认可与支持。然而在“刚果(金)境内的武装活动案”赔偿阶段中，乌干达在提交给法院的信件中明确表示乌干达认为法院准备任命的专家不具备相关资质(lack of competence)且可能存在偏见(preconceived views)，乌干达认为法院不应当任命他们作为专家。See *Supra* note 18, *Armed Activities on the Territory of the Congo*, Order, Appointment of Experts, p. 2, para. 8. 然而法院仍然在未对相关质疑作出评论的情况下按原计划任命了4名专家。法院在该案中的一个考量是此案拖延甚久，许多受害者已经过世。刚果(金)境内的武装活动的争议事实发生在1993年至1995年，实体判决于2005年作出，赔偿诉讼直到2021年还在进行，从发生侵害到启动赔偿诉讼已经过去了27年。乌干达在赔偿诉讼中反对专家人选也难免被怀疑为拖延策略。法官特林达德(Antônio Augusto Cançado Trindade)在其有关任命专家的单独意见中特别表示法院曾经在本案的实体阶段多次同意当事双方延期提交诉状以及相关材料的申请，使得受害人难以得到及时救济。因此他支持法院任命专家计算赔偿额的决定。*Supra* note 2, *Armed Activities on the Territory of the Congo*, Separate opinion of Judge Cançado Trindade, p. 1137, para. 3, available at <https://www.icj-cij.org/public/files/case-related/116/116-20200908-ORD-01-01-EN.pdf>(last visited 26 July 2021).

讼尚未结束,专家意见在本案中的作用仍是未知之数。但从仅有的“科孚海峡案”与“加勒比海与太平洋海洋划界案”中法院任命专家的实践看来,法院极有可能在判决中仍然高度依赖专家意见。

实际上,在“申请复核和解释‘1982年2月24日关于大陆架(突尼斯/利比亚)一案的判决书’案”中,法院对第50条的作用作出了解释——专家意见的目的必须是“协助”法院对提交其决定的问题作出判断。〔78〕 就需要专家协助的问题而言,国际法院也在“西南非洲案”的庭审中作出了说明:这些问题所需要的知识是“远远超过普通人所拥有的知识”。〔79〕 值得注意的是,即使是法院依职权任命的专家,也不应该成为事实认定者,作为司法性争端解决机构的法院才有权对事实作出认定〔80〕。正如国际法院在“西南非洲案”中所言,专家给出的仅仅是“意见证据”。〔81〕

结 论

综上所述,为了更好地获取事实以定分止争,《规约》通过第50条授权法院任命专家进行调查与鉴定,这种依职权任命的专家是国际法院查明事实的方式之一。《规约》第50条的文本、历史和相关实践都证明,使用专家的情形并不限于“事实密集型”或“技术复杂性”案件。理论上,只要认为查明事实需要,国际法院应该可以在任何诉讼案件中使用依职权任命的专家。因此,在“刚果(金)境内的武装活动”一案中任命专家符合《规约》与现有实践。

此外,本文通过上述研究发现,国际法院已经开始重新重视第50条的

---

〔78〕 英文原文为:“the purpose of the expert opinion must be to assist the Court in giving judgment upon the issues submitted to it for decision”。See *Application for Revision and Interpretation of the Judgment of* 24 *February* 1982 *in the Case concerning the Continental Shelf*(*Tunisia/Libyan Arab Jamahiriya*)(*Tunisia v. Libya*), Judgment, [1985] ICJ Reports 192, p. 227, para. 65.

〔79〕 英文原文为:“far in excess of that which is normally held by a lay person”。See *South West Africa Cases*(*Ethiopia v. South Africa*; *Liberia v. South Africa*) [1966] ICJ Pleadings Vol. X, Verbatim Record, 1965/3, Minutes of the Public Hearings held from 15 March to 14 July, 20 September to 15 November and 29 November 1965, 21 March and on 18 July 1966, p. 515, available at <https://www.icj-cij.org/public/files/case-related/46/046-19621002-ORA-01-00-BI.pdf>(last visited 26 July 2021).

〔80〕 Makane Moïse Mbengue, “International Courts and Tribunals as Fact-Finders: The Case of Scientific Fact-Finding in International Adjudication”, 34 *Loyola of Los Angeles International and Comparative Law Review*(2011), pp. 53-80.

〔81〕 Ibid.

适用，更积极地使用《规约》本就赋予的权力。在“加勒比海和太平洋海洋划界案”任命专家的过程中，国际法院特别在专家宣誓时增加了中立性的要求，以此区别于当事国聘请的专家。[82] 同时，法院法官也越来越有意识地参加与专家的互动。在“刚果（金）境内的武装活动案”赔偿阶段，庭审中便有3位法官向法院所任命的专家提问。[83] 与曾经建立的环境问题特种案件分庭相同，这种变化主要来自其他国际性争端解决机构的压力。作为并非唯一的国家间争端解决机构，国际法院无疑受到来自其他国际性法庭的竞争。其他国际争端解决机构已经越发成熟地使用职权寻求外部人员获取案件信息。[84] 作为联合国主要司法机关的国际法院积极主动地适用其职权以应对已经变化的形势，将对国际争端的和平解决大有裨益。

In Which Types of Cases Will the International Court of Justice Appoint Experts *Ex Curia*?

—Reflections on the Basis of *Armed Activities on the Territory of the Congo*

Zhang Maoli

Abstract: Recently, the International Court of Justice appointed four experts in

[82] *Maritime Delimitation in the Caribbean Sea and the Pacific Ocean* (*Costa Rica v. Nicaragua*), Order, Appointment of experts, [2016] ICJ Reports 240.

[83] 分别是院长、美国籍法官多诺霍（Donoghue）、乌干达籍法官塞布廷德（Sebutinde）以及牙买加籍法官罗宾逊（Robinson）。See *Armed Activities on the Territory of the Congo* (*Democratic Republic of the Congo v. Uganda*), Reparations owed by the Parties, [2021] ICJ Verbatim Record, CR 2021/9.

[84] Andrea Hamann, "The Use of*Ex Curia*Experts in International Litigation: Why the WTO Dispute Settlement Cannot Serve to Improve ICJ Practice" in Hélène Ruiz Fabri (ed.), *International Law and Litigation* (Nomos Verlagsgesellschaft mbH & Co. KG, 2019), p. 107; Nigel Blackaby and Alex Wilbraham, "Practical Issues Relating to the Use of Expert Evidence in Investment Treaty Arbitration" 31 *ICSID Review* (2016), pp. 655-669; Brooks W Daly, Evgeniya Goriatcheva, and Hugh A. Meighen, "5. Section III. Arbitral Proceeding, M. Experts Appointed by the Arbitral Tribunal—Article 29" in*A Guide to the PCA Arbitration Rules* (Oxford University Press, 2014) p. 115.

accordance with Article 50 of the *Statute of the International Court of Justic*e in the compensation phase of the case concerning " Armed Activities on the Territory of the Congo". In this process, the question of whether the use of experts should be confined to fact-intensive cases or cases concerning technical complexities is of particular concern. This article examines Article 50 from the perspective of the text and concluding history. It observes that appointment of experts *ex curia* is one of the methods for the International Court of Justice to establish facts. Experts *ex curia* are different from other concepts such as experts *ex parte*. In addition, this article reviews the relevant judicial practices and concludes that the use of expert *ex curia* is not limited to fact-intensive or technically complex cases. In theory, International Court of Justice should be able to appoint experts *ex curia* in any disputes if fact-finding requires so.

Keywords: International Court of Justice; Armed Activities on the Territory of the Congo; Fact-intensive cases; Expert; Assessor; Chambers

中国在世贸组织被提起执行之诉案件研究

◇ 王倩慧*

【内容摘要】自中国加入世贸组织以来，常有西方学者指责中国破坏世贸组织规则、不遵守世贸组织裁决，中国被提起执行之诉的案件成为上述说辞的“证据”之一。本文主要通过探析中国被提起执行之诉案件的特点，反驳上述说辞。中国被提起执行之诉案件皆为贸易救济争端案件。基于贸易救济争端案件裁决本身的特殊性，不充分执行裁决的收益大于不充分执行裁决的成本，以及贸易救济措施常被作为针锋相对的贸易反击行为等原因，贸易救济争端案件裁决的执行效果普遍较差，因而，中国并非“特例”。仅因中国在部分贸易救济争端案件中被提起执行之诉，就指责中国不遵守世贸组织规则、不充分执行世贸组织裁决，有失偏颇。此外，同其他高频率使用争端解决机制的世贸组织成员相比，中国被提起执行之诉案件占其涉及执行案件的比例较低，这从侧面反映出中国总体上善意地履行了执行世贸组织裁决的义务。因此，忽视中国被提起执行之诉的较低比例，将中国存在被提起执行之诉的案件本身视为中国不充分执行世贸组织裁决的佐证，是以偏概全的表现。

【关键词】世贸组织；贸易救济争端；执行之诉

一、引言

2001 年中国加入世界贸易组织（World Trade Organization，以下简称世

* 法学博士，南京大学法学院助理研究员。

贸组织),标志着中国进入了一个新的时代,也开启了世贸组织工作的新局面。时任世贸组织总干事麦克·摩尔(Mike Moore)曾直言,只有中国成为世贸组织成员,世贸组织才是一个世界性的组织。〔1〕 在参与争端解决机制方面,中国的态度从最初刚入世时的被动接受逐渐转变为积极利用。〔2〕 虽然中国加入世贸组织相比很多贸易大国较晚,但中国在世贸组织提起及被诉的案件数量增加很快,特别是中国作为第三方参加诉讼的案件数量非常多。若以作为申诉、被诉方参与案件的数量衡量世贸组织成员使用争端解决机制的频率,中国已成为使用争端解决机制频率最高的成员之一,仅位于美国及欧盟之后。

截至2021年6月,中国作为被诉方参与的案件共计45件,其中有2个案件被提起执行之诉。〔3〕 根据《关于争端解决规则与程序的谅解》(The Dispute Settlement Understanding of the Rules and Procedures,以下简称《争端解决谅解》)第21.5条的规定,若争端方在被诉方为遵守建议和裁决所采取的措施与适用协定相一致的问题上存在分歧,争端方可以提起执行复审程序,该程序又被成为"执行之诉"。〔4〕 当申诉方认为被诉方未执行或未完全执行裁决时,通常会根据《争端解决谅解》第21.5条向被诉方提起执行之诉。被诉方被提起执行之诉的状况是考察被诉方执行世贸组织裁决质量的重要内容,也是判断被诉方是否遵守世贸组织规则的重要参考要素。

那么,中国有2个案件被提起执行之诉,是否能够说明中国不遵守世贸

〔1〕 See Jingzhou Tao, "US Trade Deal Opens China to WTO Accession", 18 *International Financial Law Review*(1999), p. 9.

〔2〕 See Chi Manjiao, "China's Participation in WTO Dispute Settlement Over the Past Decade: Experiences and Impacts", 15 *Journal of International Economic Law*(2012), p. 38.

〔3〕 本文以当事方请求建立执行专家组为执行之诉开始的时间点。截至2021年6月,中国共计四个案件涉及执行之诉的案件,分别为"美国诉中国取向电工钢案"(DS414)、"美国诉中国白羽鸡案"(DS427)、"加拿大诉中国浆粕反倾销案"(DS483),以及"美国诉中国粮食补贴争端案"(DS511)。其中,前两个案件均已启动了执行复审程序,成立了执行专家组并通过了执行专家组报告。在"加拿大诉中国浆粕反倾销案"中,中国通报争端解决机构完成裁决的执行后,加拿大依据《争端解决谅解》中关于执行之诉的条款就中国再次采取的反倾销措施提出与中国进行磋商。不过加拿大尚未请求建立执行专家组,正式启动执行复审程序。"美国诉中国粮食补贴争端案"的执行复审程序由作为被诉方的中国启动,不属于中国被提起执行之诉案件。

〔4〕 本文以当事方请求建立执行专家组为执行之诉开始的时间点。

组织规则?[5] 下文将通过分析中国被提起执行之诉案件的概况,阐述中国被提起执行之诉案件的特点,以对这一问题进行分析。

二、中国被提起执行之诉案件概况

(一)“美国诉中国取向电工钢案”(DS414,以下简称“取向电工钢案”)

1. 案情简介

由于美国的进口取向电工钢对中国取向电工钢市场的冲击,2009 年 4 月 29 日,中国企业武汉钢铁集团公司和宝钢集团请求对原产于美国的进口取向电工钢进行反倾销和反补贴调查,对原产于俄罗斯的取向电工钢进行反倾销调查。[6] 中国商务部立案调查后,于 2010 年 4 月 10 日发布最终裁定,决定对美国钢铁公司征收反倾销及反补贴税。2010 年 9 月 15 日,美国将中国诉至世贸组织。专家组在非保密摘要、可利用事实、价格效果分析、因果分析等问题上支持了美国的主张,认为中国在这些问题的处理上与《关于实施 1994 年关税及贸易总协定第 6 条的协定》(Agreement on Implementation of Article VI of the General Agreement on Tariffs And Trade 1994,以下简称《反倾销协定》)及《补贴和反补贴措施协定》(Agreement on Subsidies and Countervailing Measures,以下简称《反补贴协定》)的相关规则不符。[7] 中国对此提起上诉,上诉机构支持了专家组的裁定。

2. 执行进度

在 2012 年 11 月 30 日的争端解决机构会议上,中国向争端解决机构通报了其执行裁决的意愿,并表示需要在一段合理期限内执行。2013 年 2 月

---

〔5〕 中国被提起执行之诉案件被一些学者当作中国不遵守世贸组织规则的有力证据。See Timothy Webster,“Paper Compliance:How China Implements WTO Decisions”,35 *Michigan Journal of International Law*(2014),p. 574;See also Romi Jain,“China's Compliance with the WTO:A Critical Examination”,29 *Indian Journal of Asian Affairs*(2016),p. 76.

〔6〕 参见李国刚:《WTO 贸易救济案件争端解决研究》,开明出版社 2018 年版,第 290 页。

〔7〕 WTO,“China—Countervailing and Anti-Dumping Duties on Grain Oriented Flat-rolled Electrical Steel from the United States”,(3 September 2015) WT/DS414/R,pp. 161-162.

8日,美国请求根据《争端解决谅解》第21.3(c)条通过仲裁确定合理期限。2013年2月28日,仲裁员确定。2013年5月3日仲裁报告发布,裁定中国执行本案的合理期限为8个月零15天,合理期限于2013年7月31日届满。为执行裁决,中国商务部于2013年7月调整了从美国的进口取向电工钢的反倾销税和反补贴税,除美国AK钢铁有限公司以及阿勒格尼技术公司的反倾销税率没有下调外,其他美国公司的反倾销税率从7.8%到64.8%不等下调至13.8%,反补贴税率从11.7%到44.6%不等统一下调为3.4%。〔8〕但美国依然认为中国违反世贸组织规则,于2014年提起了执行之诉。2015年7月31日,执行专家组发布报告,裁定中国采取的部分措施依然与世贸组织规则不符。〔9〕在2015年8月31日的争端解决机构会议上,执行专家组的报告获得通过。中国于会议上通报争端解决机构称,已于2015年4月10日停止对原产于美国的进口取向电工钢征收反倾销税和反补贴税。

(二)"美国诉中国白羽鸡案"(DS427,以下简称"白羽鸡案")

1. 案情简介

2004年,中美两国同时爆发"禽流感",双方均停止进口对方的禽肉产品,同年4月,双方解除"禁令",在美国提出先行出口并保证进口中国禽肉产品的情况下,中国单方面向美国开放禽肉市场,结果美国对中国的禽肉出口猛增,同时设法限制中国对美国的禽肉出口,美国的行为对中国肉鸡产业发展造成严重冲击。〔10〕在这一背景下,2009年8月14日,中国畜牧业协会代表国内白羽肉鸡产业向中国商务部提交反倾销和反补贴调查申请,请求对原产于美国的进口白羽肉鸡产品进行反补贴调查。〔11〕2009年9月27日,中国商务部立案调查,并于2010年发布公告对原产于美国的进口白羽肉鸡产品征收反倾销和反补贴税。2011年,美国将中国诉至世贸组织。

---

〔8〕参见赫荣亮:《从中美"取向电工钢案"看我国外贸政策选择》,载《现代物流报》2014年6月8日,A02版。

〔9〕*Supra* note 7, p. 66.

〔10〕参见李甜甜、康飞:《从"白羽鸡案"看中美农产品贸易争端》,载《中国商贸》2011年第14期,第192页。

〔11〕中华人民共和国商务部公告2009年第75号,公布对原产于美国的进口白羽鸡产品进行反补贴调查,http://www.mofcom.gov.cn/aarticle/b/g/200911/20091106600580.html(最后访问日期:2020年2月13日)。

2013 年 8 月 2 日,专家组发布报告,支持了美国的绝大部分主张。[12] 中国并未对专家组报告提出上诉。

2. 执行进度

在 2013 年 10 月 22 日的争端解决机构会议上,中国向争端解决机构通报了其执行裁决的意愿,并表示需要在一段合理期限内执行。2013 年 12 月 19 日,中美两国通知争端解决机构,双方同意中国执行裁决的合理期限为 9 个月零 14 天,合理期限于 2014 年 7 月 9 日届满。在 2014 年 7 月 22 日的争端解决机构会议上,中国通报称,已全面执行了世贸组织裁决。美国不同意中国的说法。2016 年 5 月 27 日,美国请求建立执行专家组,对中国提起执行之诉。2018 年 1 月 18 日,执行专家组发布报告,支持了美国大部分的主张。[13]

为执行裁决,中国于 2014 年 7 月 8 日,对原产于美国的进口白羽肉鸡产品所适用的反倾销和反补贴措施进行再调查,并调整了税率。2017 年 12 月 26 日,原反倾销和反补贴案申请人代表国内产业向商务部提出撤销反倾销和反补贴措施的申请。经审查,调查机关认为没有必要维持该反倾销和反补贴措施,遂终止对美国的进口白羽鸡征收双反税率。

(三)被提起执行之诉案件的共同点

世贸组织成员为了消除其他成员贸易行为的影响而采取的反倾销措施、反补贴措施和保障措施被称为贸易救济措施。[14] “白羽鸡案”与“取向电工钢案”皆因中国对美国的相关进口产品征收反倾销和反补贴税引起,均属于贸易救济争端案件。中国在这两个案件中采取了高度相似的执行模式,皆以重新调查的方式执行裁决,根据新的调查结果调整了征收的税率,在被申诉方提起执行之诉、相关措施再次被裁定与世贸组织规则不符后,发

---

〔12〕 See Report of the Panel, *China—Countervailing and Anti-Dumping Duties on Grain Oriented Flat-rolled Electrical Steel from the United States*, WT/DS427/R, pp. 166-168.

〔13〕 See Report of the Panel, *China—Countervailing and Anti-Dumping Duties on Grain Oriented Flat-rolled Electrical Steel from the United States*, WT/DS427/RW, pp. 125-126.

〔14〕 参见张乃根:《WTO 贸易救济争端裁决的执行及其比较》,载《暨南学报(哲学社会科学版)》2014 年第 5 期,第 1 页。

布公告终止对申诉方的进口产品征收反倾销税和反补贴税。[15]

中国另一起涉及执行之诉但尚未正式启动执行复审程序的"加拿大诉中国浆粕反倾销案(DS483)",同样属于贸易救济争端案件,中国再次采取了"取向电工钢案"及"白羽鸡案"中的执行模式,以重新调查的方式执行裁决。加拿大已依据《争端解决谅解》中关于执行之诉的条款提出与中国进行磋商。若磋商不成,加拿大很可能请求建立执行专家组,启动执行复审程序。

涉及执行之诉的案件均为贸易救济争端案件,在一定程度上反映了相较于其他争端案件,中国在贸易救济争端案件中容易因执行问题被申诉方提起执行之诉。

三、被提起执行之诉案件非中国不遵守世贸组织规则的有力证据

如上文所述,被诉方被提起执行之诉的状况是考察被诉方执行世贸组织裁决质量的重要内容,也是判断被诉方是否遵守世贸组织规则的重要参考要素。然而,中国被提起执行之诉案件并非中国不充分执行裁决、不遵守世贸组织规则的有力证据,原因如下。

(一)贸易救济争端案件裁决普遍执行效果欠佳,中国并非"特例"

1. 裁决的特殊性

中国对"白羽鸡案"与"取向电工钢案"的执行有诸多相似之处。有学者认为中国在"取向电工钢案"中的表现表明了中国为保护国内钢铁产业不愿意执行世贸组织的裁决。[16] 不可否认,无论是"取向电工钢案"还是"白羽鸡案",中国采取征收反倾销税或反补贴税的行为都是为了保护国内相关产业免受他国产业的冲击。然而,中国在两起案件中通过再调查的方式执

---

〔15〕"白羽鸡案"中,商务部在终止对原产于美国的进口白羽肉鸡产品征收反倾销税和反补贴税的公告中言明撤销反倾销和反补贴税是基于原反倾销和反补贴案申请人代表国内产业向商务部提出了撤销反倾销和反补贴措施的申请。但不能排除本案中执行之诉对中国撤销措施的压力。

〔16〕*Supra* note 5, Jain, p. 68.

行裁决的一个客观原因在于反倾销反补贴的案件大多涉及政府在进行反倾销、反补贴调查中的程序问题，而非实体问题。在两起案件中，中国均在再调查之后调整了原措施并且下调了税率，但申诉方美国仍然不满，因此就中国的执行措施提起执行之诉。

在贸易救济争端案件中，专家组及上诉机构主要审理的是程序性问题。这在很大程度上决定了世贸组织成员可以采取再调查的方式执行裁决。也正因为贸易救济案的裁决主要涉及反倾销或反补贴调查中的程序问题，被诉方撤销被质疑的贸易补救措施并不一定等同于遵守世贸组织的裁决，因为一旦被诉方在世贸组织作出裁决后取消反倾销或反补贴措施，被诉方也就不必在有关调查中纠正被裁决违法世贸组织规则的做法。〔17〕

另外，从法律角度来看，贸易救济案件的裁决通常具有较高的技术性，因此难以为世贸组织成员执行裁决提供明确的指导。〔18〕 例如，在“取向电工钢案”中，倾销和补贴的进口产品是否对中国国内产业造成了实质性损害为案件的争议点之一。根据《反倾销协定》第 3 条第 2 款，确定损害是否存在的一个关键问题是：倾销进口产品是否大幅削低或压低了国内相关产品的价格。〔19〕 上诉机构虽然讨论了削低及压低价格的含义，但并未具体说明如何确定这样的价格影响，执行专家组同样裁定中国关于削低及压低价格的调查结果不符合世贸组织规则，但同样未对如何削低及压低价格方面的调查进行说明。〔20〕 再例如，在“取向电工钢案”及“白羽鸡案”中，专家组均裁定中国在对其他已知和未知的出口商或生产商计算和适用反倾销税问题上与世贸组织规则不符，但均未对如何确定其他已知和未知的出口商的反

---

〔17〕 See Weihuan Zhou, *China's Implementation of the Rulings of the World Trade Organization* (Hart Publishing, 2019), p. 180.

〔18〕 Ibid.

〔19〕 《反倾销协定》第 3 条第 2 款规定：“关于倾销进口产品的数量，调查主管机关应考虑倾销进口产品的绝对数量或相对于进口成员中生产或消费的数量是否大幅增加。关于倾销产品进口对价格的影响，调查主管机关应考虑与进口成员同类产品的价格相比，倾销进口产品是否大幅削低价格，或此类进口产品的影响是否是大幅压低价格，或是否是在很大程度上抑制在其他情况下本应发生的价格增加。这些因素中的一个或多个均未必能够给予决定性的指导。”

〔20〕 See Julia Qin, Hylke Vandenbussche, “China-GOES (Article 21.5): Time to Clarify the Standard for Price Suppression and Price Depression in AD/CVD Investigations”, 16 *World Trade Review* (2017) 203, p. 205.

倾销税提供任何指导。[21] 相比其他争端案件的裁决,贸易救济争端案件的裁决通常不具有较强的可操作性,客观上为被诉方执行裁决提供了灵活性的空间。

2. 不充分执行裁决的收益大于成本

(1)缺乏追溯性补偿措施

为维护国内产业的发展,防止国外产业对本国国内市场的冲击,世贸组织成员普遍采取反倾销或反补贴等贸易救济措施。随着全球化的发展,各国企业之间的竞争愈加激烈,世贸组织成员间倾销与反倾销的斗争也持续高涨。据统计,从1995年至2018年6月底,世贸组织成员共发起反倾销调查5653次。[22] 贸易救济争端案件为世贸组织成员之间主要的争端案件。

世贸组织允许成员在国内产业受到实质性损害的情况下采取反倾销及反补贴的措施,只是成员需遵守《反倾销协定》及《反补贴协定》等世贸组织协定。虽然《反倾销协定》及《反补贴协定》等世贸组织协定为世贸组织成员采取反倾销或反补贴等贸易救济措施提供了规范性规则,但由于追溯性补偿措施的缺乏,世贸组织成员方即便违反了世贸组织规则,所获得的收益也远大于不遵守规则的成本。

在当前世贸组织争端解决机制中,如果一成员方甲对另一成员方乙进入该国的产品征收反倾销税或者反补贴税,乙就甲的征收行为向争端解决机构提起诉讼后,在整个案件的审理过程中,甲的征收行为可以持续存在,意味着乙的损失也持续存在,即便最后甲的行为被裁定违反世贸组织规则,世贸组织争端解决机制也并不要求甲对其违反协定的行为采取追溯性补偿措施。换言之,乙因甲的违反行为受到的损失得不到任何补偿,而甲则通过贸易救济措施,保护了国内产业,同时也不需要对乙造成的损失承担任何经济方面的补偿。

因此,在缺乏追溯性补偿措施的情况下,世贸组织成员有充分的动机实施贸易限制措施。专家组公布不利裁决后,即便上诉胜诉概率很小,也倾向

---

〔21〕 See Yusong Chen, "Anti-Dumping Laws and Implementation in China: A 16 Years Review After Accession to the WTO", in Marc Bungenberg *et al.* (eds.), *European Yearbook of International Economic Law* (Springer International Publishing AG, 2018), p. 293.

〔22〕 WTO, "WTO Annual Report 2019", p. 77, available at <https://www.WTO.org/english/res_e/booksp_e/anrep_e/anrep19_chap5_e.pdf> (last visited 19 February 2020).

于提起上诉，以拖延执行不利裁决。[23]“迟到的正义并非正义”（Justice delayed is justice denied），迅速执行裁决是争端解决机制的一项基本原则。[24] 法律的有效执行离不开执行的效率，在缺乏追溯性补偿措施的贸易救济争端案件中，被诉方故意拖延执行裁决的行为显然是未充分执行世贸组织裁决的表现。

（2）不充分执行裁决的外部压力较小

对声誉的考量，是世贸组织成员遵守世贸组织规则、执行世贸组织裁决的重要因素。作为良好声誉的反面，败诉带来的政治羞耻感也会向被诉方施加压力，促使被诉方执行裁决。[25] 然而，在贸易救济争端案件中，由于裁决的特殊性以及不充分执行裁决的收益大于成本等原因，世贸组织成员执行贸易救济争端案件的效果普遍较差。因此，声誉及败诉带来的羞耻感均无法起到有效促使世贸组织成员执行裁决的作用。

美国政府批评争端解决机制无法有效解决贸易救济争端，[26]然而，作为最主要的世贸组织成员之一，美国自身在贸易救济案件中却起到了十分负面的示范作用。在美国被提起执行之诉的 19 个案件中，贸易救济争端案件共计 7 个，约占美国所有被提起执行之诉案件总量的 37%。此外，在采取反倾销措施以保护国内市场方面，美国惯常采用“归零法”计算倾销幅度及反倾销税。这种方法或是人为地增加了认定倾销存在的可能性，或是提高了实际的倾销幅度。[27] 专家组在欧盟征收床单反倾销税案中，裁定“归零法”违反《反倾销协定》。但美国依旧“顶风作案”，“明知故犯”，使用归零法

---

〔23〕 See Monika Butler, Heinz Hauser, “The WTO Dispute Settlement System: A First Assessment from an Economic Perspective”, 16 *Journal of Law, Economics, & Organization* (2000), p. 527.

〔24〕 See Naigen Zhang, “Implementation of WTO Dispute Settle”, 5 *Manchester Journal of International Economic Law*(2008), p. 112.

〔25〕 参见陈儒丹：《WTO 裁决执行与国家利益实现的潜在背离研究》，载《环球法律评论》2017 年第 5 期，第 185 页。

〔26〕 鉴于争端解决机制在解决贸易救济争端案件上的局限性，美国政府对争端解决机制在贸易救济案件中的作用表示了明确的怀疑。See Michael Hahn, “The Multilateral and EU Legal Framework on TDIs: An Introduction”, in Marc Bungenberg *et al.* (eds.), *European Yearbook of International Economic Law*(Springer International Publishing AG, 2018), p. 12.

〔27〕 参见刘勇：《论反倾销调查程序中的“归零法”》，载《法治研究》2008 年第 10 期，第 10 页。

计算倾销幅度与反倾销税,拒不执行裁决。[28] 有学者认为,在贸易救济争端案件中,尽管世贸组织对中国的调查行为作出了裁决,但中国在之后进行反倾销和反补贴调查中,仍出现同以往反倾销和反补贴调查中基本相同的一些实质性和程序性缺陷,这表明中国从其他世贸组织成员执行裁决的"顽固不化"中汲取了经验。[29] 毫无疑问,这里的"其他世贸组织成员"主要是指美国。

3. 针锋相对的贸易反击行为

世贸组织成员常常将贸易救济措施作为对对方采取贸易救济措施的反击。中国是遭受国外反倾销、反补贴调查最严重的国家之一。在中国作为申诉方涉及的争端案件中,1/3以上的案件为贸易救济措施争端。《中华人民共和国加入WTO议定书》(以下简称《入世议定书》)第15条规定,允许其他世贸组织成员在对中国企业发起反倾销调查时采取替代国价格措施,更加大了中国遭受反倾销调查的风险,并导致中国在被进行反倾销调查时受到不公平待遇。美国和欧盟是对中国采取贸易救济措施最多的两个世贸组织成员。

中国、美国、欧盟在贸易争端中,经常相互采取针锋相对(tit-for-tat)的贸易行为。[30] 中国对美国、欧盟产品发起反倾销调查及后续采取的执行措施很多情况下是针锋相对的贸易反击政策。例如,在"白羽鸡案"中,2009年9月,美国决定对中国汽车轮胎征收关税。仅几天后,中国便开始对原产于美国的进口白羽肉鸡产品展开反倾销及反补贴调查,这很难说仅仅是巧合。[31] 在"X射线设备案(DS425)"中,中国对原产于欧盟的进口X射线设备征收反倾销税,也是对中国出口到欧盟的X射线设备产品被欧盟征收

---

〔28〕 涉及的案件主要包括"加拿大诉美国软木反倾销案"(DS264)、"欧美归零法案"(DS294)、"日美归零法案"(DS322),"墨西哥诉美国不锈钢最终反倾销措施案"(DS344)以及"欧共体诉美国继续使用归零法案"(DS350)等。在这些案件中美国一再坚持使用"归零法",不执行裁决。

〔29〕 See Andrew Mitchell, Thomas Prusa, "China – Autos: Haven't We Danced This Dance Before?", 15 *World Trade Review* (2016), p. 319.

〔30〕 See Bryan Mercurio and Mitali Tyagi, "China's Evolving Role in WTO Dispute Settlement: Acceptance, Consolidation and Activation", in Christoph Herrmann *et al.* (eds.), *European Yearbook of International Economic Law* (Springer-Verlag Berlin Heidelberg, 2012), p. 119.

〔31〕 *Supra* note 29, p. 324.

反倾销税的反击。只不过在该案中，欧盟提起诉讼后，中国在合理期限届满之日终止了对原产于欧盟的进口X射线设备征收反倾销税，未被欧盟提起执行之诉。长期以来，美国积极采取反倾销反补贴措施用以保护本国钢铁工业，而中国是美国进行反倾销反补贴调查最主要的目标国。在“取向电工钢案”中，中国政府对美国取向电工钢进行双反调查也可能是报复美国经常对中国采取的反倾销和反补贴行动。〔32〕就在中国进行调查之前，美国对中国钢管产品发起了最大规模的反倾销调查之一，而这一调查成为中国采取针锋相对行动的导火索。〔33〕

如果被诉方采取贸易救济措施是基于对申诉方贸易政策的反击，这种情况下，很难想象被诉方会充分执行不利裁决。反倾销或反补贴政策通常并不会因裁决的内容而发生根本改变，而是服务于被诉方的贸易政策，因被诉方的贸易政策变化而变化。

从以上分析可知，因为贸易救济争端案件裁决本身的特殊性，不充分执行裁决的收益大于不执行裁决的成本，以及世贸组织常常将采取贸易救济措施作为针锋相对的贸易反击行为等原因，世贸组织成员执行贸易救济争端案件裁决的效果普遍较差，中国并非“特例”。因而，仅因为中国在贸易救济争端案件中被提起执行之诉，就指责中国不遵守世贸组织规则、不充分执行裁决，有失偏颇。

（二）中国被提起执行之诉案件占其涉及执行案件的比例较低

截至2021年6月，中国作为被诉方参与的案件共计45件，其中涉及执行的案件共计21件。在21个涉及执行的案件中，仅有2个案件被提起执行之诉，约占中国所有涉及执行案件总数的9.5%。

若以世贸组织全体成员申诉案件数量与被诉案件数量的总和作为判断世贸组织成员参与争端解决机制活跃程度的标准，截至2021年6月，美国、欧盟、中国、加拿大、印度、巴西、阿根廷、日本、墨西哥、韩国是使用争端解决

〔32〕 See Thomas Prusa, Edwin Vermulst, “China Countervailing and Anti-Dumping Duties on Grain Oriented Flat-Rolled Electrical Steel from The United States: Exporting US AD/CVD Methodologies Through WTO Dispute Settlement”, 13 *World Trade Review* (2014), p. 263.

〔33〕 See Zhou Weihuan and Zhang Shu, “Anti-Dumping Practices and China's Implementation of WTO Rulings”, 230 *The China Quarterly* (2017), p. 517.

机制频率最高的十大世贸组织成员。从表1可以看出,相比其他使用争端解决机制频率较高的世贸组织成员,中国被提起执行之诉案件数量占其涉及执行案件总数比重的较低(仅次于阿根廷)。美国被提起执行之诉的案件数量最多,比重最高,在55个涉及执行的案件中,超过1/3的案件都被提起过执行之诉。印度与巴西这两个与中国同为发展中大国的世贸组织成员,被提起执行之诉数量的比重也较高。

表1 使用争端解决机制频率最高的十大世贸组织成员

国家/地区	申诉案件数/件	被起诉案件数/件	申诉案件与被诉案件总数/件	涉及执行的案件数量/件	被提起执行之诉案件的数量/件	被提起执行之诉案件数量占涉及执行案件数量的比例/%
美国	124	156	280	55	19	34.5
欧盟	104	88	192	30	6	20.0
中国	21	45	66	21	2	9.5
加拿大	40	23	63	13	3	23.1
印度	24	32	56	7	2	28.6
巴西	33	17	50	4	1	25.0
阿根廷	21	22	43	9	0	0
日本	27	16	43	5	1	20.0
墨西哥	25	15	40	6	1	16.7
韩国	21	19	40	9	1	11.1

资料来源:根据世贸组织官网信息计算绘制,https://www.WTO.org/english/tratop_e/dispu_e/dispu_by_country_e.htm.(最后访问日期:2021年6月13日)。

使用争端解决机制频率最高的十大世贸组织成员中,中国加入世贸组织的时间最晚,[34]被诉案件数量却增长很快,涉及执行的案件数量位居第3位,但中国被提起执行之诉案件数量占涉及执行案件数量的比例却位列第9位。不管是同发达成员美国、欧盟相比,还是与同为发展中大国的印度、巴

〔34〕 除中国外,其余9位成员均是世贸组织原始成员。

西相比,中国被提起执行之诉案件数量占涉及执行案件数量的比例都远低于这些成员。这从侧面反映出中国总体上善意地履行了执行世贸组织裁决的义务。因此,忽视中国较低的被提起执行之诉的比例,将中国存在被提起执行之诉的案件本身视为中国不充分执行世贸组织裁决的有力佐证,是以偏概全的表现。

四、中国未来执行世贸组织裁决的政策建议

中国被提起执行之诉的两个案件皆为贸易救济争端案件。因各种因素的存在,贸易救济争端案件裁决普遍执行效果欠佳,中国并非"特例",且中国被提起执行之诉案件占其涉及执行案件的比例较低。世贸组织成员执行贸易救济案件裁决的状况普遍较差,无疑影响世贸组织争端解决机制的威信。中国作为负责任大国,不应助长这种现象。另外,由于世贸组织成员执行贸易救济案件裁决的状况普遍较差,特别是中国容易遭受其他成员的反倾销调查,中国对于此类案件的裁决如果采取全部执行的策略也势必损害中国利益。因此,在未来的实践中,中国应改善在两个执行之诉案件中暴露的问题,借鉴其他世贸组织成员执行相关裁决的经验与教训,保持良好执行记录的同时,尽力维护世贸组织争端解决机制的威信。

(一)完善国内立法

非保密摘要、可利用事实、价格效果分析、因果分析等问题是"取向电工钢案"及"白羽鸡案"面临的共性问题。专家组均裁定中国的反倾销及反补贴调查在这些问题上与世贸组织规则不符。中国一再在这些问题上被裁定与世贸组织规则不符的一个原因在于中国相关立法不够完善,调查机关在执行裁决时无据可依,无法操作。例如,在机密信息的非保密摘要问题上,专家组的裁决涉及申请人提交摘要的时间、方式和内容,在中国《反倾销条例》及《反倾销调查信息披露暂行规则》中均未对机密信息的非保密摘要问题作出规定,导致中国调查机关在实践中无法进行操作。[35]

---

〔35〕 参见孟琪:《美国诉中国"双反案"中机密信息的非机密摘要问题研究》,载《金陵法律评论》2013 年第 2 期,第 219 页。

目前,从立法的角度看,中国反倾销制度的法律框架包括基本法、行政法规及部门规章三个层面的立法。基本法体现为《对外贸易法》,行政法规为《反倾销条例》,部门规章主要为一系列部门规章,例如《反倾销调查信息披露暂行规则》等。加入世贸组织后,为使国内法律规范与世贸组织规则保持一致,中国于2004年对《对外贸易法》进行了全面修订。并于2001年及2002年先后颁布了《反倾销条例》《反倾销调查信息披露暂行规则》,初步建立了反倾销制度。虽然这些条例和规则的内容涵盖了反倾销制度的诸多重要方面,但鉴于中国反倾销制度的起步较晚,反倾销立法仍较薄弱。世贸组织的裁决对引导中国完善相关立法起到了积极的督促作用。例如,为落实专家组和上诉机构在取向电工钢案中的裁决,商务部于2013年7月29日颁布了《执行世界贸易组织贸易救济争端裁决暂行规则》(以下简称《执行规则》),规定了商务部可采取的措施范围和应遵循的程序,为重新调查已实施的反倾销措施以执行世贸组织的裁决提供了必要的国内法律依据。另外,专家组及上诉机构在裁决中指出的程序问题,也有助于中国不断改进程序方面的规定。

(二)加强对《反倾销协定》及《反补贴协定》法律条文的理解

中国两起被提起执行之诉的案件,申诉方均主要针对中国调查机关在调查中的程序问题提出抗辩,申诉方的大多数主张均得到了专家组的支持。诚然,如上文所言,由于每个案件情况不同,调查机关在不同案件中采用相同的调查方法和程序并不一定必然违反世贸组织规则。但相比欧美国家(地区),中国对《反倾销协定》及《反补贴协定》法律条文的理解不够深入,对反倾销或反补贴调查中一些程序性做法和技巧不够熟悉,从而在一定程度上导致中国在采取贸易救济措施时一再出现程序性问题。

为此,中国的调查机关对国外产品的倾销或补贴事件进行调查时,应加强对《反倾销协定》及《反补贴协定》法律条文的理解,重视协定中所规定的程序性事项,对于协定中的模糊性条款,如果既有裁决对此进行过阐述,应结合相关裁决的内容,正确理解条款内容,从而避免采取与协定相冲突的程序措施。

（三）不宜采取激进的执行策略

关贸总协定允许成员国在不违反现有国内立法的范围内最大限度地履行协定的义务；与之不同的是，《世贸组织协定》第 16.4 条明确规定成员应保证国内法律规范与履行协定的义务保持一致。该条款实际上确立了《世贸组织协定》优于成员国内法的地位，但当《世贸组织协定》具体到成员国内法的适用时，各成员却几乎否定协定的直接适用性。[36]

美国将条约区分为“自动执行条约”和“非自动执行条约”，前者指无须经过国会批准，即可在国内生效、可在法院中被个人援引的条约，后者指须经国会通过立法转化，否则不得被个人在法院中援引的条约。[37]《世贸组织协定》在美国属于非自动执行条约。当《世贸组织协定》与美国国内法冲突时，美国国内法优先，《世贸组织协定》与美国国内法不一致的条款被视为无效。[38] 同时，世贸组织裁决在美国也不具有直接适用性，美国建立了一套严格的执行裁决的机制，用以最大限度地确保美国的国家利益。

具体而言，在美国，世贸组织裁决的执行主要涉及两个部门，一是行政部门，二是国会。在行政部门中，总统有独立的权力对世贸组织裁决采取执行行动。例如，总统可以处理有关贸易保障措施的争端案件的裁决；就撤回保障措施的决定而言，总统可以在未经国会同意的情况下自行决定，以执行裁决。其他贸易问题，例如，反倾销和反补贴税措施，以及一系列具有国际贸易影响的法规，则主要由行政机构处理。[39] 如果美国被世贸组织裁定为违法的行为涉及美国法律法规的修改，则由国会负责采取行动。

另外，美国还设立了贸易代表办公室。在执行世贸组织裁决方面，美国贸易代表办公室主要起到协调美国各个部门的作用。涉及美国法律修改的裁决，需由美国贸易代表办公室向美国国会报告，最终由国会决定是否修改法律；涉及行政法规的修改或废除，美国贸易代表办公室也需要向国会报

---

〔36〕 参见孔庆江、王艺琳：《国际法与国内法的关系：国际组织法律文件的视角》，载《武大国际法评论》2018 年第 1 期，第 60~61 页。

〔37〕 参见陈卫东：《论美国对自动执行条约与非自动执行条约的区别》，载《法学评论》2009 年第 2 期，第 69 页。

〔38〕 WTO，*The Uruguay Round Agreements Act of* 1994，§ 3512(a)(1).

〔39〕 Rachel Brewster，Adam Chilton，“Supplying Compliance：Why and When the United States Complies with WTO Rulings”，39 *Yale Journal of International Law*(2014)，pp. 213-214.

告,征询国会的意见,同时还需征求其他委员会的建议,听取国内行业代表的意见。[40] 如果涉及美国行政主管部门作出的反倾销及反补贴措施,美国贸易代表需同国会委员会及相关行政主管部门进行三方磋商,之后相关行政主管部门发布执行裁决的具体决定。美国贸易代表办公室就行政主管部门发布的决定,再次同国会委员会及相关行政主管部门磋商,磋商完成以后美国贸易代表办公室则可以指定相关部门进行调整。[41]

可见,美国对待世贸组织裁决的态度十分谨慎。首先,排除世贸组织协定及世贸组织裁决在美国的直接适用效力。其次,将裁决进行归类,对涉及不同内容的裁决采取不同的执行方法。最后,美国贸易代表办公室会协同不同部门,对世贸组织裁决对美国的影响进行充分研究,最大限度地确保美国的国家利益。

在世贸组织的运行机制与规则存在些许问题的情况下,[42]不加鉴别地全部执行所有世贸组织裁决并不完全符合中国的国家利益。中国可以借鉴美国慎重对待世贸组织裁决的经验,进一步确立商务部执行世贸组织贸易救济争端案件裁决的统筹能力与地位,举行必要的听证会,增加透明度,广泛吸取意见,清晰判断中国的国家利益,决定合适的执行策略。[43]

以规则为导向的世贸组织体系,是国际社会共同努力的结果,是国际社会成员选择的结果,体现了国际社会成员对理性化、法治化的国际秩序的期待。世贸组织是国际社会由横向权力结构向纵向权力结构演进的一次尝试,是国际社会迈向国际法治的重要实践。中国作为负责任的大国,应保持良好的执行记录,不宜过多地增加被提起执行之诉的数量。

五、结语

中国加入世贸组织已二十多年。其间,中国通过改变国内法律和转变

---

〔40〕 WTO, *The Uruguay Round Agreements Act of* 1994, § 3533(b)(g).

〔41〕 WTO, *The Uruguay Round Agreements Act of* 1994, § 3538.

〔42〕 例如,文中所提到的争端解决机制无法有效解决贸易救济争端案件的多发;再如,有关中国《入世议定书》第15条的争议。

〔43〕 同前注14,第9页。

经济体制，在履行世贸组织承诺方面取得了巨大进展。[44] 迄今为止，中国从未试图按照本国利益改造世贸组织，没有任何证据表明中国在世贸组织体系内起到了破坏性的、阻碍性的作用。[45]

在履行执行裁决的义务上，中国从未出现消极对抗的执行模式，更没有公然不执行裁决、破坏世贸组织权威性的行为。若以被诉方迅速地撤销或在合理期限内撤销被裁定为与世贸组织规则不符的措施作为遵守世贸组织裁决的判断标准，在涉及执行的 21 个案件中，中国有 12 个案件完全执行了世贸组织裁决，约占通报执行完毕案件数量的 71%。[46] 只有两起贸易救济争端案件被提起了执行之诉，且同其他主要世贸组织成员相比，被提起执行之诉案件占涉及执行案件的比例较低，可以说，整体上中国善意地履行了执行裁决的义务。这不仅体现了中国为维护世贸组织所代表的国际法治作出的重要贡献，而且展现了中国对约定必须遵守国际法原则的尊重与遵守，彰显了中国对国际责任的大国担当。

A Review of China's Compliance Proceedings in the WTO

Wang Qianhui

Abstract: Since China joined the WTO, Western scholars have often accused China of violating WTO rules and failing to abide by WTO rulings. The case in which China has been sued for compliance has become one of the "evidences" for the above claims. This article

〔44〕 Ling-Ling He and Razeen Sappideen, "Reflections on China's WTO Accession Commitments and Their Observance", 43 *Journal of World Trade* (2009), pp. 870-871.

〔45〕 James Scott and Rorden Wilkinson, "China Threat? Evidence from the WTO", 47 *Journal of World Trade* (2013), p. 781.

〔46〕 12 件完全执行的案件为：DS339，DS340，DS342，DS362，DS394，DS395，DS398，DS413，DS425，DS431，DS432，DS433。通报执行完毕的案件为 DS339，DS340，DS342，DS362，DS363，DS394，DS395，DS398，DS413，DS414，DS425，DS427，DS431，DS432，DS433，DS483，DS511。载世贸组织官网，https://www.WTO.org/english/ tratop_e/dispu _e /dispu_by_country_e.htm.（最后访问日期：2021 年 6 月 17 日）。

mainly refutes the above statements by analyzing the characteristics of the compliance proceedings cases. All these lawsuits are trade remedy disputes. This article argues that the effect of implementing the rulings in trade remedy disputes is relatively poor because of the particularity of the adjudication in trade remedy disputes, the greater benefits than costs of inadequate enforcement of the adjudication, as well as the tit-for-tat trade counterattacks often adopted by the WTO members. Therefore, China is not an "exceptional case". Hence, it is a biased accusation that China failed to abide by WTO rules and did not fully implement the rulings solely because China has been sued for compliance in trade remedy disputes. In addition, compared with other WTO members who frequently use the dispute settlement mechanism, the proportion of enforcement cases filed by China is relatively low, which reflects that China has fulfilled its obligation to implement WTO rulings in good faith. Therefore, it is a partial generalization to ignore China's relatively low proportion of lawsuits filed for compliance proceedings and regard the cases filed for compliance proceedings in China as strong evidence of China's inadequate implementation of WTO rulings.

Keywords: World Trade Organization; Trade Remedy Disputes; Compliance Proceedings

专　论

国际商事仲裁中的禁诉令制度：域外比较与中国选择

◇张　建*

【内容摘要】禁诉令是英美法系国家在处理国际民商事诉讼竞合、化解国家间司法管辖权冲突过程中发展出的一项制度。相比于大陆法系，英美法系国家在禁诉令的理论基础和法律依据方面更为成熟，经验更为丰富。根据禁诉令对仲裁的积极效力与消极效力，实践中区分支持仲裁管辖权的禁诉令和反对仲裁管辖权的禁止仲裁令，后者在合法性方面受到国际仲裁界的强烈批判。鉴于国际商事仲裁具有灵活性、自治性及专家断案等特点，由仲裁庭签发禁诉令更为和缓，通常不会引发国家间的司法冲突，有利于在国际礼让和当事人意思自治原则的基础上构筑司法互信。中国现行仲裁立法并无禁诉令条款，出于加强涉外法治工作、完善仲裁制度、保障仲裁公信力的需要，中国有必要在深入研究的基础上构建符合实践需求的仲裁禁诉令制度，从而为国际商事仲裁的现代化提供中国方案。

【关键词】禁诉令；仲裁协议；临时措施；诉讼竞合

一、问题的提出：国际民商事诉讼竞合及其规制路径

仲裁、调解、诉讼被公认为是国际商事争议解决中的“三驾马车”。在相当长的一段历史时期内，仲裁被视为诉讼之外的替代性纠纷解决方式，但考

---

* 法学博士，首都经济贸易大学法学院讲师。党的十九届四中全会精神国家社科基金重大项目“我国法域外适用法治体系构建研究”（20ZDA031）的阶段性成果；首都经济贸易大学北京市属高校基本科研业务费专项资金资助项目阶段性成果。

虑到国际商事仲裁在当事人意思自治、仲裁程序灵活、商业信息保密、裁决跨国执行等方面具有较强的优势,越来越多的当事人选择将跨境商事纠纷交付仲裁解决,仲裁逐渐从替代发展为主流解纷方式。这固然有助于提升仲裁在化解国际商事争议中的地位,但也引发了大量法律问题。当一国司法机关的诉讼管辖权与另一国仲裁庭的仲裁管辖权之间互有重合且彼此冲突时,平行程序(parallel proceedings)现象便产生了。〔1〕因各国的冲突法、实体法、证据法存在差异,平行程序难以避免不同国家作出对立裁决,故极易引发"同案不同判"的现实矛盾,既不利于国家间相互承认及执行仲裁裁决,也不利于对当事人实体权利提供稳定保护。〔2〕

故此,各国采取多种途径规制平行程序现象,具体包括:第一,签订国际条约协调缔约国之间的管辖权,避免就同一争议重复行使管辖权。例如,欧盟在2001年制定的《民商事案件管辖权及判决的承认与执行的条例》(以下简称《布鲁塞尔条例Ⅰ》)确立了先系属优先原则(principle of lis alibi pendens),强化管辖权的确定性与稳固性,此后又于2012年《布鲁塞尔条例Ⅰ修订案》中突出了当事人排他性管辖协议优先于先系属优先原则的适用,防范"鱼雷诉讼"(torpedo actions)对国际司法秩序的冲突。〔3〕同时,基于促进欧盟国家司法互信的需要,《布鲁塞尔条例Ⅰ》总体上反对成员国法院之间相互发布禁诉令。〔4〕第二,完善国内关于涉外民事诉讼管辖权的立法,或对涉外民事案件的司法管辖权提供指引,合理确定本国管辖权的行使范围。例如,扩大协议管辖以允许当事人通过合意达成法院选择的安排,限缩专属管辖以弱化各国竞相行使管辖权所引发的对立裁决风险,在司法上贯彻谦抑、礼让的理念,运用一事不再理原则、未决诉讼原则、不方便法院原则等制度对管辖权予以合理的自我约束。〔5〕

---

〔1〕张戈:《国际商事仲裁平行程序探微——附平行程序解决机制构建的建议》,载《中国国际私法与比较法年刊》(2015),法律出版社2016年版,第222页。

〔2〕刘乃忠、顾崧:《国际民商事诉讼竞合问题研究》,社会科学文献出版社2016年版,第24页。

〔3〕黄志慧:《欧盟协议管辖制度实施之保障研究》,载《现代法学》2017年第6期,第142页。

〔4〕Nicholas Pengelley, "The European Court of Justice, English Courts and the Continued use of the Anti-Suit Injunction in Support of Agreements to Arbitrate: Through Transport v. New India", 2 *Journal of Private International Law* (2006), p. 397.

〔5〕Kermit Roosevelt, *Conflict of Laws* (New York Foundation Press, 2010), p. 185.

不过,这些现有的解决方案,主要针对国际民事诉讼领域的平行诉讼问题,即各国国内法院的司法管辖权之间的冲突,而忽视了仲裁管辖权与司法管辖权之间亦存在平行程序。事实上,国际商事仲裁中的平行程序,因关涉当事人意思自治的事项和法院司法监督职能的落实,兼及司法权、仲裁权、当事人意思自治权等多种权力的博弈,处理起来需更为慎重。随着此类实践的凸显,越来越多的国家试图对国际商事仲裁领域的平行程序提出应对方案,这些方案主要分为两类:其一,以瑞士为代表的大陆法系国家采取类似于《布鲁塞尔条例Ⅰ》的先系属优先原则及可预期执行原则,侧重于对先受案机关之管辖权的维护,如果当事人先提起仲裁,则应由仲裁庭对其自身管辖权予以裁断,法院应尊重仲裁庭对其自身管辖权所作出的裁定,从而增强争议解决方式的可预见性;其二,以英国为代表的英美法系国家主要是通过由法院或仲裁庭颁布禁诉令(anti-suit injunction)的方式,对仲裁庭的管辖权加以强化,阻止当事人违反仲裁协议而向境外法院提起诉讼。〔6〕相较之下,中国现行国内立法对仲裁与司法管辖权之间的关系虽然有所规范,〔7〕但是其预设的前提是国内法院对当事人约定本国仲裁的仲裁协议效力有审查和确认的权力,并不涉及跨境仲裁与司法管辖的平行程序。严格来讲,中国在解决国际商事仲裁平行程序方面的立法几乎处于空白状态,但是中国当事人已经在多起国际商事案件中遭遇外国法院签发的禁诉令。鉴于此,深入研究国际商事仲裁中禁诉令制度的法理,并探讨中国未来仲裁禁诉令立法的构建,显得尤为迫切。

从国际商事仲裁视角审视禁诉令,需要分步骤依次探讨以下问题:

首先,仲裁中应当引入禁诉令制度吗?从学理来看,考虑到禁诉令属于具有对抗色彩的制度工具,已有学者对禁诉令机制本身提出了批判意见,主张应当采取合作互信、交流对话的模式解决平行程序问题。〔8〕那么,禁诉令是否还存在合法性基础?

---

〔6〕 高薇:《仲裁抑或诉讼?——国际商事仲裁平行程序及其解决机制》,载《河北法学》2011年第5期,第84页。

〔7〕 《仲裁法》第20条、第26条;1998年最高人民法院《关于确认仲裁协议效力几个问题的批复》第3条;2006年最高人民法院《关于适用〈中华人民共和国仲裁法〉若干问题的解释》第13条。

〔8〕 刘敬东:《大国司法:中国国际民事诉讼制度之重构》,载《法学》2016年第7期,第3页。

其次,禁诉令在国际商事仲裁中可应用于哪些场合?由法院发布禁诉令,是否构成对仲裁协议的违反和对仲裁程序的干预?换言之,如果肯定仲裁中有必要引入禁诉令,那么在何种条件和限度内运用禁诉令是适当的?具体而言,一国法院是否有权力基于对仲裁协议的维护而签发禁诉令?如果答案是肯定的,那么法院签发此类禁诉令应受到哪些条件的约束?

最后,禁诉令滥觞于诉讼,其在仲裁中的运用原本属于概念转借,那么,国际商事仲裁中的禁诉令在发布主体、审查条件、承认执行方面有何特殊性?特别是,法院为维护仲裁协议所签发的禁诉令,是否会遭到另一国法院的反制?反禁诉令在法律效力上应作何种评价?

这些问题,是国际民商事争议解决过程中难以回避的现实问题,但从目前的学术研究和国际立法来看,还远远不能满足实践需要。基于此,本文将结合有关实践,对国际商事仲裁中的禁诉令这一问题展开分析,以期为中国当事人利用和应对这一制度提供借鉴和参考。值得一提的是,由于一国法院为支持仲裁管辖权所签发的禁诉令与仲裁庭为维护自身管辖权所签发的禁诉令在实践中面临的阻力有所差异,文章将对这两类国际商事仲裁中的禁诉令进行分别探讨。

二、域外法院审查与签发仲裁禁诉令的理据与实践

(一)域外法院签发仲裁禁诉令的规范依据

相比于大陆法系国家,英美等普通法系国家的禁诉令制度更为成熟,相关实践也更为丰富。通常认为,在双方当事人订有仲裁协议的前提下,彼此均负有将争议提交仲裁解决的义务,如果一方就有关争议在外国法院提起诉讼,应被视为对仲裁协议的违反,从而使受害方有权获得相应的金钱损害赔偿,且有权要求违约方予以实际履行。在英国审理的多起禁诉令案件中,法院明确指出,将已经约定通过仲裁解决的纠纷在外国提起诉讼,构成对仲裁协议的违反,无论此类外国诉讼程序是由仲裁协议的当事人提起,抑或由

非仲裁协议签字方的第三人提起。[9] 相应地,对于期望遵守仲裁协议的一方而言,其因对方的起诉行为而遭受了侵害,故而其有权获得相应的救济,这种救济包括向法院申请发布禁诉令,从而阻却原告方继续实施有害于仲裁的外国诉讼行为,这就是法院发布仲裁禁诉令的正当性所在。

从立法和实践来看,英国对仲裁禁诉令采取了肯定的立场,如表 1 所示。[10] 依据 1981 年《英国最高法院法》(Seniors Courts Act 1981)第 37 条,英国高等法院有权签发禁诉令以支持仲裁。实践中,高等法院在行使这一权力时通常较为谨慎,并将充分考虑 1996 年《英国仲裁法》(Arbitration Act 1996)的相关规定。具言之,在当事人双方订有仲裁协议时,如果一方违背仲裁约定,试图将涵盖在仲裁协议中的争议向某一国内法院提起诉讼,此时英国法院亦将对违背一方签发禁诉令,阻止其在域外的诉讼行为。例如,在"俄罗斯乌斯季-卡缅诺戈尔斯克水电站诉美国爱依斯思乌斯季-卡缅诺戈尔斯克水电站有限公司案"中,英国高等法院的曼斯勋爵(Lord Mance)明确指出:只有在一方当事人违反仲裁协议的情况下法院才会签发禁诉令,从而限制违约方在外国法院的诉讼程序,而无论仲裁程序是否已经实际启动。[11] 至于法院与仲裁庭究竟谁有权优先发布禁诉令,《英国仲裁法》第 44 条第 5 款规定,在任何情况下,法院只有在仲裁庭没有权力或暂时无法有效行动的情况下,才能行动。但是,这并不意味着仲裁庭组成后法院便无权为了支持仲裁的管辖权而签发禁诉令。在"诺里股份有限公司等诉银行金融集团案"中,双方当事人已在合同中约定了在英国伦敦以仲裁方式解决相关争议,被告却分别向俄罗斯和塞浦路斯的国内法院提起诉讼。为了阻却外国的诉讼程序,原告遂向英国高等法院申请签发禁诉令。在案件审理过程中,被告抗辩称,考虑到本案仲裁庭已经组成,法院应驳回原告的禁诉令申请,从而允许仲裁庭自行决定是否批准禁诉令。主审本案的马莱斯(Males)法官则指出:即使是在仲裁庭组成后,法官仍然毋庸置疑地享有发布禁诉令的权力,被告所称的《英国仲裁法》第 44 条第 5 款事实上废止了

---

〔9〕 Dimitrios Katsikis, "Breach of The Agreement to Arbitrate Due to Third Party Conduct", 37 *Arbitration International*(2021), p. 97.

〔10〕 杨良宜:《论英国法院的止诉禁令》,载《中国海商法年刊》2009 年第 3 期,第 86 页。

〔11〕 *Ust-Kamenogorsk Hydropower Plant JSC v. AES Ust-Kamenogorsk Hydropower Plant LLP*, Judgment, [2013] Case 35 UKSC.

《英国最高法院法》第37条的主张令人难以接受。[12] 换言之,仲裁庭已经组成以及仲裁庭享有发布禁诉令的权力,并非法院拒绝签发禁诉令的正当理由。

表1 国际公约与英国国内法关于法院发布仲裁禁诉令的规定

规范名称及条款	对法院发布仲裁禁诉令的立场	与禁诉令相关的规定
2001年《布鲁塞尔条例Ⅰ》第21条	对禁诉令总体上持否定态度	欧洲法院通过"埃里希加瑟诉米萨特案"[13]与"特纳诉格罗维特案"[14]阐明,《布鲁塞尔条例Ⅰ》确立的先系属优先原则是解决欧盟成员国间管辖权冲突的首要准则,成员国即使出于保护仲裁程序的目的亦无权签发禁诉令
1958年《纽约公约》第2条第3款	对禁诉令持默认态度	《纽约公约》明确,各缔约方应承认当事人之间签订的书面仲裁协议,只要仲裁协议有效,缔约方法院应拒绝有关起诉并命令当事人将争议提交仲裁解决。这表明,法院有权为执行仲裁协议而签发禁诉令,但无权签发禁止仲裁令
2008年《鹿特丹规则》第75条第2款	允许缔约方作出保留	《鹿特丹规则》规定,仲裁程序的进行地点应按照对承运人提起索赔的一方的选择确定,包括仲裁协议约定的仲裁地、承运人住所地、合同约定的收货地、交货地、货物的最初装运港或最终卸货港。但是,第十五章只对明确接受本章的缔约方具有约束力,如果接受本章规定,则法院将无权针对其他有管辖权的法院签发禁诉令
2006年《联合国国际商事仲裁示范法》第8条第1款、第9条	对禁诉令持默认态度	《示范法》明确,一方当事人就已约定仲裁的标的向法院起诉时,如果对方及时提出异议,法院应命令当事各方诉诸仲裁。第9条规定,在仲裁之前或仲裁当中,一方请求法院采取临时措施及法院授予此种措施并不违反仲裁协议。这客观上默认了仲裁禁诉令的合法性

---

〔12〕 *Nori Holdings Ltd. v. Bank Financial Corp.*, Judgment, [2018] Case 1343 EWHC.

〔13〕 *Erich Gasser G. M. B. H. v. MISAT SRL*, Judgment, [2004] Case C-116/02.

〔14〕 *Turner v. Grovit*, Judgment, [2004] Case C-159/02 2 Lloyd's Reports 169.

续表

规范名称及条款	对法院发布仲裁禁诉令的立场	与禁诉令相关的规定
1981 年《英国最高法院法》第 37 条	允许签发禁诉令且限制较少	明确在任何情况下,只要法院认为公正且方便,高等法院得以命令的形式签发禁令
1996 年《英国仲裁法》第 44 条	允许签发但设定限制	第 44 条规定了法院支持仲裁程序可行使的权力,就法院针对仲裁签发禁诉令的权力作出更为具体、详细的规定,一定程度上限制了英国法院签发仲裁禁诉令

实践当中,尽管法院在作出禁诉令方面十分慎重,但是为了维护合同中的仲裁条款,法院仍然倾向于依据当事人的申请、视情况的必要性而签发禁诉令。在"安婕莉珂海事公司诉帕尼安案"〔15〕中,双方当事人在租船合同中明确约定争议应提交英国伦敦仲裁解决,但一方当事人却就仲裁条款范围内的诉求向意大利法院提起了诉讼。为此,英国上诉法院应申请人的请求签发了禁诉令,阻止对方当事人在意大利的起诉。法院特别强调,在英国法院依据英国仲裁条款签发禁诉令,据此阻止当事人向意大利法院寻求司法救济,并没有违反国际礼让原则。

当然,既然存在实质审查,英国法院并不会总是一如既往地应当事人的申请而签发禁诉令,其往往会综合案件有关情况,基于必要性和国际礼让方面的考虑作出决定。因此,实践中不乏驳回当事人禁诉令申请的案例。在"威利克斯诉罗莎海事公司案"〔16〕中,船舶所有人与托运人签订租船合同,由前者负责将一批钢材从乌克兰运往波兰,承运人签发的康金提单中载明"与租船合同一并使用"。后双方因货损发生争议,双方就是否存在有效的提单并入条款存在分歧,罗莎(Rosa)依据合同中的仲裁条款在英国伦敦提起仲裁,同时向英国上诉法院申请签发禁诉令,阻止威利克斯(Welex)在波兰法院提起诉讼。经审查,英国上诉法院认为,尽管《英国仲裁法》第 44 条明确授予法院签发中间禁令的权力,但一旦签发禁诉令,威利克斯则面临丧

〔15〕 *Aggeliki Charis Compania Maritima SA v. Pagnan SpA*, Judgment, [1995] Case C-2793 1 Lloyd's Reports 87.

〔16〕 *Welex A. G. v. Rosa Maritime Ltd.*, Judgment, [2002] Case C-2035 2 Lloyd's Reports 701.

失司法救济的风险,且英国法院能否签发禁诉令以阻却《卢加诺公约》或《纽约公约》缔约国的司法管辖权,仍处于存疑状态。基于种种考量,法院在本案中拒绝签发禁诉令。

除英国外,其他的英美法系国家也具有同样的传统,其中以美国最为典型。在美国,禁诉令不仅用于处理州际和国际诉讼管辖权冲突,也常作为对违反仲裁协议的救济。这在实践中的体现是,仲裁协议的当事人不仅有权向美国法院申请命令,将争议提交仲裁解决,还可以申请法院签发禁诉令,从而阻止对方当事人在外国提起诉讼。[17] 但是,美国不同法院在签发仲裁禁诉令的实践方面具有较强的不一致性。[18] 在美国各联邦上诉法院签发仲裁禁诉令的判例中,逐渐形成了自由主义与保守主义两种路径的分野。所谓自由主义路径,即法院在审查并决定是否签发禁诉令时,仅审查三个方面:第一,双方当事人之间订有仲裁协议;第二,外国的诉讼程序与仲裁协议的当事人及争议事项高度一致;第三,外国诉讼程序的进行将构成对仲裁协议的违反且有损于仲裁的高效进行。只要满足这三方面构成要件,法院就会依照当事人的申请签发禁诉令。相比之下,采取保守主义路径的法院则突出对国际礼让的尊重,重点审查外国的诉讼程序是否对美国本土的公共政策产生重大威胁,如果不构成重大威胁,则即便当事人违反仲裁协议并在外国提起缠讼或滥诉并对仲裁构成拖延,法院也不会轻易签发禁诉令。

(二)法院签发仲裁禁诉令的典型案例及其反思

在"深圳市粮食集团有限公司提单运输纠纷案"中,美景伊恩伊公司与日内瓦邦基公司于2003年10月签订了定期租船合同,约定将前者拥有所有权的船舶"美景轮"号期租给邦基公司。2004年3月,邦基公司与新加坡来宝粮食私人有限公司(以下简称来宝公司)签订船舶转租合同,将"美景轮"号转租给来宝公司。转租合同第17条、第74条分别约定了仲裁条款,明确由本合同引起的所有争议应根据伦敦海事仲裁员协会的小额索赔仲裁

---

〔17〕 李庆明:《美国仲裁背景下的禁诉令制度》,载《商事仲裁》2008年第2期,第1页。

〔18〕 George A. Bermann, *International Arbitration and Private International Law* (Brill Nijhoff, 2017), p. 285.

规则予以仲裁解决。2004 年 4 月,来宝公司代表船长签发了一份提单,提单背面载明:租船合同中的所有条款,包括法律适用和仲裁条款,均并入本提单。2004 年 7 月,“美景轮”在中国青岛靠泊后,深圳市粮食集团有限公司(以下简称深圳公司)向承运人来宝公司递交了提单并办理了提货手续。随后,深圳公司经检验发现所提取的大豆因运输过程中受热而存在货损,于是在 2004 年 8 月向青岛海事法院对来宝公司提起索赔诉讼,同时申请扣押涉案船舶并提交了担保。〔19〕 在案件审理过程中,来宝公司以提单背面业已并入了租船合同中的仲裁条款为由提出管辖权异议,主张涉案争议应当提交英国伦敦以仲裁方式加以解决。与此同时,来宝公司于 2004 年 8 月向英国法院提出了禁诉令申请并得到支持,英国法院签发的禁诉令要求深圳公司限期撤回在青岛海事法院的诉讼,并及时参加伦敦的仲裁程序,逾期将被判以藐视法庭罪并处以罚金和监禁。与此相反,深圳公司的代理律师分别向来宝公司与伦敦的仲裁庭发函称,提单中是否并入仲裁条款的问题事关当事人之间是否存在仲裁协议,这不仅涉及法院对仲裁协议成立及效力的审查,而且直接影响当事人的诉权和受诉法院的管辖权,故该问题实质上属于诉讼程序事项,应当适用法院地法,即中国法。依据中国最高人民法院一贯的立场,〔20〕本案提单并未有效并入租约中的仲裁条款,故双方之间不存在有效的仲裁协议,青岛海事法院对本案拥有合法的管辖权。

2004 年 9 月,位于英国伦敦的仲裁庭作出了管辖权裁决,认定本案所涉提单纠纷应系属于英国伦敦仲裁管辖,深圳公司应即刻停止在中国青岛海事法院的诉讼程序。不过,深圳公司并未履行该裁决,仍然继续在青岛海事法院参加并推进本案诉讼,来宝公司遂向中国广州海事法院申请承认并执行该英国仲裁裁决。本案是一起典型的英国法院基于对英国仲裁管辖权的维护所签发的禁诉令案件,案件先后在中国法院、英国法院、英国仲裁庭产生了多起平行程序,并引发了外国仲裁裁决在中国的承认与执行问题。从案件的审查结果来看,广州海事法院经报请广东省高级人民法院、最高人民法院核准后,最终认定,租约中的仲裁条款能否并入提单,属于提单法律关

〔19〕 青岛海事法院(2004)青海法海商初字第 245 号民事裁定书。

〔20〕 关于租船合同中的仲裁条款能否有效并入提单,我国已有多起典型案例,学理上也有诸多探讨。参见高升、曾祥军:《航次租船合同仲裁条款并入提单有效性的认定标准》,载《山东科技大学学报(社会科学版)》2018 年第 3 期,第 55 页。

系成立和生效的问题,应适用提单自身的准据法。该案提单背面载明的格式条款并不能使租船合同中的仲裁条款有效并入提单,故双方之间不存在有效的仲裁条款。根据《纽约公约》第5条第1款a项之规定,中国法院最终裁定拒绝承认及执行英国仲裁裁决。〔21〕 该案深刻折射了外国禁诉令在中国法院的执行困境,以及中国法院对英国禁诉令总体上持排斥态度。究其原因,这主要是考虑到禁诉令的签发虽然是针对在外国起诉的私人,但是客观上却涉嫌对他国司法主权和管辖权的干预和触犯。即便是存在有效仲裁协议的语境下,大陆法系国家对禁诉令的"敌意"也并没有消解,更何况在本案当中,中国法院对提单中的并入式仲裁条款总体上持否定的态度。

在"轩辉国际物流有限公司与智利南美轮船有限公司海上货物运输合同纠纷案"〔22〕中,提单中载明有关纠纷应提交仲裁解决,仲裁地在英国伦敦。后由于承运人智利南美轮船有限公司(以下简称智利公司)在无正本提单的情况下进行放货,对轩辉国际物流有限公司(以下简称轩辉公司)造成了经济损失,轩辉公司遂诉至宁波海事法院,智利公司一方面以双方存在仲裁协议为由向宁波海事法院提出管辖权异议,同时向英国法院提出了禁诉令申请。后中国法院终审裁定驳回智利公司的管辖权异议,英国法院则批准了智利公司的申请并签发了仲裁禁诉令,要求轩辉公司撤回在宁波海事法院的起诉并在英国伦敦予以仲裁。〔23〕 因轩辉公司未遵守该禁诉令并继续在中国法院推进诉讼程序,英国法院依据智利公司的的申请判处轩辉公司的董事长为期三个月的监禁,同时对轩辉公司签发了全球资产冻结令(worldwide freezing order),〔24〕以迫使轩辉公司执行禁诉令。

---

〔21〕 广州海事法院(2004)广海法他字第1号民事裁定书。

〔22〕 宁波海事法院(2013)甬海法商初字第515号民事裁定书。

〔23〕 曾二秀:《中英选择管辖协议效力及执行比较研究——基于轩辉国际物流有限公司与智利南美轮船有限公司三法域诉讼案的分析》,载《中国海商法研究》2018年第4期,第15页。

〔24〕 全球资产冻结令被称为国际商事争议解决领域的"核武器",其特指法院或仲裁庭在案涉实体争议最终判决或裁决之前,为确保判决或裁决的执行,所颁布的旨在冻结被告在全球范围内的任何资产的禁止性命令,此类措施具有全球效力,且对被告的财产权具有较强的威慑及限制效果。参见郭玉军、陈文璨:《国际商事争议解决视域下全球资产冻结令的执行问题研究》,载《求是学刊》2018年第5期,第72页。

除了常见的仲裁禁诉令之外,有些国家的法院还创造性地引入了反禁诉令、禁止仲裁令等制度,前者用于阻止当事人向外国法院提出禁诉令申请,后者则用于阻止当事人依据明显无效的仲裁协议向境外申请仲裁。例如,在“喀拉哈博达有限公司诉印尼国家石油公司案”中,双方当事人为了在印度尼西亚开发、建设和运营地热电站而签署了两份合作协议,协议中均订有仲裁条款,约定合同履行中所发生的争议应提交仲裁庭在瑞士仲裁解决,仲裁程序适用《联合国国际贸易法委员会仲裁规则》。1998 年,印尼政府命令停止项目建设,喀拉哈博达有限公司(以下简称 KBC 公司)遂撤回出资,并以印尼国家石油公司违约为由向瑞士提起仲裁。2000 年,仲裁庭作出裁决,认定 KBC 公司胜诉。2002 年,印尼国家石油公司向印度尼西亚雅加达中央地区法院提起仲裁裁决撤销之诉,并申请法院签发禁诉令以制止 KBC 公司申请承认及执行瑞士仲裁裁决。印度尼西亚法院以仲裁裁决违反《纽约公约》及印度尼西亚的国内仲裁法为由,裁定撤销仲裁裁决,并签发禁诉令严格制止 KBC 公司申请承认及执行该裁决。与此同时,KBC 公司亦向美国联邦地区法院提出反禁诉令的申请,美国法院依申请作出反禁诉令,要求印尼国家石油公司撤回在印尼法院的禁诉令申请。不过,印尼国家石油公司向美国第五巡回法院提起上诉,以联邦地区法院作出的反禁诉令违背国际礼让原则为由申请予以撤销。经过仔细的论证和讨论,第五巡回法院最终认定该反禁诉令没有较好地协调国际司法主权与国际礼让的关系,故而予以撤销。[25]

通过对上述案例的观察,可以总结出,仲裁究其本质而言是一种私人的安排,法院的干预本应尽可能降至最低,但法院发布禁诉令的初衷是排除当事人对仲裁管辖权的妨碍,故而从本质上来说是一种司法支持与协助。不过,各国国内法及司法实践中对于仲裁协议的有效性和可执行性存在较大的差异,这决定了在相同的情况下,禁诉令在不同国家法院的正当性可能会受到不同评价。归根结底,法院发布的禁诉令仍然是代表国家司法权力的

〔25〕 *Karaha Bodas Co.*, *L. L. C. v. Perusahaan Pertambangan Minyak Dan Gas Bumi Negara*, 2003 WL 21027134, 5th Cir. March 5, 2003; Anthony C. Piccirillo, “Sisyphus Meets Icarus: The Jurisdictional and Comity Limits of Post-Satisfaction Anti-Foreign-Suit Injunctions”, 80 *Fordham Law Review*(2011), p. 1407.

公共措施,这种措施一旦不当域外适用,可能会受到外国当事人乃至官方的抵制和阻断,严重者恐将使法律上的抵触和利益上的冲突升级,被外国法院发布反禁诉令,由此转变为禁诉令与反禁诉令发布国两个国家之间司法命令的碰撞。[26] 故而,法院在决定是否发布仲裁禁诉令时,仍然应当采取相当审慎的态度,基于必要性原则,在遵守国际礼让、利益平衡的基础上为受损者提供相应的救济。

三、域外仲裁庭审查与签发禁诉令的理据与实践

(一)域外仲裁庭签发禁诉令的规范依据

在早期的立法和实践中,禁诉令是专属于法院的权力。但是,随着国际商事仲裁的发展,普通法系国家的禁诉令制度开始被仲裁(尤其是首席仲裁员来自普通法系国家的情形)所接纳,越来越多的国际条约和国内立法开始赋予仲裁庭以签发禁诉令的权力。如当事人向仲裁庭申请签发禁诉令,仲裁庭是否具有此种权限?应当重点审查哪些方面?禁诉令的效力如何?对于藐视禁诉令者又该如何处理?对于这些问题,《国际商事仲裁示范法》、部分国家(地区)的仲裁立法及仲裁规则作出了相应的规定(如表2所示),使禁诉令的签发具备了坚实的法治保障。

表2　国际公约与部分国家(地区)法律关于仲裁庭发布禁诉令的规定

规范名称及条款	授权仲裁庭发布禁诉令的相关规定
2006年《国际商事仲裁示范法》第17条第2款b项	除非当事人另有约定,应一方当事人请求,仲裁庭可准予采取临时措施,从而命令一方当事人不得采取对仲裁程序可能造成损害或影响的行动,禁诉令即属于为防止对仲裁程序造成损害或影响而禁止采取诉讼行动的措施

[26] 黄旭:《国际商事争议解决中的禁止仲裁令制度研究》,载《北京仲裁》2020年第2期,第97页。

续表

规范名称及条款	授权仲裁庭发布禁诉令的相关规定
1965 年《华盛顿公约》第 47 条	仲裁庭如果认为情况需要,得建议采取任何临时措施,以维护任何一方的权利。该条的措辞虽规定是“建议”,但在具体案件中,仲裁庭认为自身有权据此直接签发禁诉令〔27〕
2020 年《新加坡国际仲裁法》第 12 条第 1 款 i 项	为了不影响本法及《示范法》所规定的仲裁庭的权力,仲裁庭有权向当事任何一方发出命令或指示:临时禁令或其他临时措施
2016 年《新加坡国际仲裁中心仲裁规则》第 30 条第 1 款	当事人申请禁令或者提出其他任何临时救济的,仲裁庭可以发出命令或者作出裁决,给予其认为适当的救济。仲裁庭作出禁诉令的方式可以是命令或者裁决
《香港仲裁条例》第 61 条第 1 款	仲裁庭就仲裁程序而作出的命令或指示,不论是在中国香港特区或中国香港特区以外地方作出的,均可犹如具有同等效力的原诉法庭命令或指示般,以同样方式强制执行,但只有在原诉法庭许可下,方可如此强制执行

从理论层面探讨,仲裁庭签发禁诉令的权力源于仲裁协议和仲裁庭自裁管辖权原则。从仲裁法治架构来看,仲裁协议是商事仲裁制度的基石,当事人通过仲裁协议将争议提交仲裁解决,就意味着当事人将仲裁条款所能涵盖的任何事项的决定权授予仲裁庭。就仲裁法律制度而言,仲裁庭自裁管辖权原则是国际商事仲裁制度公认的原则,仲裁庭有权力决定自身的管辖权,对当事人提出的管辖权异议作出认定,相应地,对于那些旨在妨碍仲裁庭行使管辖权的行为,仲裁庭应有权予以纠正。一方当事人违反仲裁协议而在境外法院提起诉讼,既是对当事人意思自治的漠视,也是对仲裁庭管辖权的公然挑衅,为了捍卫仲裁程序的正常推进,仲裁庭理应有权签发禁诉令,要求起诉方中止或撤回诉讼。

从公开的资料来看,国际投资仲裁中较早产生了由仲裁庭签发禁诉令的实践,这其中很重要的原因是,相比于普通的国际商事仲裁,国际投资仲裁更具中立性,符合“非内国化”的发展趋势,且国内法院对投资仲裁的司法

〔27〕 *Holiday Inns S. A. and others v. Morocco*, Decision on Provisional Measures, [1972] ICSID Case No. ARB/72/1, July 2.

审查和介入程度较低,故而仲裁庭程序自治的权限更为突出,其中便包括签发禁诉令的权力。例如,在1972年的“假日饭店诉摩洛哥案”中,仲裁庭指令双方“杜绝任何与坚守合同不兼容的措施并且双方要确保已经采取的行动不得在将来导致任何与坚守合同相违背的后果”。这一指令实际上是一种典型的预防性禁诉令,排除了当事人违反合同在国内法院起诉的可能性。〔28〕另外,在1984年的“国际航运公司诉几内亚案”中,仲裁庭所发布的禁诉令更为严厉。在该案中,仲裁庭认定国际航运公司在美国国内提起诉讼的行为违反了国际投资争端解决中心(ICSID)仲裁条款,故“建议”其立即撤回并在国内法院永久终止未决诉讼案件并不得发起新的诉讼,如果不遵守仲裁庭的建议,则将会在裁决书中予以考虑。〔29〕除国际投资仲裁外,伊美求偿仲裁庭特别申明其享有签发禁诉令的权力,只要仲裁庭认为该等措施对争议而言是适当的。〔30〕

在国际商事仲裁中,限于保密,难以确切获悉仲裁庭签发禁诉令的真实情况。但从公开的报道来看,确有仲裁庭曾向当事人签发禁诉令,以确保仲裁程序顺利进行。例如,在国际商会仲裁院的一起案件中,一家法国建造商针对伊朗政府的代理机构提起索赔,被申请人根据贷款银团出具的履约保函,指示伊朗银行向申请人担保合约义务的履行。〔31〕仲裁庭出具中间裁决称:“仲裁庭有义务推荐或者提出合理的措施防止双方争议进一步恶化……双方应杜绝任何可能不利于随后仲裁裁决执行的任何行动,并杜绝实施任何可能使争议加剧或者延长的行为,不论行为何种性质。”〔32〕

相比于法院为支持仲裁而签发的禁诉令而言,仲裁庭为捍卫自身的管

---

〔28〕 *Holiday Inns S. A. and others v. Morocco*, Decision on Provisional Measures, [1972] ICSID Case No. ARB/72/1, July 2.

〔29〕 *Maritime International Nominees Establishment v. Government of Guinea*, Interim Order, [1988] ICSID Case ARB/84/4, August 12.

〔30〕 Jason P. Waguespack, "Anti - Suit Injunctions and Admiralty Claims: The American Approach", 24 *U. S. F. Maritime Law Journal*(2011), p. 293.

〔31〕 *Framatame SA v. Atomic Energy Organisation of Iran*, Judgment, [1982] ICC Case No. 3896.

〔32〕 Richard Garnett, "National Court Intervention in Arbitration as An Investment Treaty Claim", 60 *International & Comparative Law Quarterly*(2011), p. 485.

辖权而签发的禁诉令在理论和实务中具有更强的争议性。反对者称,不同于行使司法职权的法官,仲裁庭系商事争议的私人裁判者,因此其无权直接就某一国家国内法院的司法管辖权进行干涉或限制。[33] 如果仲裁员通过签发禁诉令限制当事人的诉权,这实际上相当于仲裁员为了谋求管辖权而充当了自身的法官,有损于仲裁员的独立性和公正性,有可能导致裁决陷入被法院撤销或不予执行的风险。[34] 从实务层面来看,情况恰恰相反,由于仲裁员是双方共同选任且信任的争议裁断者,故其所签发的禁诉令比法院更为和缓,不会直接导致国家之间司法权力的相互竞争和博弈,更能被当事人所接纳。尽管欧洲法院在多起案件中禁止欧盟成员国法院对当事人签发禁诉令,但并没有禁止仲裁庭签发禁诉令。[35]

(二)仲裁庭签发禁诉令的条件及其反思

在域外的国际商事仲裁实践中,已有多起仲裁庭签发禁诉令的典型案例。就其权属的性质而言,多数国家将禁诉令发布权归类为一种特定类型的临时性救济措施。事实上,允许仲裁庭在必要时发布临时措施,已逐渐成为域外仲裁立法的通例。[36] 从另一个角度来看,禁诉令的发布,归根结底是为了维护仲裁庭的管辖权和当事人在仲裁协议中达成的仲裁合意。根据国际通行的自裁管辖权原则,仲裁庭有权力对当事人提出的管辖权异议和对一方违反仲裁协议所引发的后果进行管辖,这可以为仲裁庭签发禁诉令提供充分的正当理由。[37] 不过,如前文所言,并非所有国家的仲裁立法都允许仲裁庭签发禁诉令,国际公约、仲裁规则的立场亦迥然有别。即使英国、美国、新加坡等均允许仲裁庭发布禁诉令,其成文法和判例法中确立的

---

〔33〕 Geoffrey Fisher, "Anti-suit Injunctions to Restrain Foreign Proceedings in Breach of an Arbitration Agreement", 22 *Bond Law Review* (2010), p. 1.

〔34〕 Laurent Lévy, *Anti-suit Injunction Issued by Arbitrators* (Staempfli Bern, 2005), p. 115.

〔35〕 Chukwudi Paschal Ojiegbe, "From West Tankers to Gazprom: Anti-suit Injunctions, Arbitral Anti-suit Orders and The Brussels I Recast", 11 *Journal of Private International Law* (2015), p. 267.

〔36〕 赵秀文:《〈国际商事仲裁示范法〉对临时性保全措施条款的修订》,载《时代法学》2009年第3期,第3页。

〔37〕 宋连斌:《国际商事仲裁中的"管辖权之管辖权"原则析评》,载《国际商法论丛》2001年第3期,第741页。

法定条件亦各有不同。因此,有待解决的先决问题是,涉案仲裁协议和仲裁程序应适用哪一法域的仲裁立法作为准据法,而这本身就是一个难以解决的命题。〔38〕 相比之下,法院发布禁诉令原则上只需满足法院地法的约束,而确定仲裁庭发布禁诉令的条件则取决于准据法,这往往需要借助冲突规范的指引。〔39〕 冲突规范的正确援用,取决于对禁诉令的定性:其究竟是一个实体问题,还是一个程序问题?〔40〕 禁诉令的法律适用,应援引关于涉外仲裁协议的冲突规范,涉外合同的冲突规范,抑或关于仲裁程序的冲突规范?对这些问题的探讨,实属国际私法中的识别现象,而识别冲突本身即存在多元解决方案,过多进行逻辑追问往往会陷入无边无际的冲突法"泥潭",难以自拔。〔41〕 换言之,单纯从国际私法视角对禁诉令进行探讨,很难得出具有参考价值的普遍标准,更好的方式是从实证视角进行观察、分析和评判。

由于仲裁庭发布的禁诉令常被用作阻止当事人向外国提起诉讼的一种举措,且其在适用效果上可能会对国家间的司法互信产生消极影响,故而国际上普遍的趋势是对禁诉令的签发采取审慎的立场,设定严格的条件。〔42〕 结合域外仲裁庭签发禁诉令的实证观察,可将其条件概括如下:首先,外国法院诉讼中的主体、争议事项、诉讼请求等与国际商事仲裁高度一致或密不可分,向外国提起诉讼的原告受仲裁协议的约束,且存在有意破坏或规避仲裁管辖权的行为。譬如,《瑞士国际私法法案》第183条赋予仲裁庭签发禁诉令的权力,其中最关键的条件是仲裁庭对涉诉争议具有管辖权,且当事人

〔38〕 宋连斌:《比照适用抑或特别规定:从国际商事仲裁的法律适用谈起——兼及中国国际私法立法及研究的"诉讼中心主义"》,载《时代法学》2004年第5期,第31页。

〔39〕 廖雪钰:《国际商事仲裁协议法律适用规则的最新发展——基于英国与新加坡的实证研究》,载《商事仲裁与调解》2021年第3期,第107页。

〔40〕 崔相龙:《论冲突法中实体与程序的区分》,载《武大国际法评论》2008年第2期,第182页。

〔41〕 齐湘泉:《论识别的对象与依据》,载《清华法学》2002年第1期,第222页。

〔42〕 颜杰雄:《国际商事仲裁中禁诉令的运用——从欧洲法院 West Tankers Inc. 案谈起》,载《北京仲裁》2009年第2期,第109页。

提出了临时措施的请求。〔43〕 其次,外国诉讼对国内重要公共政策的实施具有消极影响,对国际商事仲裁协议涵盖范围内的争议解决造成压迫性、困扰性的后果,同时禁止当事人滥用禁诉令制度给对方形成威慑。〔44〕 再次,对于向仲裁庭申请发布禁诉令的一方当事人而言,其不存在被仲裁立法或仲裁规则界定为弃权的相关行为。譬如,未在法定的仲裁时效期限之内提起仲裁索赔、以自己懈怠对待仲裁的行为放弃了仲裁管辖权或仲裁程序异议权、以自己在外国法院主动起诉或进行实体答辩等行为实质性地放弃了仲裁权,一旦存在此类情形,则仲裁庭便丧失了对涉诉争议进行裁断的权力,禁诉令发布权亦犹如"无源之水,无本之木",无从谈起。最后,即便前述要件均已满足,仲裁庭仍然拥有一定的自由裁量空间,裁量的因素包括国际礼让、利益平衡等。譬如,一旦签发禁诉令,受到消极影响的外国法院是否会针对仲裁庭发出禁止仲裁令或采取其他报复性行动?〔45〕 总之,仲裁庭在签发禁诉令前需要更为周密的通盘考虑。

四、中国关于仲裁禁诉令制度的立法构建与实施路径

(一)构建中国仲裁禁诉令立法的规制重点

禁诉令不仅在英美法系国家广泛适用,同时也逐步在德国、法国等大陆法系国家得到认可。近年来,中国当事人频频遭遇境外法院或仲裁庭签发的禁诉令。相比之下,国内关于禁诉令的立法几乎处于空白状态,即使已有部分法院在涉外平行诉讼中签发了禁诉令,也主要是依托于《民事诉讼法》中的行为保全制度,而这不仅难以满足国际商事仲裁的独特需求,也与中国

〔43〕 Matthias Scherer and Werner Jahnel, "Anti-Suit and Anti-Arbitration Injunctions in International Arbitration: A Swiss Perspective", 12 *International Arbitration Law Review* (2009), p. 66.

〔44〕 Nicholas Poon, "The Use and Abuse of Anti-Arbitration Injunctions: A Way Forward for Singapore", 25 *Singapore Academy Law Journal* (2013), p. 244.

〔45〕 Jennifer L. Gorskie, "US Courts and the Anti-Arbitration Injunction", 28 *Arbitration International* (2012), p. 295.

进一步扩大对外开放所必要的法治保障相去甚远。[46] 对于国际民商事争议,在当事人明确选择由中国仲裁机构解决争议或者约定以中国内地作为仲裁地进行仲裁解决时(仲裁机构所在地或仲裁地二者之一位于中国内地),出于对仲裁协议的维护和对仲裁管辖权的协助,中国亟待构建符合本国国情的仲裁禁诉令制度。如果外国法院有权签发仲裁禁诉令,而中国没有相关制度,必然会使得中国当事人在维权方面及中国法院在管辖权争夺方面处于不利的被动地位。建立仲裁禁诉令制度,不仅有助于丰富中国的涉外经贸法治"工具箱",而且对国际商事仲裁庭维护当事人合意、将争议解决的主阵地留在中国本土方面颇有裨益。落实到行动层面,中国应该在涉及仲裁司法协助的国内立法(如《仲裁法》及《民事诉讼法》)对仲裁禁诉令的发布权予以明确,进而借助最高人民法院的司法解释,对法院及仲裁庭发布禁诉令所遵循的原则,签发禁诉令的具体条件,申请、审查、发布及执行禁诉令的程序等细节予以完善,从而构造起一套完整的、既符合国际趋势又考虑中国国情的仲裁禁诉令制度,为中国法院和公民适用仲裁禁诉令提供清晰的法律依据。

就具体的制度设计而言,中国关于国际商事仲裁禁诉令的立法构建应当从两个角度入手:其一,中国法院出于保护当事人约定在中国仲裁的仲裁协议而签发禁诉令时,应当符合哪些条件,当事人违反此类禁令时应当承担哪些责任和后果;其二,中国法院在面对外国法院或仲裁庭签发的禁诉令时所采取的应对措施,具体包括签发反禁诉令从而禁止当事人遵守外国的禁诉令,以及外国禁诉令在中国获得司法协助所应当满足的条件。相较之下,前者属于中国有关机关主动发布的禁诉令,属于狭义的仲裁禁诉令制度;后者属于中国就境外禁诉令的法律应对,即通常所理解的反禁诉令制度。在立法构建过程中,应以前者作为重点,以后者作为补充(如图1所示)。

[46] 李晓枫:《论以我国行为保全制度实现禁诉令功能》,载《法学杂志》2015年第7期,第132页。

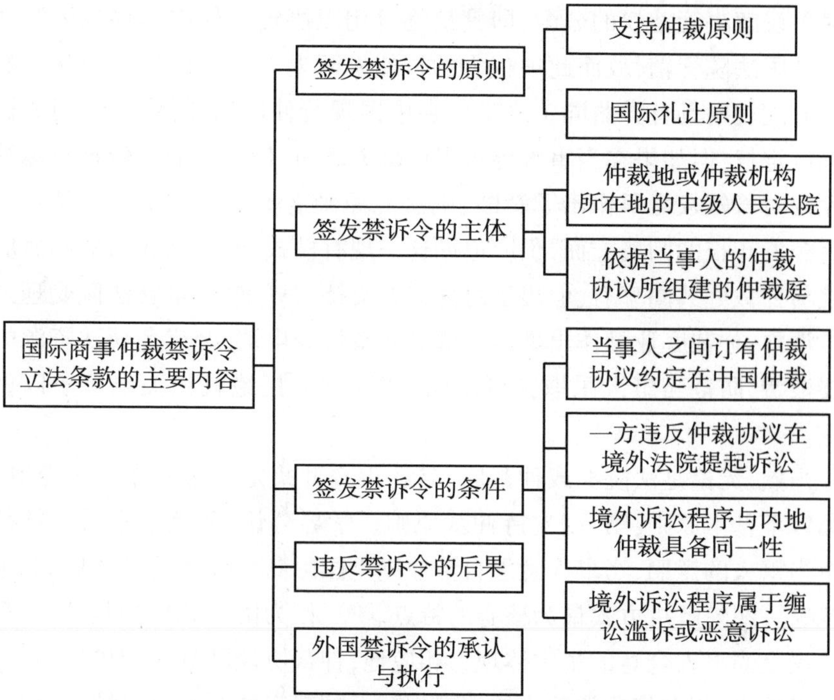

图 1　国际商事仲裁禁诉令立法条款的主要内容

（二）发布仲裁禁诉令所遵循的基本原则

作为适用仲裁禁诉令制度的先决问题，首先应予明确，国际商事仲裁禁诉令的签发主体既包括法院，也包括仲裁庭。究其本质而言，禁诉令是为了维护仲裁庭的管辖权及仲裁程序的顺利进行所作出的禁止或限制当事人在外国法院起诉的中间措施，其兼具救济功能与制裁功能。对于国际商事仲裁中间措施发布权的归属问题，理论与实务界的争论由来已久。问题的核心在于，究竟应将该项权力赋予法院抑或授予仲裁庭？综观并比较各国的仲裁立法，现已形成三种主要的模式，即法院专属权力、仲裁庭排他行使、法院与仲裁庭并存权力。[47] 笔者认为，究竟由法院还是仲裁庭行使禁诉令发布权，归根结底取决于对当事人意思自治的阐释。事实上，禁诉令在效果上

〔47〕 杜新丽：《国际商事仲裁中间措施发布决定权的归属趋向》，载黄进等主编：《中国国际私法与比较法年刊》（第十五卷），北京大学出版社 2013 年版，第 502 页。

是对争议解决管辖权的分配,即其最终可用以决定案件应由仲裁庭管辖抑或由外国法院管辖,故而此项权力的行使实际上与仲裁协议效力认定的管辖权分配规则具有异曲同工之义。在中国现行仲裁法律体系下,司法拥有最终认定权,但如果在当事人寻求司法机关之前,仲裁庭业已依据自裁管辖权原则对管辖权之争作出了裁断,则法院原则上不宜再推翻此种认定。在禁诉令发布权的归属方面,仍应遵循这一现有模式,即该项权力的归属应由法院与仲裁庭共同享有,但出于对仲裁的支持与尊重,一旦在法院受理禁诉令申请前,仲裁庭业已作出禁诉令或驳回禁诉令申请,为避免司法资源的不必要浪费,防范当事人采取拖延策略,法院理应拒绝就相关申请予以重复审查。

当然,无论是法院抑或仲裁庭,其在审查并决定是否发布禁诉令时,应遵循以下基本原则:第一,支持仲裁原则。学界公认,仲裁最本质的特征即尊重当事人的意愿,当事人意思自治原则是国际商事仲裁的基本原则,也是仲裁这一纠纷解决方式最为核心的特点。〔48〕 作为国际商事仲裁的基石,仲裁协议是当事人合意的集中体现。相应地,仲裁协议既具有积极效力,也具有消极效力,其在将争议解决的管辖权赋予仲裁庭的同时,也排除了司法的干预。〔49〕 就权力结构而言,仲裁权与司法权在横向维度上具有一定竞争性与排斥性。〔50〕 与此同时,法院也必须对仲裁提供必要的支持与协助,在当事人之间订有仲裁协议的情况下,由法院签发禁诉令以维护仲裁协议的妨诉抗辩效力正是支持仲裁原则的体现。事实上,在英美等国家,支持仲裁已经被提升到国内公共政策的高度,没有国家会以放弃本国重要公共政策为代价而去追求国际合作。第二,国际礼让原则。从理论上分析,有学者反对在国际商事仲裁中签发禁诉令,其理由之一是认为禁诉令本身对国际礼让造成了冲击和破坏。不容置辩的是,为了确保国际商事交易的当事人对其行为的法律后果拥有可预见性,各国之间彼此开展合作、相互尊重、给予礼让无疑是必要的。然而,禁诉令的签发并不会当然地破坏当事人对行为后果的可预见性,相反,在国际商事仲裁中确立禁诉令制度,恰恰有助于增强

〔48〕 肖建国主编:《仲裁法学》,高等教育出版社 2021 年版,第 27 页。

〔49〕 韩平:《中英仲裁法比较研究》,厦门大学出版社 2019 年版,第 37 页。

〔50〕 毛晓飞:《仲裁的司法边界:基于中国仲裁司法审查规范与实践的考察》,中国市场出版社 2020 年版,第 284 页。

当事人对争议解决方式的可预见性。如果法院或仲裁庭拒绝签发禁诉令,则在一定程度上纵容了对方当事人恶意规避仲裁条款,通过在外国法院提起滥诉而造成程序拖延。故而,在禁诉令立法中引入国际礼让原则,并不等于从根本上否认法院及仲裁庭签发仲裁禁诉令的权限。〔51〕 换言之,双方当事人既然已经在彼此相互信任的基础上共同签订了仲裁协议,如果仅仅因为一方在外国的诉讼行为就可轻易无视仲裁管辖权,则争端解决方式的可预见性将消失殆尽。〔52〕

（三）法院发布仲裁禁诉令的程序、条件与救济

第一,一方当事人向法院或仲裁庭提出了禁诉令申请。原则上,基于对当事人仲裁合意的尊重和对仲裁管辖权的支持,法院原则上应当秉持司法谦抑立场,不宜依职权主动签发禁诉令。同时,仲裁协议在本质上属于合同,基于契约相对性原理,不宜赋予仲裁协议当事人以外的第三方申请签发禁诉令的权利。故而,只能由当事人申请签发禁诉令。

第二,就其性质而言,禁诉令不是直接针对境外法院签发的,而是针对违反仲裁协议并在境外起诉的当事人签发的。为了使禁诉令的签发具备充分的的合法性与正当性,同时也为了使禁诉令作用的发挥建立在有效制裁的基础上,原则上一国法院在签发仲裁禁诉令时需要确保本国对被申请人具有属人管辖权及控制权。落实到仲裁场合下,特指当事人之间订立的仲裁协议选择在中国仲裁,由此而使中国法院与案件之间满足了仲裁司法审查方面最密切联系的要求。

第三,申请人必须向法院或仲裁庭初步证明其在仲裁案件中具有胜诉可能性,否则一旦签发禁诉令,当事人既无法通过在外国的诉讼寻求救济,也丧失了在内国获得仲裁救济的机会,将导致投诉无门的境地,造成有违实质公正的结果,这并不符合禁诉令制度设计的初衷。

第四,禁诉令的签发不得违反中国根据条约所承担的国际义务。这具体体现在,如果依据中国缔结或参加的国际条约,外国法院或仲裁庭对案件

〔51〕 Cameron Sim, "Choice of Law and Anti - Suit Injunctions: Relocating Comity", 62 *International & Comparative Law Quarterly*(2013), p. 703.

〔52〕 魏求月:《禁诉令:解决国际商事仲裁平行程序的利剑——基于〈布鲁塞尔条例 I〉的最新研究》,载《澳门法学》2017 年第 3 期,第 107 页。

具有管辖权,而条约本身并未明确允许缔约方签发禁诉令,则不得签发禁诉令。[53]

有必要特别明确的是,对于遵守仲裁协议的当事人而言,立法除了赋予其权利向法院或仲裁庭申请发布禁诉令以避免境外诉讼之外,还应赋予其相应的救济及索赔请求权。具言之,如果对方当事人不仅违反仲裁协议在境外法院提起诉讼,而且违反法院发布的仲裁禁诉令继续在外国诉讼,则此种不法行为的性质已经从违反私人契约升级为违反司法决定。当境外法院在此种诉讼程序中作出了不利于禁诉令申请人的判决时,此类判决无疑是对仲裁管辖权及禁诉令效力的进一步违背,为了强化仲裁禁诉令的妨诉效力,应当赋予禁诉令申请人就其不得不在外国诉讼所产生的开支、诉讼费乃至判决其承担的金额以追索权。事实上,由一国法院发布的禁诉令是国家司法机关通过行使公权力捍卫仲裁协议私权利的结果,其他国家法院要求当事人撤回此种禁诉令申请的反禁诉令,则具有阻断和反制效力。通过现象看本质,不难发现,一国对违背禁诉令的私人设定的处罚效果和惩戒措施具有单边经济制裁的属性,由此,禁诉令与反禁诉令可以归入制裁与反制裁的范畴,而一国仲裁禁诉令的域外效力很可能受到其他国家的阻断。相应地,在国家之间公权力博弈的背后,需要保障的是私人当事方的索赔权,而中国仲裁禁诉令立法的构建,应当做好与反制裁立法、阻断立法的衔接。[54]具体而言,当对方违反仲裁禁诉令时,需要考虑两方面效果:其一,对于遵守一方的保护和救济,具体体现为允许其以侵权或违约为诉因就其扩大的损失要求赔偿;其二,对于违反一方的惩戒和制裁,具体体现为视情节之轻重对违法者追究相应的民事、行政及刑事法律责任。

---

〔53〕 张利民:《国际民诉中禁诉令的运用及我国禁诉令制度的构建》,载《法学》2007年第3期,第122页。

〔54〕 例如,《反外国制裁法》第12条第2款规定:组织和个人违反前款规定,侵害我国公民、组织合法权益的,我国公民、组织可以依法向人民法院提起诉讼,要求其停止侵害、赔偿损失。第14条规定:任何组织和个人不执行、不配合实施反制措施的,依法追究法律责任。《阻断外国法律与措施不当域外适用办法》第9条第2款规定:根据禁令范围内的外国法律作出的判决、裁定致使中国公民、法人或者其他组织遭受损失的,中国公民、法人或者其他组织可以依法向人民法院提起诉讼,要求在该判决、裁定中获益的当事人赔偿损失。第13条规定:中国公民、法人或者其他组织未按照规定如实报告有关情况或者不遵守禁令的,国务院商务主管部门可以给予警告,责令限期改正,并可以根据情节轻重处以罚款。

(四)仲裁庭发布禁诉令的方式、执行与后果

如前所述,除了法院以外,仲裁庭亦有权对其自身的管辖权作出认定,此即符合当事人意思自治的基本原理,也与国际主流实践相契合。故而,有必要将仲裁庭也列为禁诉令的发布主体。在设计仲裁庭发布禁诉令的具体制度方面,需要明确以下基本问题:

首先,禁诉令的发布形式。禁诉令应以命令(指令)抑或裁决的方式作出,直接关系到禁诉令的送达或执行。仲裁庭究竟应采取何种形式发布禁诉令,本质上取决于禁诉令的具体内容。从新加坡及中国香港特别行政区的仲裁立法和仲裁规则来看,更多的是将禁诉令理解为临时措施的一种,属于程序事项,以命令或指令的名义更为适宜。[55] 此外,还需要考虑,仲裁庭应选择以中间禁令抑或最后禁令的方式发布禁诉令。就其功能而言,中间禁令的主要作用是在仲裁还没有告一段落之前保持现状,而保持现状的原因避免因一方当事人的破坏行动或违反仲裁协议的行为导致仲裁裁决最终丧失执行可能性。相比之下,最终禁令则旨在以禁令的方式永久性地禁止某些行为的继续作出,由此观之,中间禁令以命令(指令)的形式作出为宜,而最后禁令以裁决书的方式作出为宜。[56]

其次,禁诉令的送达与执行。仲裁庭作出的禁诉令,对象是仲裁协议的当事人,并非法院。除了让当事人签收外,不涉及法律意义上的法律文书涉外送达,因此本身不涉及跨境送达的问题。但如果仲裁庭作出的禁诉令,转化为法院的禁诉令,则另当别论。仲裁庭若以仲裁裁决的名义发布禁诉令,还涉及此类裁决在《纽约公约》体系下的跨境承认与执行可行性问题。[57] 鉴于中国在加入《纽约公约》之际提出了互惠保留,故中国仲裁庭所发布的禁诉令裁决获得域外执行的前提是被请求执行的法院所属国系《纽约公约》

---

〔55〕 Lee Michelle, "Anti-suit Injunctions in Aid of International Arbitrations: A Rethink for Singapore", 27 *Singapore Academy of Law Journal* (2015), p. 438.

〔56〕 Kajkowska Ewelina, "Anti-Suit Injunctions in Arbitral Awards: Enforcement in Europe", 74 *The Cambridge Law Journal* (2015), p. 412.

〔57〕 Paweł Marcisz, Aleksandra Orzeł-Jakubowska, "The Right to Be Unheard: Recognition and Enforcement of Anti-Suit Injunctions Issued by Arbitrators in the EU", 10 *Journal of International Dispute Settlement* (2019), p. 22.

成员国。[58]

最后,违反禁诉令的法律后果。如前所述,仲裁庭签发禁诉令的对象是当事人,为了促使当事人遵守禁诉令,应当通过立法设定相应的制裁举措。如当事人不遵守禁诉令,可以按照拒不履行判决、裁定罪予以惩戒,或者由仲裁庭在作出仲裁裁决时对违反者施以相应的惩罚性赔偿。此外,对于外国法院违反中国禁诉令的基础上作出的判决、裁定,中国法院可以通过公共政策例外的适用予以拒绝承认和执行,从而以间接方式提升中国禁诉令的域外效力。

特别值得一提的是,在中国香港特别行政区,仲裁庭作出的禁诉令,可以转化为法院的禁诉令。因此,如果不遵守香港地区仲裁庭签发的禁诉令,与不遵守法院命令一样,同样可能面临着藐视法庭的危险。若不遵守其他仲裁地的仲裁庭签发的禁诉令,有何法律后果?这要取决于其他国家法律的具体规定。在仲裁实践中,的确存在仲裁庭对当事人不遵守仲裁庭命令而对其做出惩罚性赔偿的先例。需要指出的是,尽管禁诉令是仲裁庭针对当事人作出的,但客观上会限制或者剥夺他国法院行使管辖权的机会,仲裁庭若签发禁诉令不适当,则可能面临着法院的报复,法院可以签发禁止当事人参与仲裁或者暂停仲裁程序的禁诉令,该等禁诉令更为即前文所述及的反仲裁令。

概言之,在禁诉令的具体设计方面,需要认真构思管辖法院、签发条件、审查流程、禁诉令的救济等多重细节问题,这又具体涵盖两个方面:其一,中国法院在满足何种条件的前提下方可签发禁诉令,如何优化禁诉令的申请与审查程序;其二,在中国当事人遭遇外国法院发布的禁诉令或者禁止仲裁令时,如何优化现有的海事强制令和行为保全制度,从而实现有效的应对和救济。对此,尤其应当强调的是,禁诉令的发布绝非常态,其仅在出于对仲裁管辖权的维护且外国的诉讼程序对本国的仲裁当事人构成不合理的压制时才具有必要性。与此同时,对禁诉令的审查应突出法院的自由裁量权和仲裁庭的自裁管辖权,避免对法律规范作机械化解读。

---

〔58〕 截至2021年6月1日,《纽约公约》已有168个成员国。

五、结语:国际商事仲裁立法中禁诉令条款的案文设计

综合以上分析,笔者尝试拟订中国关于国际商事仲裁禁诉令立法条款的建议稿如下:

第××条【禁诉令】涉外民事案件同时符合下列情形的,经一方当事人申请,人民法院可以签发禁诉令,禁止对方当事人在外国法院起诉或继续进行诉讼:(1)违反双方当事人达成的以中华人民共和国为仲裁地的仲裁协议,在外国法院起诉的;(2)情况紧急,不立即签发禁诉令将会使申请人的合法权益受到难以弥补的损害的;(3)外国诉讼属于恶意诉讼;(4)签发禁诉令不会损害社会公共利益。法院在审查前述要件时,应当遵守国际礼让原则、利益平衡原则和比例原则。

人民法院签发禁诉令,可以责令申请人提供担保,申请人不提供担保的,裁定驳回申请。在人民法院作出裁定前,当事人撤回禁诉令申请的,人民法院可以裁定准许。申请有错误的,申请人应当赔偿被申请人因禁诉令所遭受的损失。

当事人对法院发布的禁诉令裁定不服的,可以上诉。

针对外国法院或仲裁庭签发的禁诉令,人民法院可以签发反禁诉令,命令当事人申请撤回外国禁诉令或者不得执行外国禁诉令。

被申请人拒绝履行人民法院发布的禁诉令的,依照《民事诉讼法》第111条的规定处理。人民法院并可判决禁诉令的被申请人赔偿申请人因参加外国诉讼而产生的诉讼费用和遭受的损失。对于被申请人违反人民法院签发的禁诉令而获得的外国仲裁裁决,人民法院不予承认和执行。

Anti-suit Injunction in International Commercial Arbitration: Extra-territorial Comparison and China's Choice

Zhang Jian

Abstract: Anti-suit injunction is a system developed by common law countries in the process of dealing with international civil and commercial litigation and resolving jurisdictional conflicts between countries. In comparison with Civil Law countries, the theoretical basis and normative authority is more mature, and the experiences there are more abundant. According to the positive and negative effects of the injunction on arbitration, in practice, the injunction in favor of the arbitration jurisdiction is distinguished from the injunction against the arbitration jurisdiction, and the latter has been strongly criticized by the international arbitration circle in terms of its legality. Since international commercial arbitration has the advantages of flexibility, autonomy as well as judgements by experts, the anti-suit injunctions issued by arbitral tribunal is much more mild, which is beneficial to establish judicial mutual trust on the basis of international comity and party autonomy. There is no provision on injunction in China's arbitration legislation, in order to strengthen the foreign-related rule of law, improve the arbitration system and guarantee the credibility of arbitration, it is necessary for China to construct an arbitration prohibition order system in line with the practical needs on the basis of in-depth research, so as to provide a Chinese approach for the modernization of international commercial arbitration.

Keywords: Anti-suit Injunction; Arbitration Agreement; Interim Measures; Concurrent Proceedings

国际刑法视域下武装冲突中的文化遗产保护：实践、困境与进路

◇ 向梦杰*

【内容摘要】国际刑法处理武装冲突中针对文化遗产的犯罪行为时通常采取两种路径，一是通过战争罪、危害人类罪等“核心罪名”，二是通过独立的“破坏文化遗产罪”。就第一种路径而言，战争罪是最为常用的罪名，但不能应对和平时期破坏文化遗产的行为。在危害人类罪中，破坏文化遗产的行为可以构成迫害罪。就第二种路径而言，柬埔寨特别法庭以1954年《海牙文化财产公约》为法律依据，却未能做出相关的判决。如何处理针对文化遗产的罪行？从司法的角度来看，国际社会可以因势利导，采用多样化的审判方式。从合作的角度来看，国家、国际组织可以与非国家行为体合作，增强后者遵守国际法的能力和意识。从思想观念转变的角度出发，一要承认文化遗产的域外价值和其蕴含的公共利益，二要将针对文化遗产的犯罪视为针对人的犯罪。

【关键词】国际法；国际刑法；文化遗产；武装冲突

一、引言

在贯穿人类历史的武装冲突中，文化遗产总是被破坏的对象。在第一次世界大战中，比利时鲁汶大学的图书馆被烧毁，馆中珍藏被付之一炬；法国的兰斯大教堂也被炸毁，具有特色的彩色花窗化为灰烬。在第二次世界

* 北京大学法学院国际法专业2018级法学硕士。本文在硕士论文的基础上修改而成。感谢陈一峰老师、廖雪霞老师在论文的写作和修改过程中无私的指导和帮助。

大战中,纳粹军队有组织地对各国文化遗产进行了大规模的掠夺。纳粹头领阿尔弗雷德·罗森堡(Alfred Rosenberg)破坏文化遗产的行为被纽伦堡军事法庭审判。20世纪90年代,在南斯拉夫内战期间,不同的团体也曾对文化遗产进行破坏。事后,诸多行为人被前南斯拉夫国际刑事法庭(以下简称前南刑庭)判处战争罪或者危害人类罪。近年来,武装冲突中针对文化遗产的犯罪也屡见不鲜。

如何在武装冲突中保护文化遗产?文化遗产法、人道法、人权法和国际刑法等国际法的分支,都为文化遗产的保护提供了各自的视角,却不能禁绝此类行为。除了少数的案例,比如国际刑事法院(International Criminal Court)的艾哈迈德·法基·迈赫迪(Ahmad Al Faqi Al Mahdi)案(以下简称迈赫迪案),诸多行为人未能受到纽伦堡或者前南刑庭等法庭的审判。

国际刑法的引入使得对破坏文化遗产的人追责成为可能。本文关注武装冲突中文化遗产的保护问题,以国际刑法为主要的角度切入。如何处理针对文化遗产的犯罪行为?这需要从国际刑法的罪名和实践入手。在规制针对文化遗产的犯罪时,国际刑法有两条路径,一是战争罪和危害人类罪等最常被选择和实践的核心罪名,二是"破坏文化遗产罪"这一专门的罪名。战争罪不能应对发生在和平时期的犯罪行为。在一些武装冲突中,危害人类罪可能是更为合适的罪名。单独设立的"破坏文化遗产罪"在司法实践中未能落地。

本文试图在司法实践的基础上揭示实践所暴露出的问题。当前法律体系的不足之处在哪里?实践层面又会遇到怎样的阻力?本文主张,目前的国际刑法实践暴露了国际法的规范与面对的问题不适配的问题。在针对文化遗产的犯罪方面,法律的规定突出了武装冲突存在的重要性,并且以扩大军事优势为动机。这忽视了出于文化等非物质因素破坏文化遗产的行为。而出于主权原则和不干涉原则,国际法中关于非国际性武装冲突和非国家行为体的规定又是不完善的,这就使得目前主要发生在非国际性武装冲突中的破坏文化遗产的行为得不到完善的处理。

如何基于实践和困境寻找破局的出路?本文主张,国际社会可以从不同的角度多管齐下。司法裁判可以起到惩罚与威慑的作用,国际社会应当根据不同的情形,采取多样化的审判。国家、政府间和非政府间国际组织都可以和非国家行为体合作,以增加后者遵守国际法的意识和能力。同时,思想的转变也是改变的驱动力。文化遗产的保护，不仅是一地、一国的利益，更是国际社会的公共利益。针对文化遗产的犯罪，不仅是对财产的犯罪，更是对人的犯罪。

二、以“核心犯罪”规制针对文化遗产的犯罪

国际刑法中“核心犯罪”是灭绝种族罪、危害人类罪、战争罪和侵略罪。这些“核心犯罪”是“国际社会关心的最严重的犯罪。”[1]与文化遗产相关的核心犯罪有战争罪和危害人类罪。

（一）战争罪

战争罪是目前处理破坏文化遗产行为的主流方式，拥有最为丰富的法律实践。从纽伦堡军事法庭、前南刑庭，到国际刑事法院，都有个人因破坏文化遗产的行为而被认定为战争罪的案件。

《联合国前南斯拉夫问题国际刑事法庭规约》[2]（以下简称《前南刑庭规约》）第3条d款规定构成战争罪的行为包括没收、破坏或故意毁坏专用于慈善和教育、艺术和科学的机构、历史纪念物以及艺术品和科学成果；洗劫公私财物。创立国际刑事法院的《罗马规约》[3]第8条规定，在国际性或者非国际性武装冲突中，故意指令攻击专用于教育、艺术、科学或慈善等目的的建筑物或者历史建筑物、医院以及其他伤病员集中的场所，可以构成战争罪，除非这些场所构成军事目标。在立法思想上，国际法庭的规约对于文化遗产的规定继承自1907年《海牙第四公约》，[4]而非1954年《关于发生

---

〔1〕 参见［德］格哈德·韦勒、弗洛里安·耶斯伯格：《国际刑法学原理》（上册），王世洲译，商务印书馆2017年版，第69页。

〔2〕 Statute of the International Criminal Tribunal for the Former Yugoslavia，中文：《联合国前南斯拉夫问题国际刑事法庭规约》，1993年5月25日由联合国安理会根据安理会第827号决议设立。

〔3〕 Rome Statue of the International Criminal Court，中文：《国际刑事法院罗马规约》，1998年7月17日缔结，2002年7月1日生效。

〔4〕 Convention（Ⅳ）respecting the Laws and Customs of War on Land and its annex：Regulations concerning the Laws and Customs of War on Land，中文：《陆战法规和惯例公约及其附件：陆战法规和惯例章程》（以下简称《海牙第四公约》），1907年10月8日缔结，1910年1月26日生效。

武装冲突时保护文化财产的公约》[5](以下简称1954年《海牙文化财产公约》)。因此规约中都未使用文化财产或者文化遗产的术语,也没有纳入文化遗产附加特殊的精神性价值。在各刑事法庭的规约中,受保护的财产是艺术品、建筑物、历史纪念、伤病员收容所等。

战争罪的前提条件是存在武装冲突,即毁坏文化遗产的行为必须发生在武装冲突之中。从性质上来看,武装冲突分为国际性武装冲突和非国际性武装冲突。国际性武装冲突,是指两个或两个以上的国家之间爆发的武装冲突。非国际性武装冲突则是指"一国境内政府当局与有组织的武装集团之间,或在一国之内的这种集团相互之间出现长期的武装冲突"。[6] 一般而言,国际条约和习惯按照武装冲突的性质来区分国际人道法的适用。而适用于国际性武装冲突的法律法规比适用于非国际性武装冲突的规则要多得多。这就导致了一个尴尬的结果,即在国际性武装冲突中被禁止的行为,可能因为发生在非国际性武装冲突中而无法受到制裁。为了避免这一不合理的现象,前南刑庭在 Tadić 案中指出,《前南刑庭规约》第3条"战争法律和习惯的违反"的规定既适用于国际性武装冲突,也适用于非国际武装冲突。而破坏文化遗产的行为直接与《前南刑庭规约》第3条d款相关,因此在非国际性武装冲突中的破坏文化遗产的行为也受到了国际法的规制。

这一点在 Strugar 案中得到了确认,审判庭认为没收和肆意破坏文化财产的行为"不仅反映了习惯国际法,而且可以同时适用于国际性和非国际性武装冲突之中"。[7] 而《罗马规约》未根据武装冲突的性质对攻击文化遗产的行为定性进行区分,这有利于为文化遗产提供更为全面的保护。即便发生在非国际性武装冲突之中,攻击文化遗产的行为也可能构成战争罪。"迈赫迪案"也表明了这一点:2012年,国际刑事法院第一次就破坏文化遗产的行为做出裁判。迈赫迪因攻击文化遗产的行为被判决犯有战争罪。该案的背景就是非国际性武装冲突。

---

〔5〕 Convention for the Protection of Cultural Property in the Event of Armed Conflict,中文:《关于发生武装冲突时保护文化财产的公约》,1954年5月14日缔结,1956年8月7日生效。

〔6〕 *Prosecutor v. Tadić*, Appeals Chamber, Judgment, [1999] ICTY, p. 34, para. 84.

〔7〕 *Prosecutor v. Strugar*, Trail Chamber, Judgment, [2005] ICTY, p. 106, para. 230.

除了以存在武装冲突为前提之外,战争罪的成立还要求破坏文化遗产的行为与武装冲突存在关联性。对于文化遗产的毁坏必须与武装冲突的发生有联系(nexus)。武装冲突与破坏文化财产的行为应当紧密相关,并且在行为人破坏文化遗产的能力(ability)、决定(decision)、方式(manner)和目标(purpose)起到重要作用。[8]

在构成战争罪的行为方面,《前南刑庭规约》与《罗马规约》有不同的规定。前者为摧毁或故意毁坏文化遗产,后者为故意指令攻击(文化遗产);前者是结果犯,要求出现损害结果;后者是行为犯,只要存在故意攻击的行为就可以构成战争罪。在破坏文化遗产的行为方面,在武装冲突中非法攻击文化遗产的行为构成战争罪已被认为是习惯国际法。[9] 此种非法攻击文化遗产的行为的定义是宽泛的,既包含《前南刑庭规约》中的结果犯,也包含《罗马规约》中的行为犯。

在前南刑庭的Jokić案中,审判庭提出,攻击文化遗产比攻击民用财产的行为更严重。在衡量犯罪行为的严重性时,对文化遗产的破坏程度应当作为考量的因素。攻击老城导致老城的城墙和城内超过100座建筑物受损严重。因此,对于老城的攻击是一项特别严重的不法行为。[10] 在Strugar案中,审判庭阐述了破坏文化遗产的行为构成战争罪的三个要件:(1)行为损毁了文化遗产;(2)行为人在主观上出于故意;(3)被损毁的遗产没有被用于军事目的。[11] 而在"迈赫迪案"中,国际刑事法院则从行为人攻击文化遗产的行为本身出发,认定虽然攻击行为造成了诸多文化遗产的损毁,但是损害结果并不是《罗马规约》中战争罪的构成要件。

(二)危害人类罪

1. 危害人类罪中的迫害罪概述

危害人类罪是针对平民人口实施的大规模犯罪。危害人类罪的形式主

---

[8] *Prosecutor v. Kunarac et al.*, Appeals Chamber, Judgment, [2002] ICTY, p. 17, para. 58.

[9] See Roger O' Keefe, "Protection of Cultural Property under International Criminal Law", 11 *Melbourne Journal of International Law* (2010), p. 346.

[10] *Prosecutor v. Jokić*, Trail Chamber, Sentencing Judgment, [2004] ICTY, pp. 12 - 15, paras. 46-55.

[11] *Supra* note 7, p. 135, para. 312.

要有以下几种:谋杀、灭绝、奴役、驱逐出境或强行迁移人口、监禁或以其他方式严重剥夺人身自由、酷刑、强奸性奴役等性暴力和基于政治、种族等原因而进行迫害或其他不人道的行为。〔12〕

危害人类罪的背景性因素(Chapeau Elements)是对平民人口的广泛地、系统地攻击。具体而言,背景性因素包含:(1)平民人口作为危害人类罪的对象;(2)广泛或系统的攻击;(3)行为人明知并故意针对平民人口实施了广泛或有系统的攻击。"平民人口"是一个复合词。在《关于战时保护平民的日内瓦公约》(以下简称《日内瓦第四公约》)中,平民是指"不实际参加战事之人民,包括放下武器之武装部队人员及因病、伤、拘留或其他原因失去战斗力之人员在内"。〔13〕但此种平民是与战斗员相区别的战时的平民。在危害人类罪中,平民的定义更宽泛。人口(population)意味着集体性质。平民人口包括任何人的团体,他们通过共同具有的特点而联系在一起,而这些共享的特点又反过来使得团体成为被攻击的目标。〔14〕这强调的是犯罪所具有的集合属性,排除对于个人的单独或孤立的暴力行为。

迫害罪是危害人类罪中的一个子罪名。根据《罗马规约》第7条第1款第8项,迫害是指基于政治、种族、民族、族裔、文化和第3款所界定的性别,或根据公认为国际法不容的其他理由,对任何可以识别的团体或集体进行迫害,而且与任何一种本款提及的行为或任何一种本法院管辖权内的犯罪结合发生。在第7条第2款第7项中,迫害是指违反国际法规定,针对某一团体或集体的特性,故意和严重剥夺基本权利。《罗马规约》拓宽了《前南刑庭规约》中的规定,而习惯国际法接纳了《罗马规约》中的观点。〔15〕《罗马规约》对迫害行为的立法方式是列举具体行为,辅之以抽象性的总结条款。并且,《罗马规约》第7条第2款第7项是开放性的条款,"公认为国际法所不容的其他理由"可以包含条约法和习惯法的规定,这为日后拓宽迫害的理由以适应国际法的发展提供了可能性。在国际法委员会通过的《防止

〔12〕《国际刑事法院罗马规约》第7条。

〔13〕《关于战时保护平民的日内瓦公约》第3条。Geneva Convention relative to the Protection of Civilian Persons in Time of War,中文:《关于战时保护平民的日内瓦公约》,1949年8月12日缔结,1950年10月21日生效。

〔14〕同前注1,第518页。

〔15〕*Supra* note 9,p. 383.

及惩治危害人类罪条款草案》（以下简称《危害人类罪草案》）中，“迫害”是基于政治、种族、民族、族裔、文化、性别或公认为国际法所不容的其他理由，对任何可以识别的群体或集体进行的迫害，且与危害人类罪提及的任何一种行为有关。因此，迫害指违反国际法规定，针对某一群体或集体的特性，故意和严重地剥夺基本权利。〔16〕

除了要满足危害人类罪的背景性因素，迫害罪还需要满足的罪行要素有：（1）行为人因某一团体或集体的特性，选定该团体或集体，或以其为目标；（2）选定目标的理由公认为国际法所不容，包括政治、种族、民族、族裔、文化和性别等；（3）行为人的行为严重剥夺习惯国际法或条约法所规定的团体或集体的基本权利（fundamental rights）；（4）此行为与危害人类罪或者国际刑事法院所管辖的其他犯罪结合发生。〔17〕

迫害罪所要求的主观要件（心理要素）是对被迫害的平民人口的歧视性意图，而危害人类罪的其/他行为则不要求具备这种歧视性意图。〔18〕 因此，在危害人类罪内部，迫害罪的主观要件比其他形式的危害人类罪更为严苛。迫害罪的形式是开放的。在《罗马规约》中，迫害罪不可孤立成罪，必须与危害人类罪中其他不人道的行为或者任何一种国际刑事法院管辖内的犯罪结合发生。危害人类罪有一定的集合属性，针对文化遗产的破坏和劫掠行为应该是针对平民袭击的一部分。同时，攻击并不是个体的行为，而应该是广泛而普遍的行为中的一部分。

2. 危害人类罪与破坏文化遗产

与破坏文化遗产相关的国际审判肇始于纽伦堡军事法庭的“阿尔弗雷德·罗森堡案”（Alfred Rosenberg case）。危害人类罪的定义并没有直接包含对文化遗产的攻击行为。从定义中看，危害人类罪是针对平民的犯罪行

---

〔16〕 ILC, “Report on the Work of the Seventy－First Session”（2019）, UN. Doc. A/74/10, Chapter Ⅳ, p. 11.

〔17〕 刘大群：《论危害人类罪》，载《武大国际法评论》2006 年第 1 期，第 28 页。See Serge Brammertz, Kevin C. Hughes, Alison Kipp and William B. Tomljanovich, “Attacks against Cultural Heritage as a Weapon of War：Prosecutions at the ICTY”, 14 *Journal of International Criminal Justice*（2016）, pp. 1160－1161. 该文中的迫害罪的要素与刘大群法官梳理的要素类似，但是因为前南刑庭在法律规定和司法实践方面和国际刑事法院不同，所以作者加入了“迫害的行为被列入《规约》第 5 条中，（如果没有列入，该行为）与第 5 条的行为有相同的严重性”以及“行为不必与其他行为结合发生”的要素。

〔18〕 同前注 17，刘大群文，第 12 页。

为,并不涉及财产。在“阿尔弗雷德·罗森堡案”中,行为人破坏文化遗产的行为有可能构成战争罪,也有可能构成危害人类罪。但在判决中,法庭并未对苏联代表提出的对于构成危害人类罪的可能性进行充分的考虑与论述。1991年国际法委员会的报告指出,危害人类罪中所指之迫害行为包括对于特定团体的物质性和非物质文化遗产的迫害。[19]

前南刑庭的审判思路受到罗森堡案和国际法委员会的影响,并在罪名的含义和内容、司法判例的方面,对危害人类罪的发展做出重要贡献。法庭的判决明确了习惯国际法项下的迫害罪所具备的特征。破坏文化遗产的行为可以构成战争罪。而对文化遗产的歧视性地破坏或广泛性地破坏,如果符合基于国际法所不容的原因的构成要件,则可构成危害人类罪。[20]

从审判的历史来看,前南刑庭第一个重要的案例是 Blaškić 案。Blaškić 被控犯有战争罪和危害人类罪,最终以危害人类罪被定罪。审判庭认为,破坏文化遗产的行为也可以构成危害人类罪。迫害罪可以有多种形式,包括破坏遗产的行为,比如出于歧视性意图破坏具有象征意义的建筑物。在规范的层面,上诉分庭认为破坏文化遗产的行为,根据破坏行为的性质和程度,可能和其他迫害行为有相同的严重性。Blaškić 中的论证思路被 Kordić & čerkez 案所继承并发展。该案中,审判庭认为行为人出于歧视性意图破坏文化遗产,相当于攻击特定人群的身份,这几乎是对危害人类罪的确认。“因为全人类都确实因一种独特的文化及其伴随的文物的破坏而受到伤害。”[21] 上诉庭则认为,破坏文化遗产的行为也必须同第5条其他行为有相同的严重性。迫害罪的行为必须构成对于习惯法或条约法所规定的基本权利的否认。[22] 此后的 Stakic 案等都借鉴了 Kordić & čerkez 案中所确定的思路和方法。

具体到危害人类罪的构成要件,对平民人口的广泛或系统的攻击是危

---

〔19〕 ILC, Yearbook of the International Law Commission, 1991, UN Doc. No. A/CN. 4/SER. A/1991, p. 294.

〔20〕 *Prosecutor v. Kordić and čerkez*, Trial Chamber, Judgment, [2001] ICTY, pp. 58 - 59, para. 207.

〔21〕 Ibid., paras. 206-207.

〔22〕 *Prosecutor v. Kordić and čerkez*, Appeals Chamber, Judgment, [2004] ICTY, p. 179, para. 671.

害人类罪的背景性因素。如何将破坏文化遗产的行为与攻击平民人口相联系？前南刑庭采取的思路是强调文化遗产与特定团体或集体，甚至全人类的精神联系。在局部的层面上，破坏文化遗产会对特定人群产生严重的负面效果，对其造成心理上的严重创伤。在 Prlić 案中，审判分庭认为，老桥具有“巨大的文化、历史和象征上的价值”，〔23〕对莫斯塔尔的人口有非常重要的精神方面的影响。〔24〕在全球层面上，文化遗产可能对整个人类有影响，因为所有人都因为文化物品的毁损而受到伤害。〔25〕“广泛或系统的攻击”往往与国家或组织的政策相关。前南刑庭的检察官采取的方式之一是将针对文化遗产的犯罪行为纳入在文化破坏运动中犯下的广泛的罪行之中。〔26〕前南斯拉夫境内的文化破坏运动是一场有组织、成体系、被执行的犯罪活动（criminal campaign）。在一些情形中，针对文化遗产的犯罪行为是有组织、有计划的犯罪活动的一部分，而此种犯罪活动遵循相类似的模式（pattern）。这种犯罪活动及其模式有以下几个特征：一是清洗特定领土内的特定族裔的人口，具体行为包含谋杀、监禁、强奸、虐待、强制迁徙等；二是没收、损毁私人财产，损毁或破坏文化遗产。法庭认为在此种政策指引下的对文化遗产的犯罪行为是迫害性犯罪活动的不可分离的一部分。“对文化建筑的故意破坏活动是大范围的攻击的一部分。”〔27〕另外一种思路是将破坏文化遗产的行为作为广泛而系统的攻击本身。在 Naletilić 和 Martinović 案中，审判庭认为对于平民人口广泛而系统的攻击有多种形式。对于文化遗产的系统的攻击本身就可以构成对于平民人口的攻击。〔28〕在行为人的心理因素方面，危害人类罪的心理是行为人故意做出某行为或放任某种结果的发生。在针对文化遗产方面，心理要素是行为人故意摧毁、破坏遗产，或放任（recklessness）损毁或破坏的可能性的发生。〔29〕

---

〔23〕 *Prosecutor v. Prlić et al.*, Trial Chamber, Judgment, [2013] ICTY, Vol. 3, p. 460, para. 1585.

〔24〕 Ibid., para. 1583.

〔25〕 *Supra* note 20, p. 93, para. 328.

〔26〕 *Supra* note 17, Serge Brammertz *et al.*, p. 1164.

〔27〕 *Prosecutor v. Brđanin*, Trail Chamber, Judgment, [2004] ICTY, p. 53, para. 118.

〔28〕 See Sebastian A. Green Martinez, “Destruction of Cultural Heritage in Northern Mali”, 13 *Journal of International Criminal Justice* (2015), p. 238.

〔29〕 *Prosecutor v. Šainović et al.*, Trail Chamber, Judgment, [2009] ICTY, Vol. 1, pp. 80-81, para. 206.

除了要满足危害人类罪的一般性要素,破坏文化遗产的行为还要满足迫害罪的要素。在迫害罪的行为要件(*actus reus*)方面,前南刑庭认为损毁或破坏文化遗产的行为是迫害罪的方式之一。在 Blaškić 案中,审判庭就破坏文化遗产是否可以构成危害人类罪作出了解释。在"迫害"的行为方面,审判庭认为迫害不仅包括在人身、精神上的伤害和对个人自由的侵犯,同时也表现为针对财产的行为,包括对特定共同体的代表性建筑物或者纪念物的破坏,只要受害者是因为其身份隶属于特定共同体,而被特别挑选的。〔30〕因此,对特定团体或集体有重要的精神意义的文化遗产的破坏,也可以是迫害行为。但是,并非任何破坏文化遗产的行为都可构成危害人类罪。在严重性方面,Blaškić 案的上诉庭认为"根据破坏的性质和程度,对财产的破坏可能构成与规约第5条所列其他罪行同等严重的危害人类罪"。〔31〕 而严重性的判断方法与文化遗产和特定人群的精神联系和经济联系相关。在经济的实用性方面,被毁灭的财产(property destroyed)可能是特定人群的不可或缺赖以生存的收入来源。〔32〕 如果财产没有毁灭,那么对财产的破坏程度(damage to property)则要满足被大规模破坏的要求。〔33〕

在迫害罪所需要的歧视性意图方面,对于文化遗产的破坏行为应体现行为人选择特定团体或集体是出于与国际法所不容的原因,即将攻击文化遗产的行为作为攻击特定团体的武器。这种观点在 Brđanin 案〔34〕和 Stakić 案〔35〕中得到了确证。

破坏文化遗产的行为可否构成对《罗马规约》第7条第2款第7项基本权利的侵犯?虽然《前南刑庭规约》并没有对迫害的方式做出相应规定,也

---

〔30〕 *Prosecutor v. Blaškić*, Trail Chamber, Judgment, [2000] ICTY, p. 78, para. 233.

〔31〕 *Prosecutor v. Blaškić* Appeals Chamber, Judgment, [2004] ICTY, p. 51, para. 149.

〔32〕 *Prosecutor v. Milutinović et al.*, Trial Chamber, Judgement, [2009] ICTY, p. 81, para. 207, citing *Prosecutor v. Naletilić & Martinović*, Trial Chamber, Judgement, [2003] ICTY, p. 236, para. 699. See also *Prosecutor v. Kupreškić et al.*, Trial Chamber, Judgement, [2000] ICTY, pp. 253 - 254, para. 631.

〔33〕 Ibid., *Prosecutor v. Milutinović et al.*, *citing Prosecutor v. Kordić & čerkez*, Appeals Chamber, Judgment, [2004] ICTY, p. 33, para. 108.

〔34〕 *Supra* note 27, p. 76, para. 227.

〔35〕 See *Prosecutor v. Stakić*, Trial Chamber, Judgment, [2003] ICTY, p. 223, paras. 811 and 813.

没有提及“基本权利”这一术语,但是前南刑庭在判例中主张,文化遗产与身份和基本权利相关。危害人类罪中的迫害罪的“行为目的在于,并且(该行为的)结果造成了对于个人基本权利的侵犯。”[36]破坏文化遗产的行为是对习惯国际法或条约法所规定的基本权利的否认或侵犯。[37] 而在 Prlic 案中,这一观点得到了重申,法庭认为对于老桥的破坏,同谋杀和监禁特定人口的行为一样,迫害了当地的相关人口。“所有针对在莫斯特尔(Mostar)当地人口的罪行,都构成对于人口的事实上的歧视。实施这种犯罪行为,行为人侵犯了特定人口的基本权利,如生命、自由和尊严。”[38]什么样的行为构成对基本权利的侵犯?如果被破坏的文化遗产对于被攻击的平民人口具有特殊的文化价值,那么文化遗产可能与特定团体或集体的基本权利相关。[39]

在 Krajǐsnik 案中,审判庭对构成迫害罪的破坏文化遗产的行为做出了定义。它的行为要件是行为人对文化财产的破坏或损害。它的心理因素是行为人意图破坏或损害该财产,或不计后果地无视造成财产破坏或损害的实质性可能性。[40] 从前南刑庭较为后期的司法实践来看,对于破坏文化遗产的行为是否可以构成危害人类罪的问题,法庭已经不再做性质上的讨论,而是为司法实践中如何判断破坏文化遗产的行为构成该罪提供指导。[41] 在Župljanin 案中,审判分庭在参考 Blaškić 和 Milutinović 案的基础上,提出在满足危害人类罪的一般性要素之外,迫害罪要满足的另外三个要素:(1)对于文化财产的损毁或破坏是大规模的;(2)对于文化财产的损毁或破

---

〔36〕 *Prosecutor v. Tadić*, Trial Chamber, Judgment, [1997] ICTY, p. 260, para. 697 and pp. 267-268, para. 710.

〔37〕 *Supra* note 22, pp. 31-32, para. 103. See also *Prosecutor v. Kuprěskić et al.*, Trail Chamber, Judgement, [2000] ICTY, p. 298, para. 751 and p. 303, para. 771. 迫害罪是对习惯法和条约法所规定的基本权利的否认。

〔38〕 *Supra* note 23, Vol. 3, p. 494, paras. 1711-1712.

〔39〕 See Jadranka Petrovic, *The Old Bridge of Mostar and Increasing Respect for Cultural Property in Armed Conflict* (Brill, 2013), p. 268.

〔40〕 *Prosecutor v. Krajǐsnik*, Trail Chamber, Judgment, [2006] ICTY, p. 283, paras. 782-783.

〔41〕 *Supra* note 29, p. 80, para. 206. 在 *Šainović* 案中,法庭对于将破坏文化财产的行为构成迫害罪的客观和主观要件做出了说明。行为要件有以下几点:文化财产被损毁或严重破坏,文化财产不得被用作军事目标,损毁或破坏是直接针对财产的攻击的结果。心理因素是行为人,或中间行为人,或被告,故意摧毁或破坏财产,或放任损毁或破坏的可能性的发生。

坏行为不能因为军事必要而排除非法性;(3)行为人故意摧毁或破坏文化财产,或者放任此种可能性的发生。[42] 因此,前南刑庭从客观要件(破坏的程度)、行为人的主观要件和军事必要三个要素来判断行为的性质。

3. 在危害人类罪中增加破坏文化遗产的行为

破坏文化遗产的行为可能既符合战争罪,也符合危害人类罪。两种罪名有时是法条竞合的关系。前南刑庭和国际刑事法院都有相关案例。武装冲突中,符合战争罪的行为如果是在针对平民人口的系统或广泛的攻击的背景下发生,则有可能构成危害人类罪。[43] 相较于战争罪,危害人类罪的优势是不以武装冲突为前提。不管武装冲突是否存在,危害人类罪的条文都能得到适用。既然不以武装冲突为法律条件,那么武装冲突的性质也不需要考虑,危害人类罪的行为的发生和武装冲突之间也不需要有关联性(nexus)。危害人类罪可以在和平时期发挥作用。在当今恐怖分子和非国家行为体对文化遗产的攻击越发常见,武装冲突和对平民人口的歧视性攻击界限不明的情况下,危害人类罪很可能发挥更大的作用。[44]

前南刑庭的司法实践使得危害人类罪成为了处理针对文化遗产犯罪的一个较为合适的路径。为了避免旷日持久的协商与讨论,当前的《危害人类罪草案》延续了《罗马规约》达成的"罗马共识"。[45] 《危害人类罪草案》第2条中对于危害人类罪的定义几乎与完全《罗马规约》相同。但是在文化遗产方面,由于《罗马规约》的立法思想来自1907年《海牙公约》,存在一些内在缺陷。[46] 因此,有学者主张国际法委员会应当履行自身"编纂和发展国际法"的义务,综合《罗马规约》签订以来有关文化遗产的法律规范、软法和司法实践,在《危害人类罪草案》中明确将破坏文化遗产作为危害人类罪的

---

[42] *Prosecutor v. Župljanin*, Trial Chamber, Judgment, [2013] ICTY, p. 25, para. 88.

[43] *The Prosecutor v. Germain Katanga*, *Pre-Trial Chamber*, Decision on the Confirmation of Charges, [2008] ICC, pp. 124-125, paras. 388-391.

[44] See Theodor Meron, "The Protection of Cultural Property in the Event of Armed Conflict within the Case-law of the International Criminal Tribunal for the Former Yugoslavia", 57 *Museum* (2005), p. 56.

[45] See Yaron Gottlieb, "Attacks against Cultural Heritage as a Crime against Humanity", 52 *Case Western Reserve Journal of International Law* (2020), pp. 308-309.

[46] See Yaron Gottlieb, "Criminalizing Destruction of Cultural Property: A Proposal for Defining New Crimes under the Rome Statute of the ICC", 23 *Penn State International Law Review* (2005), pp. 866-867.

一种形式。[47] 具体而言,首先,《危害人类罪草案》中应当有对于"文化遗产"或"文化财产"的明确定义。这种定义应当足够宽泛,以包含现存和未来可能存在的文化遗产的形式。定义的方法不应当是封闭的列举式,而应当是在提炼共性的一般性定义之外,再加上代表性例子。在物质性文化遗产之外,也应当包含非物质性文化遗产。同时,"文化价值"应当作为衡量的文化遗产可否为文化遗产的标准。其次,在危害人类罪的一般性要素之中,扩大对于"针对平民人口的攻击"的解释。对于平民人口的攻击不限于人身攻击,而应该扩大到对平民人口造成严重精神、心理性伤害的行为。在心理因素方面,对于文化遗产的损毁或破坏行为不需要迫害罪所要求的歧视性意图,而是需要行为人明知自身的行为是系统或广泛攻击平民人口的行为的一部分。最后,具体到破坏文化遗产的行为,该罪名应当是结果犯罪,即要求对于文化遗产的实质性损毁或破坏。在心理因素方面,行为人应当有破坏受保护的文化遗产的故意。[48] 在危害人类罪中明确加入破坏文化遗产的条款,是承认文化遗产在身份的构成和文化记忆的传承方面有不可或缺的作用。破坏文化遗产的行为不仅仅是针对物的犯罪,更是一种针对人的犯罪。[49]

三、以"破坏文化遗产罪"规制针对文化遗产的犯罪

鉴于针对文化遗产的罪行屡禁不止,而国际社会对于文化遗产的保护没有突破性的进步,有人提议将针对文化遗产的行为单独成立一项罪名,而不是笼统地规定在战争罪或者危害人类罪中。这一思路的代表是 1954 年《海牙文化财产公约》及其《1999 年第二议定书》。柬埔寨特别法庭的规约也继承了这一立法思想,但尚无相关的司法实践。

(一)1954 年《海牙文化财产公约》

1954 年《海牙文化财产公约》第 28 条规定:"缔约各方承允在其普通刑

〔47〕 *Supra* note 45, p. 310.

〔48〕 Ibid., pp. 320-329.

〔49〕 William A. Schabas, *Genocide in International Law: The Crimes of Crimes* (2nd edn), Cambridge University Press, 2009.

事管辖系统内对违犯或教唆违犯的任何人,不论该人属何国籍,采取一切必要步骤予以追诉或施以刑罚或纪律制裁。”相较于其他的个人刑事责任的条款,第28条是开放性条款。这既尊重了缔约国的主权,又使追究破坏文化遗产的个人承担刑事责任成为可能。但是它的内容又是含混的。第28条既没有规定违反公约的责任的形式(如共谋、教唆等),也没有规定故意或者过失的主观要件。对于违反公约之后产生的刑罚的种类等,也未有提及。

在起草之时,第28条就被认为是“最困难的一条”,并且当时国际刑法尚处于起步阶段。[50] 公约只在能达成共识的大处着笔,具体事项留待缔约国自行解决。开放性的条文也有诸多好处,也是为了争取缔约国的参与的不得已而为之的妥协之举。缔约国可以自由地根据本国的刑事司法的传统对破坏文化遗产的行为定性,并自由地采用制裁。这样可以避免其接受本国公法所不允许的规则。公约只是为缔约国提供一个基本的骨骼框架,而缔约国的国内立法可以为第28条增添血肉。[51]

但是从1954年公约的执行状况来看,起草者期待的理想情形并没有实现。首先,鲜有缔约国在立法中针对武装冲突中破坏文化财产的行为进行刑事立法。其次,违反第28条的行为在缔约国的“普通刑事管辖之内”,不构成国际犯罪,进而无法将其提交国际司法机构(如国际刑事法院)审理。这就导致破坏文化财产的行为可能既无法在国内法中得到制裁,又无法诉诸国际性的管辖。[52]

从保护的范围来看,相较于习惯国际法,1954年《海牙文化财产公约》第28条保护的文化财产范围更窄。前者可以是为了保护所有历史古迹、艺术品等,但根据1954年《海牙文化财产公约》第1条的约定,只有“对每个人民的文化遗产非常重要的动产或不动产”,即对每一缔约国的国家文化遗产非常重要的文化财产,才能被公约所覆盖,而且重要性的判断标准由缔约国来确定。从武装冲突的性质来看,目前尚不清楚第28条规定的义务是否只适用于在国际武装冲突期间。

---

〔50〕 *Supra* note 9, p. 359.

〔51〕 Ibid. , p. 363.

〔52〕 胡秀娟:《武装冲突中的文化财产的国际法保护研究》,武汉大学出版社2014年版,第155页。

(二)《1999 年第二议定书》第四章

《1999 年第二议定书》对《海牙文化财产公约》中的刑事制裁条款有所发展,这些条款集中在其第四章。《1999 年第二议定书》澄清了违反议定书规定的个人的刑事责任,并要求缔约国根据其国内法律确立刑事犯罪。

1954 年《海牙文化财产公约》第 28 条的规定很简单,并没有说明哪些行为构成对公约的违反。《1999 年第二议定书》将违反公约和议定书的行为分类为"严重违反"(serious violations)和"其他违反"(other violations)。缔约国根据违反行为性质的不同,承担两种不同种类的义务。对于"严重违反"的行为,缔约国需要采取具有刑事司法性质的措施;而对于"其他违反"的行为,缔约国可以采用刑事、行政或其他种类的措施,形式更为多样。对于构成"严重违反"的行为,《1999 年第二议定书》第 15 条第 1 款列举了五种情形,具体为:a. 将受重点保护的文化财产作为进攻目标;b. 将受重点保护的文化财产或其周围设施用以支持军事行动;c. 大量地破坏或攫取受《公约》和本议定书保护的文化财产;d. 将受《公约》和本议定书保护的文化财产作为进攻目标;e. 偷盗、掠夺或侵占受《公约》保护的文化财产,以及对它们进行破坏的行为。根据《1999 年第二议定书》第 15 条第 2 款的规定,缔约国有义务根据国内法对本条款所列之各种违约行为加以指控,并通过适当刑罚制止此类行为。而对于刑罚的种类,《1999 年第二议定书》并没有加以规定。

《1999 年第二议定书》第 21 条规定两种行为构成"其他违反":一是进行"对文化财产的违反《公约》或本议定书之规定的任何形式的使用";二是"违反《公约》或本议定书之规定,从被占领土上非法出口、转移文化财产或转让文化财产权"。对于构成"其他违反"的行为,缔约国有义务采取有效的立法、行政或惩罚措施,以制止故意实施的此类行为。相比于缔约国对"严重违反"的行为采取的措施,《1999 年第二议定书》并没有说明缔约国的何种措施是有效措施。而且制裁"其他违反"的措施不一定是刑事的指控与刑罚,手段更为灵活。在适用范围方面,《1999 年第二议定书》第 22 条规定,其既适用于国际性武装冲突,也适用于非国际性武装冲突。

普遍管辖原则是《1999 年第二议定书》对 1954 年《海牙文化财产公约》的发展。1954 年《海牙文化财产公约》第 28 条暗示了"普遍管辖"的存在,而《1999年第二议定书》规定,对于第15条第1款前三种的严重违反规定了"普遍管辖"原则。第28条规定,对于武装冲突的各方来说,"不论该人属何国籍",各方都要采取一切必要步骤予以追诉或施以刑罚或纪律制裁。只要"被推定作案人就在该国领土之上",[53]缔约国就可以对其加以管辖。不论具体的实践,"普遍管辖"的明确提出为堵住"有罪不罚"的缺口提供了理论上的可能性。

在文化遗产的保护的领域,《1999年第二议定书》还第一次采纳了"或引渡或起诉"原则。其第17条规定:"有关缔约国在发现违反第15条a分段至c分段之规定的被推定作案人在其领土上时,如不将其引渡,则应无一例外和不过分拖延地将此案送交主管当局,按照符合国内法或者国际惯例的程序起诉。"在适用国际法的混合型的刑事法庭建立之前,"或引渡或起诉"原则有助于促进对违反《1999年第二议定书》行为的起诉。[54]

1954年《海牙文化财产公约》的个人刑事责任条款是羸弱无力的。针对这个问题,《1999年第二议定书》在内容、管辖和程序方面发展并强化了刑事制裁措施。这使得1954年《海牙文化财产公约》的文本长出了"牙齿"。[55]但也有学者对此表示悲观,因为还没有任何一个国家依据该公约及其议定书中的规定进行起诉,因此这些规定可能不会发挥重要作用。[56]

(三)柬埔寨法院特别法庭的司法实践

在以破坏文化遗产罪为思路规制犯罪行为的司法实践中,柬埔寨特别法庭的司法实践最有代表性。1975年至1979年,红色高棉政权在掌权时期开展了文化破坏行动。鉴于此,《建立审理有关于红色高棉执政期间所犯罪行的柬埔寨法院高等法庭规约》[57](以下简称《柬埔寨特别法庭规约》)规

---

[53] 1954年《海牙文化财产公约》第16条第3款。

[54] *Supra* note 9, p. 378.

[55] 《文化财产与武装冲突——1954年海牙公约〈第二议定书〉》,载红十字委员会网, https://www.icrc.org/zh/document/cultural-property-and-armed-conflict-hague-convention-2. 最后访问日期:2021年6月21日。

[56] *Supra* note 9, p. 357.

[57] Law on the Establishment of Extraordinary Chambers in the Courts of Cambodia for the Prosecution of Crimes Committed During the Period of Democratic Kampuchea,中文:《建立审理有关于红色高棉执政期间所犯罪行的柬埔寨法院高等法庭规约》,2003年6月,由联合国与柬埔寨王国签订协议设立特别法庭。

定,特别法庭对 8 项罪名有管辖权,其中与针对文化遗产的行为相关的罪名有危害人类罪和破坏文化财产罪。

在文化遗产领域,《柬埔寨特别法庭规约》第一次将武装冲突中对文化财产的破坏行为单独规定为一类犯罪。规约第 7 条规定,依据 1954 年《海牙文化财产公约》,特别法庭有权对 1975 年 4 月 17 日至 1979 年 1 月 6 日发生的武装冲突中应就文化财产最应承担责任的嫌疑人进行审判。〔58〕

单独设立破坏文化遗产罪体现了《柬埔寨特别法庭规约》对《前南刑庭规约》和《卢旺达法庭规约》的超越。第一,它是目前唯一直接依据 1954 年《海牙文化财产公约》中的内容而制定的刑事法庭规约。第二,它脱离了战争罪、危害人类罪等罪名,将"破坏文化财产罪"单独作为一类犯罪。第三,在柬埔寨特别法庭中文化遗产罪不需要经过国内法的转化,而是直接成为法律依据。

《柬埔寨特别法庭规约》的规范理念是进步的,但其司法实践与单独设立"破坏文化财产罪"的理念并不同步。法庭尚未依据第 7 条做出相关的审判,未来可能也无法做出相关的审判。《柬埔寨特别法庭规约》第 7 条的依据是 1954 年《海牙文化财产公约》,而后者管辖的是武装冲突中的文化遗产犯罪,因此针对文化遗产的犯罪行为需要和武装冲突有实质性的联系。但是,在红色高棉统治时期,虽然境内 1978 年的东部叛乱可能构成非国际性武装冲突,越南入侵构成国际性武装冲突,但是两者与破坏文化遗产的行为联系不大。红色高棉境内的针对文化遗产的暴行,主要还是该政权在统治时期对于文化遗产的攻击、毁损和贩运等。虽然《柬埔寨特别法庭规约》出于对于文化遗产的重视,将破坏文化遗产罪设为独立的罪名,却百密一疏,忽视了 1954 年《海牙文化财产公约》的不可适用性。这也是已经审结的案件和正在审理中的案件均未依据第 7 条提起诉讼的原因。而未来法庭是否会依据第 7 条提起诉讼,学界多持否定态度。〔59〕

---

〔58〕 "Law on the Establishment of the Extraordinary Chambers", available at <https://www.eccc.gov.kh/sites/default/files/legal-documents/KR_Law_as_amended_27_Oct_2004_Eng.pdf Law> (last visited 21 July 2021).

〔59〕 See Caroline Ehlert, *Prosecuting the Destruction of Cultural Property in International Criminal Law: With a Case Study on the Khmer Rouge's Destruction of Cambodia's Heritage* (Brill, 2014), p. 227.

在处理针对文化遗产的暴行方面,法庭的审判思路延续了纽伦堡审判、"艾希曼案"和前南刑庭的审判思路,即将破坏文化遗产的行为视为危害人类罪。[60]

四、武装冲突中文化遗产保护的困境

(一)以存在武装冲突作为追究责任的前提

在20世纪80年代,巴西奥尼(M. Cherif Bassiouni)就曾提出,以武装冲突的发生为标准区分和平和战争时期的文化遗产保护是不可取的方法。

对有关国际法律文件在战争与和平背景下的适用性加以区分,不利于有效地执行一项共同利益……这种区分的后果是,某些违反的行为被视为国际罪行,而另一些则未能如此。法律上的区别反过来又在执行方面产生重大差异,这在很大程度上反映在这些文书明确或者不明确地规定的管辖权基础上。这些文件在其预期执行方面要么过于有限,要么过于狭窄。[61]

在条约法体系中,目前没有任何国际条约将武装冲突范围以外的类似行为定为刑事犯罪。和平时期适用的主要公约只有两项,即1972年《保护世界文化和自然遗产公约》[62](以下简称1972年《世界遗产公约》)和2001年《水下文化遗产保护公约》。[63] 两公约笼统地提到对违反这些公约的行为实施制裁。1972年《世界遗产公约》的缔约国众多,几乎覆盖了世界上的所有国家。但是它没有规定武装冲突时期对于文化遗产保护的问题。国家有识别、保护文化和自然遗产的义务,但是对于违反该项规定的后果是国家

---

〔60〕 Ibid. ,p. 217,224. 基于对于规约和案件的总结,柬埔寨特别法庭对危害人类罪的犯罪要件的规定如下。一般性要件有:(1)攻击的存在;(2)行为人的行为必须是攻击的一部分;(3)攻击必须针对平民人口;(4)攻击是广泛的或系统的;(5)行为人必须知晓他的行为构成针对平民人口的广泛或系统的击的一部分。迫害罪的要件则是:(1)迫害行为的发生;(2)基于文化等因素的歧视性意图;(3)行为意图造成,也实际造成了对于基本权利的侵害。

〔61〕 M. Cherif Bassiouni, "Reflections on Criminal Jurisdiction in International Protection of Cultural Property",10 *Syracuse Journal of International Law and Commerce*(1983),p. 318.

〔62〕 Convention Concerning the Protection of the World Cultural and Natural Heritage,中文:《保护世界文化和自然遗产公约》,1972年11月23日缔结,1975年12月17日生效。

〔63〕 Convention on the Protection of Underwater Cultural Heritage,中文:《水下文化遗产保护公约》,2001年11月2日缔结,2009年1月2日生效。

境内的世界文化和自然遗产被《世界遗产名录》除名。因此这更像是让遗产承担后果,而非让国家承担后果。因此,现行的国际法体系难以为和平时期的文化遗产保护提供合适的执行机制。在和平时期保护文艺遗产的义务是否成为习惯法也尚有争议。

许多非发生在武装冲突时期的行为无法可依,而行为人逍遥法外。因此,学者主张发展危害人类罪来制裁破坏文化遗产的行为。将破坏文化遗产视为危害人类罪将为文化遗产提供类似于《1999 年第二议定书》中的“直接保护”。这有助于弥补法律的不足之处。〔64〕

(二)非国际性武装冲突的法律规定不完善

条约是各国谈判、拟订和通过的法律文书,并且只对缔约国具有拘束力。条约很少涉及非国际性武装冲突,因为将非国际武装冲突纳入国际法的规则,经常被一些国家视为违反主权原则和不干涉原则。1954 年《海牙文化财产公约》只有部分规则适用于非国际性武装冲突的情形,而该条约《1999 年第二议定书》将所有的规定适用于非国际性武装冲突之中,但是这份议定书的缔约国数量少于 1954 年《海牙文化财产公约》。〔65〕 1949 年《日内瓦公约》的《第二附加议定书》适用于非国际性武装冲突。非国际性武装冲突的不仅规定较少,对于现存的有关非国际性武装冲突的条约,一些国家签订并批准的意愿也不高。在中东和北非,同时签订并批准《海牙文化财产公约》的《1999 年第二议定书》和《罗马规约》的国家并不多。越是有约束力的条约,越是得不到签订。尽管教科文组织等机构数次呼吁相关国家签订此类条约,但是这种无法可依的情况可能还会继续。

(三)非国家行为体不明确的国际法地位与义务

目前的文化遗产的法律体系主要是为了避免第二次世界大战中毁坏文化遗产行为的再度发生而建立的,与当前非国家实体毁坏文化遗产的行为背景并不相同。在第二次世界大战时期,纳粹劫掠各国文化遗产,对于受害

〔64〕 *Supra* note 45, p. 295.

〔65〕 截至 2021 年 1 月 10 日,1954 年《海牙文化财产公约》及其两份议定书的缔约国分别为 133 个、110 个和 83 个。

国来说,这是一种来自外部的威胁。而第二次世界大战后建立的条约体系从来没有预想过国家内部的组织来毁坏自己的文化遗产。[66] 出于主权原则的考虑,国家也倾向于加入有利于自身利益的条约,而对可能干涉本国内政的非国际性武装冲突的国际法的修订持保守的态度。但是非国际性武装冲突已经成为常态,而不是例外。非国家行为体以文化遗产为军事目标进行攻击,或在敌对行动中对文化遗产造成了附带性损害;劫掠、贩卖文化遗产以获得资金;破坏文化遗产以摧毁特定人群的精神与文化象征。以国家为主要约束对象的条约法体系无法充分应对当今存在的对文化遗产的内部威胁,对于非国家行为体的义务和责任的追究规定也比较模糊。[67]

无论是在国际人道法还是国内法中,与非国家行为体有关的规定都较少,非国家行为体行走在合法战斗员和罪犯之间的"灰色"地带。[68] 1954年《海牙文化财产公约》第19条第1款规定:"如果在缔约各方之一的领土内发生非国际性武装冲突,冲突的各方必须适用本公约中关于尊重文化财产的各规定,作为其最低限度。"[69]这一条款并没有使用"国家"(state),而是使用"各方"(party),而非国际性武装冲突中,必然有非国家实体。这表明,该条约束非国家行为体。1954年《海牙文化财产公约》缔约国广泛,能涵盖世界上大部分国家。因此,缔约国及非国家行为体应尊重在自己领土内的以及在其他国家领土内的文化财产。[70]

威廉·沙巴斯(William A. Schabas)认为根据习惯国际法,非国家行为体应承担国际法中尊重和保护人权的义务,但是非国家行为体应满足"类似于国家"(state-like)的条件。[71] 帕蒂·格斯坦布利斯(Patty Gerstenblith)认为,为了减少非国家行为体不受国际法约束的现象,他建议以"准国家行

---

〔66〕 See Kanchana Wangkeo, "Monumental Challenges: The Lawfulness of Destroying Cultural Heritage during Peacetime", 28 *Yale Journal of International Law* (2003), p. 197.

〔67〕 See Whitney Bren, "Terrorists and Antiquities: Lessons from the Destruction of the Bamiyan Buddhas, Current ISIS Aggression, and a Proposed Framework for Cultural Property Crimes", 34 *Cardozo Arts & Entertainment Law Journal* (2016), p. 227.

〔68〕 See M. Cherif Bassiouni, "The New Wars and the Crisis of Compliance with the Law of Armed Conflict by Non-State Actors", 98 *Journal of Criminal Justice & Criminology* (2008), p. 725.

〔69〕 1954年《海牙文化财产公约》第19条。

〔70〕 1954年《海牙文化财产公约》第4条。

〔71〕 See William A. Schabas, "Punishment of Non-State Actors in Non-International Armed Conflict", 23 *Fordham International Law Journal* (2003), p. 916.

为体”（quasi-state actors）来代替“非国家行为体”，用以描述有一定的组织架构并且控制领土的团体。这样既表明当地发生了武装冲突而非国内叛乱，同时又能承认“准国家行为体”并非政府的一部分。即使这些行为体不是国家，或不是批准这些国际公约的政府的一部分，1954年《海牙文化财产公约》仍应被视为对其具有约束力。任何团体，无论其是否为法律上的政府（*de jure* government），都有责任在其控制的领土内履行国际义务。〔72〕

（四）动机转变：从获得军事优势到文化破坏

在曾经的武装冲突中，武装团体或者国家往往出于扩大军事优势的意图而破坏文化遗产。第二次世界大战时，对于军用和民用物品不加区分的轰炸，是对文化遗产的最大威胁。现在，一些非国家行为体不再单单以在武装冲突中获得军事优势而破坏文化遗产。武装冲突开始之时，在人道主义危机发生之前，文化遗产就是被故意针对、毁坏、交易和破坏的对象。〔73〕文化遗产不再仅仅是冲突时期的附带受害者：它现在是一个直接和蓄意的目标。〔74〕破坏文化遗产是对文化的多样性的否认，是对和平的威胁。攻击、毁坏文化遗产和迫害的行为是恐怖分子的全球战略的一项，意在毁灭身份、撕裂社会肌理和传播仇恨，是文化破坏的体现。

破坏文化遗产因而有了不同的动机。破除偶像崇拜（idolatry）往往是极端主义者选取的理由。〔75〕破坏文化遗产成了战争的武器。在物质层面，走私、贩运文化遗产有利于资助恐怖主义。在精神层面，破坏文化遗产的行为触及了社会的构建基础。这就使此类行为与武装冲突的关系大大弱化，需要国际社会以一种新的方式来应对。

---

〔72〕 See Patty Gerstenblith, “The Destruction of Cultural Heritage: A Crime Against Property or a Crime Against People?”, 15 *John Marshall Review of International Property Law*(2016), pp. 363-364.

〔73〕 Irina Bokova, “Fighting Cultural Cleansing: Harnessing the Law to Preserve Cultural Heritage”, 36 *Harvard International Review* (2015), p. 40.

〔74〕 Irina Bokova, “UNESCO's Role in Emergency Situations: What Difference Can Soft Power Make in Time of Crisis?”, 70 *Journal of International Affairs*(2017), p. 61.

〔75〕 *Supra* note 67, p. 192.

五、破局的尝试:保护文化遗产的进路

(一)惩罚与威慑:发展多种形式的刑事审判

如何运用国际法审判针对文化遗产的罪行?审判机构的选择是法律执行的一个重点。对武装冲突中针对文化遗产的罪行的审判,一般有以下几种形式:国内法庭、国际刑事法院、联合国安理会依据决议设立的特设刑事法庭和混合国际法庭。

国内法庭的审判会是一种选择。由国家自行审判境内发生的针对文化遗产的犯罪是尊重其主权的做法。而且经验显示,只有很少一部分的案件会被其他国家或者国际社会处理。[76] 马里过渡政府认为自身无力处理此类案件,才将“迈赫迪案”交由国际刑事法院审理。一些国家的国内法中也包含针对文化遗产的刑事立法。[77] 然而,国内法庭审判的难点在于缺乏和平的国内环境。在武装冲突结束后,国内法庭可以对相关案件进行审判。即便如此,审判也很有可能是胜利者的游戏,落败一方的针对文化遗产的犯罪很有可能不被处理。[78]

特设法庭依据安理会的决议而设立,以前南刑庭和卢旺达刑事法庭为代表,是安理会的下属机构。为了处理叙利亚的局势,联合国调查委员会曾建议安理会仿照前南刑庭,在叙利亚建立一个特设的刑事法庭。国际社会也曾设立过国际社会和国家合作的混合法庭,比如东帝汶、黎巴嫩、柬埔寨的混合法庭。混合法庭的好处在于能使犯罪发生地国和受害国参与审判之中,且方便调查取证。无论是特设法庭还是混合法庭,都要得到安理会的政治支持和犯罪发生地的国家的配合。在实施层面,法庭的设立还需要克服

---

〔76〕 *Supra* note 45, p. 855.

〔77〕 例如,根据1954年《海牙文化财产公约》第28条,作为缔约国的叙利亚和伊拉克有义务将文化遗产犯罪的行为人绳之以法,而叙利亚和伊拉克国内也有针对文化遗产的立法。叙利亚的《古物法》的保护范围包括可移动和不可移动的超过200年历史的遗迹。《古物法》中就文化遗产的攻击、毁损、盗掘、贩运,以及对其性质的改变都有规定。伊拉克也有相关的关于文化遗产的立法。

〔78〕 See Emma Cunliffe, Nibal Muhesen and Marina Lostal, “The Destruction of Cultural Property in the Syrian Conflict: Legal Implications and Obligations”, 23 *International Journal of Cultural Property* (2016), p. 17.

资金的筹措、法官的选任和法院规约的制定方面的问题。[79]

在审理针对文化遗产的犯罪方面,国际刑事法院具有一定的优势。由于不依附于国家或国际组织,国际法院能够独立地就案件进行调查与起诉,具有中立性。而且国际刑事法院对于相关犯罪较为重视,"迈赫迪案"的独立成罪和正在审理中的埃尔哈桑案(Al Hassan)[80]就是证明。但是国际刑事法院的司法实践可能会是非常有限的。第一,国际刑事法院在预算、人手方面精力有限。国际刑事法院集案件的调查、起诉、审判和上诉职能为一体,每年能够审理的案件数量不多,单个案件耗时也较长。并且,国际刑事法院没有执法人员,对于嫌疑人的抓捕需要依赖嫌疑人国籍国的配合。第二,案件的启动离不开国家或安理会的协助。"迈赫迪案"是成功的例子,整个审判过程并没有遭遇太大的波折。[81] 而这种理想型的审判情况可能不会在其他情势中出现。因此,只有最为严重的针对文化遗产的犯罪且得到国际社会支持的案件才能被国际刑事法院审判。

刑事审判是对文化遗产犯罪的惩罚与威慑。在理论上,国际社会可以选择多种的形式对于此类行为加以审判。而在落实的过程中,难免会遇到其他因素的掣肘。未来,在尊重国家主权、惩治犯罪的需要和审判的能力的平衡之下,文化遗产犯罪的审判机构的形式可能是多样的。理想的情形可能是国内为主,国际为辅。国家根据1954年《海牙文化财产公约》、国际人道法、习惯国际法等修订本国法律,以追究此类行为的责任。在本国能力不足,或者无法审判的情形下,国际社会帮助设立混合法庭或者特设国际刑事

---

〔79〕 赵琪:《文化财产的刑法保护:国际和国内的视角》,社会科学文献出版社2013年版,第67~68页。

〔80〕 See "Al Hassan Case", available at <https://www.icc-cpi.int/mali/al-hassan#> (last visited 2 August 2021). 本案正在审理中。Al Hassan 被控在廷巴克图犯下战争罪和危害人类罪,危害人类罪的指控中包含对文化遗产的攻击。

〔81〕 "迈赫迪案"的顺利审理离不开诸多因素的配合。马里是《罗马规约》的缔约国,过渡政府认为自身没有能力审判迈赫迪,所以于2012年7月8日将该案移交给了国际刑事法院。国际刑事法院可以实施补充性管辖。马里过渡政府的此番行动也得到了联合国的支持,在联合国安理会第2100号决议中,安理会重申要追究毁坏历史和文化遗产的行为人的责任,并且注意到国际刑事法院对于"迈赫迪案"的调查。在国际刑事法院审判本案的过程中,迈赫迪相当配合,承认其在2012年6月30日至2012年7月11日破坏廷巴克图的文化遗产的行为构成战争罪(guilt plea),他并未对罪名认定和量刑提出上诉。案件的审理时间不长,从2016年8月22日开始,在24日结束,只持续了3天,是国际刑事法院目前为止耗时最短的案件。因此,此案的审理是相当平顺的。

法庭,或将案件交由国际刑事法院审理。

(二)沟通与合作:加强与非国家行为体的合作

在实践层面,非国家行为体通常出于两种原因疏于对文化遗产的保护。第一,非国家行为体不愿实施相关的国际法。保护非国际性武装冲突中的文化遗产的公约是由政府方签订的,因此非国家行为体自认为公约对其没有约束力。[82] 更有甚者借助对于文化遗产的破坏挑衅国际社会。这需要国际社会对其进行制裁。第二,非国家行为体缺少实施国际法规则的能力。非国家行为体可能对于文化遗产保护的相关国际法规则并不熟悉,也未与相关的国际组织接触或者合作,进而导致对文化遗产的保护不足。[83] 针对这种非国家行为体,需要的是国际社会与其合作,提升保护文化遗产的意识,增强保护的能力。[84] 国际社会与非国家行为体的沟通可以是多层次的。联合国教科文组织是协调各国行动的中心。一般而言,教科文组织在每一地都会选择和当地的机构合作,因为当地组织对本土文化遗产的情况最为熟悉。非政府间国际组织也可以发挥作用。"日内瓦呼吁"(Geneva Call)是一个致力于在非国际性武装冲突中与非国家行为体进行合作的非政府间国际组织,为后者与武装冲突地区的人民提供了人道主义援助。该组织的做法之一是与非国家行为体签订承诺契约(Deeds of Commitment),为其普及人道法的法律知识,并提供守法技能培训。[85] 非国家行为体在维护和平、秩序的重建方面有重要作用。以往与非国家行为体的合作往往都是国家主导的短期合作。[86] 国际社会对非国家行为体的正视与合作有利于发挥其在多个方面的作用。而合作的主体是多元的,可以是政府间、非政府间国际组织,也可以是国家。

---

〔82〕 同前注52,胡秀娟书,第115页。

〔83〕 See Marina Lostal, Kristin Hausler and Pascal Bongard, "Armed Non-State Actors and Cultural Heritage in Armed Conflict", 24 *International Journal of Cultural Property*(2017), p. 426.

〔84〕 Ibid., p. 427.

〔85〕 "Operations updates on Geneva call activities in Syria", available at <https://www.genevacall.org/operations-updates-on-geneva-calls-activities-in-syria/#_ftn6>(last visited at 21July 2021).

〔86〕 See Lise Philipsen, "Armed Non-state Actors need to be included in Pragmatic Peace-building", available at <Armed_non_state_actors_need_to_be_included_in_pragmatic_peacebuilding.pdf (diis.dk)>(last visited 29 July 2021).

（三）重新认识文化遗产：主权国家的利益和公共利益的平衡

在文化遗产法中,民族主义(nationalism)和国际主义一直是制定政策的两种方向。文化遗产上的民族主义是塑造文化遗产法的主要力量。主权国家的利益体现在1907年《海牙第四公约》中。1970年《关于禁止和防止非法进出口和转让文化财产的方法的公约》〔87〕是民族主义政策的代表。文化遗产的民族主义主要有两个后果,一是将文化遗产作为一国的内部事务加以管辖,他国需要尊重母国的主权原则,奉行不干涉原则;二是使国家对文化遗产的出口管制和返还的要求合法化。简言之,文化遗产因所在国的主权利益而获得值得保护的价值。〔88〕 但是此种民族主义的观点可能会使文化遗产的保护竖起国境线的高墙。另外,文化遗产的边界未必会与国界一致,以主权为保护的界限在实践中可能并不合理。

相反,文化遗产中所蕴含的精神性的公共利益(public interest)是无国界的。〔89〕 因此,无法将所有涉及文化遗产的事务纯然当作一国内部事务处理。这一点也体现在司法裁判之中。一方面,将破坏文化遗产的行为作为战争罪审判,依据的还是传统路径,即将文化遗产作为排他性国家利益的事项。这是对国际法领域内的现存法律与实践的结晶化(crystallize),而非并发展的(evolutionary)的做法。〔90〕 另一方面,前南刑庭涉足破坏文化遗产的审判本身就表明,在联合国安理会的带领下,国际社会意识到文化遗产不仅是国家的财产,而且是具有公共利益的世界性财产。〔91〕 文化遗产法、国际刑法和人道法等不同的保护文化遗产的法律方法的发展,背后体现的是国际社会对于文化遗产的持续关注,以确保每个团体都能对人类文化遗产做

〔87〕 UNESCO Convention on the Means of Prohibiting and Preventing the Illicit Import, Export and Transfer of Ownership of Cultural Property,中文:《关于禁止和防止非法进出口文化财产和非法转让其所有权的方法的公约》,1970年11月7日缔结,1972年4月24日生效。

〔88〕 See Federico Lenzerini, "The Role of International and Mixed Criminal Courts in the Enforcement of International Norms Concerning the Protection of Cultural Heritage", in Francesco Francioni and James Gordley(eds.), *Enforcing International Cultural Heritage Law* (Oxford University Press, 2013), p. 55.

〔89〕 See John Henry Merryman, "The Public Interest in Cultural Property", 77 *California Law Review*(1989), p. 363.

〔90〕 *Supra* note 88, p. 56.

〔91〕 *Supra* note 22, p. 28, para. 91.

出有效贡献。[92] 这种驱动力不是以民族国家的主权为基础,而是来自对个人、团体和国际社会的关切。从主权国家利益到公共利益的转向,需要国际社会打破国境的边界,以一种新的思维方式来处理和应对有关文化遗产的问题。

(四)文化遗产中人的维度

如何改进文化遗产的法律,以应对层出不穷的针对文化遗产的犯罪?除了平衡主权国家的利益和国际社会的公共利益之外,还有价值转变的需求。文化遗产因为其自身的精神性要素而非财产性要素而重要。针对文化遗产的犯罪,不仅仅是针对财产的犯罪,更是一种针对人的犯罪。

在文化遗产法的领域,长期以来有这样一个观点:对于文化遗产的保护是对于物的保护。从文化遗产法律发展的历史源流来看,的确如此。文化遗产受到两种保护,一是作为民用物品,二是作为有特殊意义的物品。在1954年《海牙文化财产公约》颁布之前,文化遗产多被认为是需要保护的民用物品。1907年《海牙第四公约》如是,1949年《日内瓦第四公约》亦如是。后者并没有单独将文化遗产作为需要受到特别保护的物品单列,可能是认为破坏文化遗产的行为不如其他战争罪的行为严重。[93] 早期人道法规和国际裁判机构的规约在判断文化遗产时,使用的是"平民使用"的方法(civilian-use approach),这就使得文化遗产本身的价值并不突出,没有指明受特殊保护的民用财产在抽象层面价值上的共性。不仅如此,在这类法律渊源中,还出现了非文化遗产和文化遗产(如医院和历史纪念物)并列,共同作为受到特殊保护的财产的情形。[94] 相反,1954年《海牙文化财产公约》及其《1999年第二议定书》、《世界遗产公约》等法律渊源,在判断何为文化遗产时,使用的方法是"以文化价值为导向"(cultural-value oriented approach)的方

〔92〕 See Ana Vrdoljak, "Genocide and Restitution: Ensuring Each Group's Contribution to Humanity", 22 *The European Journal of International Law*(2011), p. 47.

〔93〕 *Supra* note 72, p. 344.

〔94〕 有关战时文化遗产保护的规定可见于《陆战法规和惯例公约及其附件:陆战法规和惯例章程》(1899年《海牙第二公约》)第27条和《陆战法规和惯例公约及其附件:陆战法规和惯例章程》(1907年《海牙第四公约》)第56条。Convention(Ⅱ) with Respect to the Laws and Customs of War on Land and its annex: Regulations concerning the Laws and Customs of War on Land,中文:《陆战法规和惯例公约及其附件:陆战法规和惯例章程》(以下简称《海牙第二公约》),1899年7月22日缔结,1900年9月4日生效。

法。[95] 以文化价值为导向,可以关注到文化遗产在财产属性之外的精神性价值。

除了具有物的价值,文化遗产和人有联结,对于特定人群、团体和共同体(people,groups and communities)的精神方面的意义。[96] 针对文化遗产的犯罪是一种针对人(human)的犯罪,而不仅仅是针对财产(property)的犯罪。[97] 在个人刑事责任的领域,学者呼吁修改危害人类罪,以纳入破坏文化遗产的行为,也反映了重视文化遗产的特殊价值的思潮。虽然同为国际刑事法院有权裁判的罪名,但战争罪被认为是违反了战争法规的行为,无法体现文化遗产在精神性方面的意义。而国际法庭对于危害人类罪的发展,就是承认文化遗产与个人和团体有联结。

在这种转变之上,有人还认为,针对文化遗产的犯罪,不仅是针对个人的犯罪,更是针对整个人类(humanity as a whole)的犯罪。[98] 从财产(property)到人(human)再到整个人类(humanity as a whole),这反映了文化遗产的价值进阶的三个步骤。如何在学术构想的基础上,在实践中将文化遗产和整个人类相关联?将针对文化遗产的犯罪提升至针对整个人类的犯罪的高度,是否有可行性?在个人刑事责任领域,对文化遗产的犯罪是对整个人类的犯罪,是将文化遗产的受害者从特定地区的特定人群扩大到了整个人类的范围。一如国际刑事法院在"迈赫迪案"中所言,针对文化遗产的犯罪行为伤害了三类人,一是当地的民众,二是马里的民众,三是整个世界的民众。[99] 如何将一国和国际社会的民众都作为相关犯罪行为的受害者?有学者批评,以国际社会作为受害者无法在实践中落地,进而难有法律方面的影响。作为对此的回应,国际刑事法院向马里和教科文组织转交了1欧元的象征性罚款,以代表国际社会接受对损廷巴克图

---

〔95〕 See Micaela Frulli, "Offences against Cultural Heritage in Times of Armed Conflict: The Quest for Consistency", 22 *The European Journal of International Law*(2011), p. 203.

〔96〕 *Supra* note 88, pp. 55-56.

〔97〕 *Supra* note 72, p. 389.

〔98〕 See Craig Forrest, "Cultural Heritage As the Common Heritage of Humankind: A Critical Re-evaluation", 40 *The Comparative and International Law Journal of Southern Africa* (2007), p. 125.

〔99〕 See *Prosecutor v. Ahmad Al Faqi Al Mahdi*, Trial Chamber, Judgment, [2016] ICC, p. 38, para. 80.

文化遗产的象征性赔偿。[100]

在丰富文化遗产的罪名的内容之外,另一种思路是基于1972年《世界遗产公约》,将文化遗产作为"人类共同遗产"(common cultural heritage of humankind)加以保护。这也是文化遗产保护的"国际主义"(internationalism)的视角的体现。将文化遗产作为"人类共同遗产"的提议借鉴了海洋法中的国际海底和外层空间法中的外太空制度。国际法律文件中的条款反映了文化遗产对于整个人类的不可或缺性。1954年《海牙文化财产公约》首开先河,在序言中包含了以下声明:"深信对任何人的文化财产的损害意味着对全人类文化遗产的损害。"[101] 此后的教科文组织框架内的公约也沿袭这一说法。1972年《世界遗产公约》也强调了文化遗产需作为全人类世界遗产的一部分加以保护。[102] 2003年《教科文组织关于蓄意破坏文化遗产问题的宣言》在承认文化遗产的重要性之外,还规定"各国应根据国际法采取一切适当的措施,确立有关的司法管辖权,并对那些犯有或下令犯有蓄意破坏对人类具有特别重要意义之文化遗产行为的个人予以有效的刑事制裁"。[103] 这似乎表明任何国家都对严重破坏文化遗产的行为人拥有管辖权,而不论其是否为本国国民。在国际裁判机构就对文化遗产的犯罪做出的裁判中,由于被破坏的文化遗产多被列入《世界遗产名录》,法庭也会据此认为对此种文化遗产的破坏不仅是对当地人民的攻击,也会影响世界人民。前南刑庭和国际刑事法院的裁判表明,对文化遗产的攻击和毁损违反了一般国际法。也有学者认为,这也反映了正在形成中的国际法:对于文化遗产的毁坏或者故意破坏可能构成对于整个人类社会的犯罪行为,尽管此类文化遗产目前仅限于列入《世界遗产名录》的文化遗产。但是此种标准过高,使得大部分对于文化遗产的破坏无法被法庭受理。为了促进法庭对此类案

---

[100] 《马里和教科文组织代表国际社会接受对损毁廷巴克图陵墓的象征性赔偿》,载联合国教科文组织官网,https://zh.unesco.org/news/ma-li-he-jiao-ke-wen-zu-zhi-dai-biao-guo-ji-she-hui-jie-shou-dui-sun-hui-ting-ba-ke-tu-ling-mu. 最后访问日期:2021年7月30日。

[101] 参见1954年《海牙文化财产公约》序言。

[102] 参见《保护世界文化和自然遗产公约》序言:"不论属于哪国人民的这类罕见且无法代替的财产,对全世界人民都很重要……考虑到部分自然和文化遗产很重要,因而需作为全人类世界遗产的一部分加以保护……考虑到任何文化或自然遗产的坏变或丢失都有使全世界遗产枯竭的有害影响。"

[103] 参见《教科文组织关于蓄意破坏文化遗产问题的宣言》第6条。UNESCO Declaration concerning the Intentional Destruction of Cultural Heritage,中文:《教科文组织关于蓄意破坏文化遗产问题的宣言》,2003年10月17日由联合国教科文组织通过。

件的受理，有学者认为，只要毁坏文化遗产的行为意在抹除特定团体的文化，就可以被认为是针对整个人类的犯罪。每种文化都是充满了多样性的世界文化中不可缺少的一部分，但是所有与文化相关的遗产都是“人类共同的遗产”吗？如果以《世界遗产名录》为保护标准，那么似乎这种标准过高；而以所有特定团体的文化为标准，这种标准似乎又过低。

从规范层面看，尽管文化遗产领域的国际公约包含着类似于“人类共同遗产”这一概念，但是这一概念似乎尚未成为法律层面的概念，它更像一个理念上而非法律应用上的概念，国家和国际社会应当履行何种义务并不明确。从实践来看，外交施压比司法追责似乎更为有效。[104] 相较于国际海底制度，将文化遗产作为人类的共同遗产，在法律规定和执行机制方面都不完善。因此，也有学者建议建立以联合国教科文组织为中心的文化保护执行机制。这有助于在实践中强化“人类共同遗产”的概念。[105] 因此，将文化遗产作为“人类共同遗产”，还为时尚早，仍有待发展。

对文化遗产的犯罪是对整个人类的犯罪，是将文化遗产的受害者从特定地区的特定人群扩大到了整个人类的范围。文化遗产背后的价值转向，其实是对于现实的一种回应。在术语上的选择方面，对于“遗产”的使用和对于“财产”的回避，是在潜移默化中淡化文化遗产的财产属性。在观念上，强调文化遗产中的精神性因素，使其区别于一般的民用财产，是为了获得不低于人的生命的价值。这些转向的发生是因为尽管文化遗产重要且稀缺，但国际社会很少能在法律层面上处理针对文化遗产的犯罪行为，理论和实践之间存在一个不合理的落差。人们倾向于关注武装冲突中的受难者，有限的法律资源很难被分配到较为冷门的文化遗产领域。而这种转变观念的倡导，既是为了提高国际社会对针对文化遗产犯罪的关注，也是为了从本质上重新定义破坏文化遗产的行为。

六、结论

本文通过回溯相关实践，归纳了国际刑法领域规制针对文化遗产的犯

---

〔104〕 See Roger O' Keefe, "World Cultural Heritage: Obligations to the International Community as a Whole?", 53 *International and Comparative Quarterly*(2004), pp. 207-208.

〔105〕 *Supra* note 98, p. 151.

罪的两条路径,并指出了这两条路径分别面临的挑战和困境。在以传统核心犯罪惩治破坏文化遗产行为时,战争罪以武装冲突为前提条件无法应对和平时期文化遗产的保护问题;虽然破坏文化遗产的行为对于特定人群的精神性的压迫似乎和危害人类罪更为契合,但是实践中战争罪和危害人类罪的审理有规范和判例的支撑。相较于核心犯罪,以破坏文化遗产罪为代表的第二种路径是对文化遗产的重视的表现。虽然1954年《海牙文化财产公约》及其《1999年第二议定书》有所规定,但是尚未被司法实践所落实。柬埔寨特别法庭虽然在其规约中单独立出破坏文化遗产罪,由于无法满足存在武装冲突的条件,也无法依据规约做出裁判。

司法实践暴露出国际法在文化遗产保护层面的诸多的问题,包括:以武装冲突为追究责任的前提会使得和平时期的犯罪得不到处理;非国际武装冲突的法律规定不完善;非国家实体的法律地位不明确使得法庭在处理相关案件时会面临诸多模糊的地带;破坏文化遗产的动机从获得军事优势到文化破坏的转变也要求国际社会在规范层面的调整。如何应对这些问题?本文从三个角度提出建议:从司法的惩罚和威慑功能出发,国际社会应当审时度势,采取多样化的刑事审判;从合作的角度看,以教科文组织为代表的政府间和非政府间组织,可以采取多种行动,与非国家行为体沟通与合作;从思想观念转变的角度,一要承认文化遗产的域外价值和公共利益,二要将针对文化遗产的犯罪视为针对人的犯罪。至于"人类共同遗产"这一概念能否成为武装冲突中保护文化遗产的进路,仍有待国际法和实践的发展。

Protection of Cultural Heritage in Armed Conflict under International Criminal Law: Practice, Dilemma and the Way Forward

Xiang Mengjie

Abstract: There are two approaches adopted by international criminal law to protecting cultural heritage, namely, one is to criminalize the destruction of cultural heritage under "core crimes", and the second is to establish "crimes against cultural heritage" as an independent crime. In accordance with frequent practice, since war crimes require the existence of an armed conflict as a prerequisite, it cannot cover the destruction of cultural heritage in peacetime. The destruction of cultural heritage can be qualified as persecution. Based on the 1954 Hague Convention, the Cambodian Chamber failed to prosecute as originally planned. What is the way forward to protecting cultural heritage from crimes? This paper puts forward three suggestions. In terms of law enforcement, the international community can choose diversified venues to punish and deter the crimes. From the perspective of cooperation, states and organizations, whether inter-governmental or non-governmental, should communicate and cooperate with non-state actors in order to raise the latter's awareness and capacity of compliance with international criminal law. Public opinions, which may inspire reforms of international law, also plays an essential role. In this regard, two points are crucial. First, cultural heritage is not an exclusively domestic matter, but embodies extraterritorial worth and public interest. Second, crimes against cultural heritage should be treated as a crime against the peoples.

Keywords: International Law; International Criminal Law; Cultural Heritage; Armed Conflict

《出口管制法》域外适用制度的完善

——基于管辖权理论的考察

◇ 马铭骏*

【内容摘要】《出口管制法》对自身的域外适用进行了原则性规定，但由于缺乏更为细化的规则指引，这些原则性规定尚不能明确地指导实践。完善《出口管制法》域外适用制度的关键与难点在于厘清该法域外适用的范围和边界，而考察国际法的管辖权理论与相关域外实践为这一问题提供了新的思路。从管辖权基础的视角看，《出口管制法》管辖的“境内组织”可以包括管理中心地或主要营业地在中国境内的公司，但应排除中国公司所控制或实际控制的外国公司；在管制物项方面，不宜引入“微量允许规则”；同时，对外国主体再出口行为的管辖应以危害中国国家安全和利益，或存在某些严重的国际罪行，或对中国有其他“实质性”或“直接、重大、合理可预见”的影响为条件。

【关键词】《出口管制法》；域外适用；管辖权基础；微量允许规则；再出口

引　言

2020 年 10 月 17 日，全国人民代表大会常务委员会表决通过了《中华人民共和国出口管制法》（以下简称《出口管制法》），该法已于 2020 年 12 月 1 日开始施行。《出口管制法》规定了一系列具有域外效力的条款，它们也构

* 北京大学法学院 2018 级博士研究生。本文是国家社科基金重大项目“国际私法视域下中国法域外适用的制度构建研究”（项目批准号：20 & ZD202）资助的中期成果之一。

成了一套相对完整的域外适用制度。为《出口管制法》赋予域外适用的空间,是中国维护国家安全与核心利益的客观需要,也是确保《出口管制法》发挥预期功能的必然要求。〔1〕然而,该法的域外适用制度主要由原则性、宣示性规定组成,相关条文对一些关键概念并未进行明确界定,同时也缺乏更为具体的实施细则。概念的模糊与细化规则的缺位带来了规则适用的困境,也可能导致执法部门自由裁量权的扩张,进而增加发生国际冲突的可能性。为了更好地保障《出口管制法》立法目的〔2〕的实现,有必要对相关条款进行细化与完善。

所谓出口管制法的域外适用,指的是国家将出口管制法律适用于发生在其境外行为的过程。〔3〕此过程所产生的法律拘束力,即为出口管制法的域外效力。〔4〕在传统国际法理念中,出口管制法作为公法,〔5〕其效力具有严格的属地性。〔6〕但随着国际经贸交往的深入,“公法禁忌”被逐渐打破,外国公法的可适用性得到了承认。〔7〕美国是最早、同时也是最频繁地域外适用其出口管制法的国家。近年来,美国还开始利用其出口管制法的域外

---

〔1〕例如,如果不对进口国最终用户在境外再出口管制物项的行为进行管辖,那么管制物项就可能流入禁运国或被管控名单主体获得,从而无法保障《出口管制法》的实施效果。

〔2〕《出口管制法》第1条规定:“为了维护国家安全和利益,履行防扩散等国际义务,加强和规范出口管制,制定本法。”

〔3〕一般而言,国内法域外适用既包括国内法院实施司法管辖的行为,也包括国内行政机关适用和执行国内法的行为。参见廖诗评:《〈阻断外国法律与措施不当域外适用办法〉的属事适用范围》,载《国际法研究》2021年第2期,第52页。

〔4〕有关“域外适用”“域外效力”“域外管辖”“长臂管辖”等概念的含义,国内学界仍有不同理解。相关讨论可参见:肖永平:《“长臂管辖权”的法理分析与对策研究》,载《中国法学》2019年第6期,第39~40页;廖诗评:《中国法域外适用法律体系:现状、问题与完善》,载《中国法学》2019年第6期,第21~22页;霍政欣:《国内法的域外效力:美国机制、学理解构与中国路径》,载《政法论坛》2020年第2期,第174~175页。考虑到出口管制法的公法属性,本文采取“行为地”标准,即以所管辖行为发生在境内或境外为标准,区分出口管制法的域内效力与域外效力。

〔5〕公法与私法的划分,源自于古罗马时代。而公法与私法的划分标准,代表性的观点主要有三个,即利益说、意思说和主体说。参见梁慧星:《民法总论》,法律出版社1996年版,第27页;程信和:《公法、私法与经济法》,载《中外法学》1997年第1期,第11页。从以上标准看,《出口管制法》在性质上属公法。

〔6〕例如,有观点指出,若一国执行外国的公法,“实际上就意味着协助外国在本国作主权行为,以致损害本国的属地最高权”。[英]劳特派特修订:《奥本海国际法》(上卷,第一分册),王铁崖、陈体强译,商务印书馆1981年版,第246~247页。

〔7〕参见李秀娜:《制衡与对抗:美国法律域外适用的中国应对》,载《国际法研究》2020年第5期,第89~90页。

效力对中国企业实施严格的技术封锁。例如,美国商务部于2020年5月和8月两度对《出口管理条例》的"外国直接产品规则"进行修订,企图有针对性地切断华为技术有限公司及其关联企业获得、运用特定美国技术的一切渠道。在理论界,许多学者都从国际义务的相符性、合宪性与正当性等视角对美国出口管制法的域外效力或域外适用进行过讨论与批判。[8] 美国的相关做法也在实践中遭到了许多国家的反对。

但科技发展为国际交易带来的复杂性也使各国立法者认识到,要想真正发挥单边出口管制措施维护国家安全和核心利益的效用,就必须对某些境外行为实施必要的管辖。从各国的立法实践上看,国际社会已经基本认同出口管制的相关法律具有某种程度的域外效力,尽管对这一效力的范围与边界仍存在较大争议。例如,尽管多数国家签发的出口许可证都包含对于再出口的限制,即位于进口国的最终用户必须获得颁发许可证的管理部门的许可才能再出口管制物项,但美国基于"污染理论"(the theory of contamination)主张对某些外国生产物项再出口交易的管辖却遭到诸多质疑。[9]

因此,明确《出口管制法》域外适用的范围与边界就是下一步细化与完善《出口管制法》域外适用制度的关键所在。国际法上的管辖权理论恰恰反映了国际社会对于一国国内法立法管辖权合理边界的总体态度,依托这一理论,或许可以为《出口管制法》的域外适用寻找到合理、公认的管辖权基础,从而确定相应的域外适用范围。本文试图通过对管辖权理论与相关域

---

[8] 相关讨论可参见:Paul H. Silverstone, "The Export Control Act of 1949: Extraterritorial Enforcement", 107 *University of Pennsylvania Law Review* (1959), pp. 331-362; Tom Harris, "The Extraterritorial Application of U. S. Export Controls: A British Perspective", 19*New York University Journal of International Law and Politics* (1987), pp. 959-972; Isabelle Clement, "American Export Controls and Extraterritoriality", in *LLM Theses and Essays* (1988), available at < https://digitalcommons. law. uga. edu/stu_llm/index. 3. html > (last visited 20 July, 2021); OHARA Yoshio, "Extraterritorial Application of United States Law—The Case of Export Controls", 132 *University of Pennsylvania Law Review* (1984), pp. 355-390; Cedric Ryngaert, "Extraterritorial Export Controls (Secondary Boycotts)", 7 *Chinese Journal of International Law* (2008), pp. 625-658; Susan Emmenegger, "Extraterritorial economic sanctions and their foundation in international law", 33 *Arizona Journal International & Comparative Law* (2016), pp. 631-660;王宇辰:《美国〈出口管制条例〉域外适用新动向》,载《对外经贸》2019年第9期,第14~20页。

[9] See Dai Tamada, Philippe Achilleas, *Theory and Practice of Export Control: Balancing International Security and International Economic Relations* (Springer Singapore, 2017), p. 13.

外实践的检视，探寻《出口管制法》域外适用的应然限度与合理边界，并结合相关启示，探讨《出口管制法》域外适用制度的理想样貌与完善思路。

一、《出口管制法》域外适用制度的现状

（一）《出口管制法》域外适用制度的规则要素

立法者为了赋予国内法域外适用的空间，往往会在相关法律条款中规定某些具有域外效力的规则要素。新出台的《出口管制法》同样具备在国际立法实践中比较常见的各类规则要素。确立《出口管制法》域外效力的规则要素主要包括管辖境外主体、管辖再出口行为以及最终用户和最终用途制度。

首先，《出口管制法》第44条规定该法效力及于中华人民共和国境外的组织和个人。这一条文的设置，从受管辖主体的角度扩大了《出口管制法》的管辖范围，使得执法机关能够依据该法对境外主体在境外实施的违法行为进行管控与追责。从出口交易的结构上看，受到《出口管制法》管辖的境外组织和个人可能是进口商、最终用户，同时也可能是在境外进行管制物项交易的外国出口商。

其次，《出口管制法》管辖再出口行为。《出口管制法》在附则部分将物项的过境、转运、通运和再出口等行为纳入了管辖，[10]但未对“再出口”的含义进行说明。一般而言，所谓的再出口是指将管制物项从出口国转移到进口国后，进口国又再次将其转移到第三国的行为。[11] 但在某些立法例中，“再出口”（re-export）一词也有其他含义。[12] 2017年商务部发布的《出口管制法（草案征求意见稿）》将再出口定义为将管制物项或某些外国产品从

---

〔10〕 参见《出口管制法》第45条。

〔11〕 例如，根据美国《2018年出口管制改革法案》的规定，“再出口”包括：（1）将管制物项从一外国装运或传送到另一外国，包括以任何方式将该物项从该外国发送或携带到另一外国；（2）向美国境外的外国人发布或转让与该物项有关的技术或源代码。See H. R. 5040, Sec. 2(8).

〔12〕 例如，在欧盟两用物项的出口管制法律体系下，“再出口”是指将非欧盟国家的产品从欧盟境内出口至欧盟境外的行为。See Regulation (EU) 2021/821 of the European Parliament and of the Council of 20 May 2021, Art. 2.2.

境外出口到其他国家与地区的行为,[13]但之后的审议稿删去了这一定义。尽管缺乏明确的定义,但根据立法过程与立法目的,《出口管制法》所管辖的再出口行为应当至少包括进口商或其他交易方将管制物项从进口国转移到第三国的行为。

最后,《出口管制法》中的最终用户和最终用途制度也为其域外适用提供了基础。根据这一制度,管制物项的最终用户应当承诺不擅自改变该物项的最终用途或向第三方进行转让,而出口经营者与进口商也有义务在发现最终用户或最终用途有可能改变时向相关部门报告。这就意味着,最终用户无论是将管制物项在其所在国家境内进行转让,还是将该物项进行跨境转移,只要有可能导致最终用户和最终用途改变的,都会受到《出口管制法》的约束。此外,该法创立的管控名单制度还对违反最终用户和最终用途管理要求的主体采取了一种额外的制裁手段。违反相关要求被列入管控名单的进口商与最终用户[14]将被采取禁止、限制有关管制物项的交易、责令中止出口等措施;同时,出口经营者也被禁止与管控名单中的主体进行交易。[15]

(二)《出口管制法》域外适用的具体情境

在出口管制法域外适用的实践中,上述几种规则要素往往会共同发挥作用。以属地性为视角,可以依据行为发生地来划分国内法的域内效力与域外效力。[16] 据此,可以将《出口管制法》域外适用的具体情境分为管辖中国主体的境外行为与管辖外国主体的境外行为两类。

第一,管辖中国主体的境外行为。首先,《出口管制法》管辖中国主体在境外的“视同出口”(deemed export)行为。所谓“视同出口”是指虽然相关

〔13〕 参见《出口管制法(草案征求意见稿)》第64条。

〔14〕 值得注意的是,最终用户和最终用途制度的义务主体包括进口商、最终用户和出口经营者,但只有进口商与最终用户可能因违反相关规定被列入管控名单。在这一点上,管控名单与美国出口管制法下的“实体清单”(entity list)存在差异。后者规定只要有合理的理由相信相关主体所涉行为存在严重违反美国国家安全与外交利益等情形,就可以将其列入实体清单,而不论其在交易中的身份。See Export Administration Regulation, 15 C. F. R. 744. 11.

〔15〕 除“违反最终用户和最终用途管理要求”外,有可能被列入管控名单的理由还包括“可能危害国家安全和利益”以及“将管制物项用于恐怖主义目的”。参见《出口管制法》第18条。

〔16〕 同前注4,霍政欣文,第174页。

物项并未离开一国境内,但已经实际“提供”给了外国组织和个人,也视为该物项已出口。根据《出口管制法》,中国相关主体向外国组织和个人提供管制物项的行为,也受到该法管辖。〔17〕 而当这一行为发生在境外时,〔18〕就会产生《出口管制法》域外适用的情况。比如,中国公民在境外访问时,把某些属于管制物项的技术资料向外国公民进行公开的行为,就会受到《出口管制法》的管辖。其次,《出口管制法》也会管辖中国出口经营者在境外与管控名单主体以提供技术、服务或数据等方式进行的交易。这种情况的特殊性在于,即使出口经营者曾经获得过向管控名单主体出口某些物项的许可,但只要出口管理部门后续对这些主体采取了禁止交易等措施,该出口经营者仍然不得在相关禁止措施的范围内与其进行交易。〔19〕 最后,中国主体在境外将管制物项转移到另一外国的再出口行为同样受到该法的管辖。

第二,管辖外国主体的境外行为。首先,《出口管制法》管辖外国主体的再出口行为,这也是《出口管制法》域外适用中最为典型的情形。管辖再出口行为的主要目的在于防止交易方通过某些交易结构的设计规避法律管辖(如通过中转国间接出口到禁运国),从而真正发挥出口管制法的效用。其次,《出口管制法》也管辖外国主体将管制物项在外国境内转移或改变最终用途的行为。根据最终用户和最终用途制度,境外主体除了被禁止将管制物项跨境转移或是发布外,也不能将其在境外主体所在国的境内转移或改变其最终用途。这就使得《出口管制法》能够管辖一项纯粹发生在某一外国境内的交易或行为。最后,外国出口经营者在境外与管控名单主体进行交

〔17〕 参见《出口管制法》第2条第3款。

〔18〕 根据《出口管制法》,无论中国相关主体是在中国境内还是境外向外国主体提供管制物项,都属“视同出口”行为。但并非所有国家的法律都将本国人在境外提供物项的行为视为出口行为。例如,美国《出口管理条例》就规定,在外国向某一第三国的国民发布或以其他方式转移受《出口管理条例》管辖的技术或源代码的行为被称为“视同再出口”(deemed reexport),即美国法律将在境外提供物项的行为定性为再出口的一种类型,而不论作出提供行为的主体是美国人或外国人。See Export Administration Regulation, 15 C. F. R. 734. 14.

〔19〕 虽然《出口管制法》第18条第3款并没有明确规定出口经营者禁止交易的范围是所有交易还是某些特定交易,但结合该条第2款的规定,此处的“交易”应当专指国家出口管理部门根据第18条第2款所禁止、限制或责令中止的交易。

易的行为,同样应当受到《出口管制法》管辖。[20]

除上述行为外,《出口管制法》还会管辖某些与出口行为相关的事项。例如,为出口管制违法行为提供相关服务的行为,或以不正当手段获取、转让管制物项许可证的行为也同样受到规制。[21] 这些行为不论发生在境内还是境外,执法部门都可以依据《出口管制法》对其进行管控。[22]

二、《出口管制法》域外适用制度的缺陷及其成因

(一)《出口管制法》域外适用制度的缺陷

整体来看,《出口管制法》的域外适用制度已经基本具备了国际出口管制立法例中常见的规则要素,其中的管制理念、管制方式都是比较现代化的。但从立法技术上说,相关规则仍然存在概念模糊、制度缺失等有待完善之处。具体而言,《出口管制法》的域外适用制度尚有以下不足:

第一,《出口管制法》对受管辖主体的界定不够明确,这主要体现在"境内主体"与"境外主体"的定义不明。虽然《出口管制法》明确管辖中国境外的组织和个人,但考虑到第44条在适用条件上有"危害中华人民共和国国家安全和利益"与"妨碍履行防扩散等国际义务"的限制,[23]《出口管制法》适用于境内主体与境外主体的条件也有差异。相关定义的缺失,必然会为实践带来困难,这尤其体现在对"境外组织"的理解上。虽然《公司法》中规

〔20〕 这一点尚存在争议。出口经营者与管控名单主体进行交易是受到限制的,但《出口管制法》未明确出口经营者是否也包括外国的相关主体。但由于该法第44条明确其效力及于境外的组织和个人,笔者认为,从立法目的以及法条的上下文看,出口经营者应当不仅限于中国主体。

〔21〕 参见《出口管制法》第35条、第36条。

〔22〕 需要特别说明的是,《出口管制法》第48条还规定,"任何国家和地区滥用出口管制措施危害中华人民共和国国家安全和利益的,中华人民共和国可以根据实际情况对该国家或地区对等采取措施"。这一规定授权采取的"对等措施"同样可能会限制中国境内外主体的境外行为。但由于条文所称"对等措施"的含义和实施方法尚不明确,同时,采取此类反制措施而发生的域外适用与本文讨论的一般情况下的域外适用在管辖权基础、国际法评价等方面都有显著区别。篇幅所限,本文不对这种情况进行探讨。

〔23〕 《出口管制法》并没有说明这两个条件需要同时具备抑或只需具备其一,但考虑到维护国家安全和利益是出口管制法一项重要且独立的目标,笔者认为这两个条件只需具备其一就可以对境外的组织和个人违反《出口管制法》的行为进行管辖。

定了“外国公司”的概念，〔24〕但“境外组织”和“外国公司”的概念并不完全等同。比如，某一管理中心地在中国的外国公司是否属于《出口管制法》下的“境外组织”就缺乏认定标准。那么，究竟哪些主体是“境外组织”，又有哪些主体可以被纳入“境内组织”的概念中呢？由于《出口管制法》下二者所承担的义务有所区别，因而有必要对相关概念进行澄清。

第二，《出口管制法》对管制物项范围的规定也尚不清晰。从种类上看，《出口管制法》中“管制物项”定义的覆盖范围已经较为全面，〔25〕但该法并没有明确当管制物项被进口商加以加工、合并、改造、改进或生产等行为后，是否依然受其管辖。从表面上看，如果排除此类物项的管辖，《出口管制法》将很容易被规避，从而无法实现立法目的。那么，是否需要仿照域外立法经验设置“微量允许规则”（*de minimis*rules），〔26〕从而将含有一定比例“中国成分”的外国产品纳入《出口管制法》的管辖呢？〔27〕相关规则的取舍和具体设计必然是未来立法中的难点，过于严苛的规则可能会导致中国《出口管制法》的“过度扩张”，从而引发外国政府与相关企业的反对。

第三，《出口管制法》缺少对再出口行为的定义，从而导致受管辖行为的范围不明确。对于再出口的含义，至少可能存在两点争议：第一，再出口是否包括外国主体的“视同再出口”〔28〕行为？第二，作为再出口标的管制物项是否适用“微量允许规则”？更重要的是，《出口管制法》并未明确是否管辖所有对管制物项的再出口行为，即对再出口行为的管辖是否需要具备某些条件。由于管辖再出口行为是《出口管制法》最典型的域外适用情形，关于

〔24〕 参见《公司法》第191条：“本法所称外国公司是指依照外国法律在中国境外设立的公司。”

〔25〕 参见《出口管制法》第2条第1款、第2款。

〔26〕 例如，美国《出口管理条例》就对不同类型物项的“微量允许”阈值进行了非常细致的规定。根据物项的类型，这一豁免的比例包括0%、10%和25%等不同情况。See Export Administration Regulation, 15 C. F. R. 734. 4.

〔27〕 实际上，在2017年商务部发布的《出口管制法（草案征求意见稿）》中就曾有类似“微量允许规则”的规定。该征求意见稿第64条规定：“管制物项或含有中华人民共和国管制物项价值达到一定比例的外国产品，从境外出口到其他国家（地区）的，适用本法”；同时，具体的“价值比例和管理办法，由国务院或中央军委另行规定”。

〔28〕 例如，A国公司取得出口许可后向B国公司合法出口了某管制技术，B国公司在B国境内将该管制技术泄露给了C国公司。对于A国而言，B国公司向C国公司泄露技术的过程即为“视同再出口”。

再出口行为的相关规定将直接影响该法域外适用的范围。

第四,《出口管制法》并没有规定在某些特殊情况下排除自身管辖权的豁免条款。由于出口管制法的一般制度(如许可证制度等)可能会导致某些缺乏合理性的管辖,在一些立法例中,某些出口或再出口管制物项的行为虽然符合出口管制法的一般管辖范围,但基于特殊考量,法律专门设置了豁免条款排除自身管辖。例如,欧盟在其两用物项出口管制条例中规定,对以转移"公共领域"或"基础科学研究"的信息为形式的技术协助不予管辖;[29]同时,如果相关技术协助只为满足安装、操作、维护已被批准许可出口的管制物项的最低需要,也不受条例管辖。[30] 美国商务部《出口管理条例》同样设置了十余项例外规则,其中包括维护和更换零件、设备的许可例外等。[31]而在界定管制物项范围的部分,美国《出口管理条例》也明确排除了对已公开或在基础研究过程中产生的技术或软件的管辖。[32] 从域外立法经验中可以看出,设置豁免条款可以排除某些明显欠缺管辖依据、较易引发他国反对的管辖情形。因此,如何设计豁免条款也应当是《出口管制法》域外适用制度的完善中需要思考的问题。

(二)《出口管制法》域外适用制度缺陷的成因

不难看出,《出口管制法》域外适用制度的缺陷主要在于某些关键概念定义的缺位与相关细化规则的缺失。现行规则回避了诸多容易引发争议的问题,这在一定程度上也反映了立法者对于国内法域外适用问题的谨慎态度。而立法者之所以会采用"模糊化处理"的方式制定相关条文,则是由于在《出口管制法》的域外适用中可能存在以下两对矛盾:第一,维护国家安全的"防御性"立法目的与侵入他国属地管辖范围的"进攻性"效果之间的矛盾;第二,《出口管制法》的域外效力与相关行为地国家法律属地效力之间的

---

〔29〕 See Regulation (EU) 2021/821 of the European Parliament and of the Council of 20 May 2021, Art. 8.3(b).

〔30〕 See Regulation (EU) 2021/821 of the European Parliament and of the Council of 20 May 2021, Art. 8.3(f).

〔31〕 美国《出口管理条例》在第740部分规定了19项许可例外,并对这些例外规则的适用情况、条件和额外要求进行了详细的规定。See Export Administration Regulation, 15 C.F.R. 740.

〔32〕 See Export Administration Regulation, 15 C.F.R. 734.7, 734.8, 734.10.

矛盾。[33] 正是这两对矛盾的存在,为《出口管制法》域外适用制度的具体设计带来了难以纾解的逻辑困境。

值得注意的是,上述矛盾实际上是国内法的域外适用所内生的、无法自我克服的问题,实质是国家之间管辖权的重叠(积极冲突)问题。因此,并不能期待通过暂缓处理的方式"自动"化解矛盾。"模糊化处理"并不能真正解决,也无法彻底回避《出口管制法》在域外适用中可能出现的各类问题和冲突。既然《出口管制法》域外适用所导致的管辖权重叠现象是无法避免的,那么问题的症结就在于,立法者尚未明确哪些管辖权重叠的现象是中国在域外适用《出口管制法》的过程中所能容忍的。换言之,《出口管制法》域外适用制度构建与完善的关键就在于厘清该法域外适用的范围和界限。只有解决了这一最为关键且敏感的理论问题,才能寻找到缓解上述矛盾的平衡点所在。

实际上,界定受管辖主体、管制物项和再出口等概念的过程即是划定《出口管制法》域外适用范围和界限的过程,而这一任务的难点在于应以何种标准、何种依据进行界定。国际法上的管辖权理论在为国内法的域外适用提供管辖权基础的同时,也在理论演进与实践发展中逐渐形成了一套主张域外管辖的限制性条件。因此,下文将着重考察管辖权理论与相关的域外实践,从而为《出口管制法》域外适用制度的细化与完善提供新的思路。

三、《出口管制法》域外适用制度的管辖权基础

管辖权是指国家对人、物和事件的管理和支配权。[34] 而制定法律的管辖权(立法管辖权)又是实施相关法律管辖权(司法管辖权、执法管辖权)的

---

〔33〕 例如,有学者指出,美国在缺乏合同控制的情况下,对含有美国技术的外国产品的相关交易进行管辖,是对交易发生地国家有关财产所有权法律有效性的挑战。See Patrizio Merciai, "The Euro-Siberian Gas Pipeline Dispute—A Compelling Case for the Adoption of Jurisdictional Codes of Conduct", 8 *Maryland Journal of International Law and Trade*(1984), p. 32.

〔34〕 参见邵津主编:《国际法》(第四版),北京大学出版社、高等教育出版社 2011 年版,第 38 页。

前提。[35] 本部分主要讨论《出口管制法》域外适用制度的立法管辖权基础。[36]

马尔科姆·N.肖教授认为,管辖权是主权的核心特征,它反映了国家主权、主权平等和不干涉等国际法上的基本原则,因此国家也应当根据国际法来实施这类权力。[37] 这一点尤其体现在当一国将基于其自身管辖权制定的国内法域外适用的时候。虽然从“荷花号案”[38]判决的经典论述可以推知,国际法并不排斥国内法管辖发生在其境外的行为,但由于此时国内法管辖的事项与他国管辖权的范围难以避免地发生重叠,这一冲突也自然进入了国际法的调整范围。习惯国际法要求国家在实施管辖时与受管辖对象应存在“真实联系”(genuine connection),[39]并在实践发展中逐渐形成了几类常见的管辖权基础,在此之上主张管辖权往往不会产生争议。然而,部分国家也尝试突破传统管辖权基础的一般理解,或基于某些“新型”管辖权基础来主张域外管辖。其中一些主张被国际社会所接受,另一些则被大多数国家和学者认为不具有合理性。下文将从国际法的相关理论与实践出发,对《出口管制法》域外适用制度可能主张的管辖权基础进行探讨。

(一)传统国际法理论中的管辖权基础

1. 属人管辖原则

属人管辖原则也被称为国籍原则,即无论行为发生地是否在一国境内,该国都可以对具有本国国籍主体的相关行为实施管辖。属人管辖有时也会

---

〔35〕 如果立法管辖权超过合法限度,那么随后的执行管辖权都是不合法的。参见[英]伊恩·布朗利:《国际公法原理》,曾令良译,法律出版社2003年版,第336页。

〔36〕 有学者指出,由于各国国家政治体制和宪法体制的不同,国际法上的规范管辖权、执行管辖权和裁判管辖权与国内法中的立法管辖权、执法管辖权和司法管辖权并非一一对应,两套体系存在微妙的差别。参见廖诗评:《国内法域外适用及其应对——以美国法域外适用措施为例》,载《环球法律评论》2019年第3期,第169页。如果按照这一理解,本文所指的“立法管辖权”是国际法上的“规范管辖权”。

〔37〕 参见[英]马尔科姆·N.肖:《国际法》(第六版)(下),白桂梅等译,北京大学出版社2011年版,第505页。

〔38〕 在1927年的“荷花号案”中,常设国际法院(PCIJ)认为,除非有相反的禁止性规则,否则各国可以按其认为适当的方式行使管辖权。See *S. S. Lotus* (*France v. Turkey*), Judgment, [1927] PCIJ, pp. 18-19, para. 46.

〔39〕 The Restatement (Fourth) of Foreign Relations Law, § 407, p. 188.

将住所、经常居所或其他标准作为连结点,这在不同的法律领域存在差异。[40]

属人管辖原则是国家实施域外管辖的重要基础,然而在实践中,对这一原则的理解被进一步突破。一方面,除了对自然人适用外,各国也会对法人主张以国籍为基础的管辖权。国际法院(ICJ)在“巴塞罗那电车、电灯及电力有限公司案”中确认,公司可被视为一国的国民。[41] 从各国的立法实践来看,公司的国籍主要由其注册地、主要营业地或管理中心地等标准来确定。[42] 另一方面,美国的出口管制法还基于所谓的“控制理论”,将属人管辖约束的对象扩张到某些美国公司所控制的外国子公司。例如,美国1979年《出口管理法》将“美国人”的定义扩大到了被美国国内公司所实际控制的外国子公司与分支机构。[43] “控制理论”在20世纪80年代的“苏联输气管案”[44]中遭到欧洲各国的强烈反对。由于美国通过“控制理论”将管辖范围扩大到某些在欧洲注册成立的公司,欧共体发布声明指责禁令违反国际法,并强调国籍原则不能作为将美国法律延伸管辖欧盟注册公司的管辖权依据。同时,该声明也指出,在“巴塞罗那电车、电灯及电力有限公司案”中确立的认定公司国籍的传统标准已由长期实践和国际文件所确认,而这些标准并未将公司股东的国籍作为考量。[45]

此外,在属人管辖原则的基础上还发展出了消极属人原则(the passive personality principle)。它通常是指,国家可以对外国人在境外对本国人实施的侵害行为实施管辖。消极属人原则是一项存在较大争议的管辖权基

〔40〕 例如,在国际税法领域,属人管辖原则体现在一些国家要求其“居民”需承担无限纳税义务,税务机关就其全部境内外全球所得课征所得税。

〔41〕 *Barcelona Traction, Light and Power Company, Limited (Belgium v. Spain)*, Judgment, [1970] ICJ, p. 43, para. 70.

〔42〕 *Supra* note 8, Emmenegger, p. 650; *supra* note 8, Yoshio, p. 373.

〔43〕 See Export Administration Act of 1979, Sec. 16(2).

〔44〕 1981年12月,波兰共产党政府宣布实施戒严,并抵制波兰团结工会(Solidarity)。美国认为波兰政府采取相关行动是由于苏联的介入。同年12月29日,里根总统宣布,为抵制苏联对波兰政治施加的影响,不得向苏联出口或再出口用于石油或天然气生产的美国货物或服务。同时,美国政府还督促西欧国家采取同样的抵制措施,特别是限制石油或天然气的相关生产工具流入苏联。

〔45〕 European Community, *Note and Comments on the Amendments of* 22 *June* 1982 *to the Export Administration Act*, presented to the United States Department of State on 12 August 1982, pp. 5-6.

础,布朗利教授直接指出,这一原则是"各种管辖权依据上最缺少合适理由的"。[46] 但在反恐等领域,消极属人原则正逐渐成为一项可接受的管辖原则。[47]

属人管辖原则为《出口管制法》管辖中国主体在境外实施的相关行为提供了理论基础。但在涉及公司或法人时,国际社会对于国内法的管辖范围仍然存在一些争议。从目前的国际实践来看,仅仅基于本国母公司在股权上实际控制某一外国子公司,就对该外国子公司实施管辖是不被接受的;但如果是本国公司的境外分支机构,则本国法律可以进行管辖。因为从法律上讲,境外分支机构不具有独立的法人地位,因而相比于境外子公司,境外分支机构与境内公司之间有着更为密切的关系。[48] 实际上,即使是曾经坚持"控制理论"的美国,在《2018年出口管制改革法案》对"美国人"范围的界定中也放弃了这一观点。[49] 此外,由于消极属人原则争议较大,仅应在无法主张其他几项管辖权基础的情况下寻找其适用空间。

2. 属地管辖原则

尽管在严格意义上,属地管辖原则仅赋予了一国管辖其领土范围之内的人、物和事件的权力,但越来越多的国际实践突破了这一管辖权基础的传统理解,从而为国家行使域外管辖权提供了理论基础。

第一个层次的突破来自"客观属地原则"的提出。在实践中,一些国家在刑法领域将属地管辖原则发展出了"主观适用"与"客观适用"的情形。当犯罪的行为地与结果发生地不在同一国家时,主张行为地国家有管辖权即为属地原则的主观适用,而主张结果发生地国家有管辖权即为客观适用。由于犯罪行为发生地国家并没有遭受损害结果,缺乏主张管辖权的意图,因此更广为接受的是客观适用,后者也逐渐发展成了客观属地原则。[50] 客观

---

〔46〕 同前注35,第333页。

〔47〕 *Supra* note 8, Emmenegger, p. 650.

〔48〕 *Supra* note 8, Ryngaert, p. 628.

〔49〕 根据美国《2018年出口管制改革法案》的定义,"美国人"除了包括相关自然人外,还包括根据美国法律组建的公司或其他法律实体,只要美国的公民或居民直接或间接拥有该法律实体50%以上的流通股本或其他实益权益。See H. R. 5040, Sec. 2(12). 据此,根据外国法律组建的公司等法律实体不再被认为是《2018年出口管制改革法案》下的"美国人"。

〔50〕 参见戴龙:《反垄断法域外适用制度》,中国人民大学出版社2015年版,第55页。

属地原则在“荷花号案”中得到适用，并被国际社会普遍接受。[51]

第二个层次的突破源自“效果原则”，它也为属地管辖原则带来了新的维度。客观属地原则尚主张结果发生在境内，而根据效果原则，即使行为发生地与结果发生地都在境外，只要行为对境内产生了某些影响，国家就可以主张管辖权。[52] 在反垄断领域，效果原则得到了极大发展。美国通过《克莱顿法》与《对外贸易反托拉斯促进法》，明确将“企图并实际对美国产生重大影响”以及“对美国商业产生直接、重大、合理可预见的影响”作为域外适用反垄断法的具体考量标准。[53] 随着欧盟、日本、中国逐渐接受了这一标准并在立法、司法中进行借鉴，[54]至少在反垄断领域，效果原则逐渐成为一项被普遍接受的管辖权原则。[55]

但在出口管制领域，效果原则仍然是存在争议的。例如，美国 1996 年通过的《赫尔姆斯—伯顿法案》就在其条文中直接宣称自身域外效力的合法性来源之一即为效果原则——“国际法承认，一个国家可以就在其领土以外已经或打算在其领土内产生重大影响的行为制定法律规则”。[56] 但有学者指出，《赫尔姆斯—伯顿法案》宣称对抗的行动是 1959 年古巴革命胜利后卡斯特罗政府对一些美国公司和个人财产的征收行为，[57]而该等行为与《赫尔姆斯—伯顿法案》的出台有 36 年间隔，援引效果原则不过是在玩“文字游戏”。[58] 由于援引效果原则存在争议，美国法自身也通过《第四次对外关系法重述》中的反域外适用推定等规则，限制基于效果原则主张美国法的域外适用。[59]

尽管《赫尔姆斯—伯顿法案》所主张的效果原则受到质疑，但效果原则

---

〔51〕 同前注 37，第 513~514 页；同前注 35，第 331~332 页。

〔52〕 但也有一些学者认为客观属地原则与效果原则实质上并无二致。*Supra* note 8, Emmenegger, footnote 65, p. 646.

〔53〕 同前注 50，第 63~77 页。

〔54〕 相关内容可参见于馨淼：《欧盟反垄断法域外适用研究》，法律出版社 2015 年版，第 225~229、237~241、252~256 页。

〔55〕 由于效果原则的特殊性，一些学者认为它已经独立构成了一项管辖权基础，而非属地管辖原则的范畴。See James Crawford, *Brownlie's Principles of Public International Law* (8th edn, Oxford University Press, 2012), p. 462.

〔56〕 See 22 U. S. Code, 6081(9).

〔57〕 See 22 U. S. Code, 6022(3).

〔58〕 See Andreas F. Lowenfeld, “Congress and Cuba: The Helms-Burton Act”, 90 *The American Journal of International Law* (1996), pp. 419-434.

〔59〕 The Restatement (Fourth) of Foreign Relations Law, § § 404, 442.

本身具有一定的合理性,只是在确定是否有"影响"及影响的范围时存在困难。笔者认为,《出口管制法》在管辖外国主体在境外做出的某些行为时也可以援引效果原则作为管辖权基础,这主要包括外国主体对管制物项的再出口行为,以及外国主体与管控名单主体发生交易的行为。对于后者而言,由于被列入管控名单的主体往往从事了某些危害国家利益的行为,因此证明相关交易对中国产生影响往往并不困难,也相对不易引发争议。然而,在判断是否管辖外国主体对管制物项的再出口行为,特别是对于两用物项的再出口行为时,则存在一定困难。对于这一问题,笔者认为反垄断领域的经验是可资借鉴的,即以是否对中国有"实质性"或"直接、重大、合理可预见"的影响,作为是否对再出口行为实施管辖的标准。[60] 在反垄断法领域,国内外已经积累了相当数量的司法实践,尽管适用情况存在差异,但这些判决对于"影响"的判定也具有一定的参考意义。[61] 诚然,这一标准仍较为抽象,但它也赋予了执法部门与法官法律解释的灵活性;而一定的灵活性,也是《出口管制法》此类与国家安全等核心利益息息相关的法律所需求的。

3. 保护管辖原则和普遍管辖原则

根据保护管辖原则,一国可以在其至关重要的利益(安全、独立等)遭到侵害时,合法地对相关外国人的行为行使管辖权。[62] 保护管辖原则涉及国家的核心利益,因此也是一项被国际社会所普遍接受的原则。普遍管辖原则则是指,对于那些违反国际法且危害国际社会普遍利益的犯罪行为,无论发生在哪里,所有国家都有权对其进行管辖。根据这一原则,即使一国与该种行为之间没有任何关联,也可以行使管辖权,但需要遵守"或引渡或起诉"的原则。普遍管辖原则针对的是所有国家都认为是犯罪的行为,[63] 因此能够行使普遍管辖权的犯罪行为是很有限的,主要包括海盗罪、战争罪、反人类罪等。[64]

---

〔60〕 当然,如果满足主张其他管辖权基础的条件,也可以对相关的管辖权基础进行单独援引或作为效果原则的补充同时援引。

〔61〕 例如,在美国法院审判的"McGlinchy v. Shell Chem. Co. 案"中,法院就明确了在原告无法举证"影响"存在的情况下,不能主张基于效果原则的管辖。See *McGlinchy v. Shell Chem. Co.*, Judgment, [9th Cir., 1988] 845 F. 2d 802.

〔62〕 有学者认为保护管辖原则应当吸收消极属人原则,因此主张在相关罪行对一国国民造成法益侵害时,也可以适用保护管辖原则。俞世峰:《保护性管辖权的国际法问题研究》,法律出版社2015年版,第9页。

〔63〕 同前注,第28~29页。

〔64〕 同前注34,第40页。

保护管辖原则与普遍管辖原则都是在国际法上被广泛接受的管辖权基础，但当它们被援引作为出口管制法域外适用的管辖权依据时，也曾引发一些争议。例如，美国《赫尔姆斯—伯顿法案》在立法目的部分提到，制定该法是为了“应对卡斯特罗政府的恐怖主义”，并为美国提供“持续的国家安全”；[65]此外，在该法的许多条文中也列举了古巴政府的“犯罪行为”，包括训练和资助致力于国际暴力的团体、[66]侵犯人权[67]等。这些都反映出，美国试图在法案中直接援引保护管辖原则和普遍管辖原则作为该法的域外管辖依据。但是，同样有学者对这些主张提出了质疑：第一，美国并没有提供证明古巴政府资助恐怖活动的任何证据；第二，该法并未具体说明古巴政府的行为对美国国家安全造成了何种威胁；第三，如果行为没有达到违反国际强行法的程度，即使有证据证明行为存在，也只能在存在相关国际条约的前提下行使普遍管辖权。[68]

保护管辖原则和普遍管辖原则同样是《出口管制法》在域外适用中可资援引的合理管辖权基础。特别是对于管辖军品、核等物项的再出口与境内转移，以及境外主体与管控名单主体的交易[69]而言，在援引效果原则时，同时援引这两项管辖权基础也是一种合理性上的补充。但结合目前的国际实践，主张这两项原则时应当提供充分的证据，以证明满足相应的条件。例如，在援引保护管辖原则时，就至少应当证明相关犯罪行为的存在，以及国家安全和利益遭受了何种侵害，模糊地声称国家安全受到威胁并不能合理地主张保护管辖原则。

（二）实践中产生的“新型”管辖权基础

1. 基于“产品国籍”的管辖权基础

除航空器[70]、船舶[71]等物体外，在国际法中并没有确定物的国籍的规

[65] See 22 U. S. Code, 6022(3).

[66] See 22 U. S. Code, 6021(14).

[67] See 22 U. S. Code, 6021(15), (17), (18).

[68] *Supra* note 8, Ryngaert, pp. 642 and 644.

[69] 由于列入管控名单的理由包括“可能危害国家安全和利益”以及“将管制物项用于恐怖主义”。参见《出口管制法》第18条第1款。

[70] 1944年《芝加哥国际民用航空公约》第17条规定航空器拥有其登记国的国籍。

[71] 1982年《联合国海洋法公约》第91条规定船舶具有其有权悬挂的旗帜所属国家的国籍。

则。[72] 但某些国家的国内法却通过类似赋予物项“国籍”的做法,来作为其对相关物项所涉交易进行持续管辖的依据。在这方面,美国的立法具有典型性。由于缺乏国际法上的约束,美国出口管制法尽可能地扩大了“受美国管辖物项”的含义,并以货物或技术源于美国作为实施管辖的理由。[73] 有学者认为,基于物项的来源国主张管辖权,实际上是将国籍原则这一管辖权基础扩张适用于货物与技术,从而赋予了货物与技术一个无法变更的“产品国籍”。[74] 更富有争议的是,美国出口管制法律还引入了所谓的“污染理论”来确保使用美国技术生产的外国产品也能受到美国法的管辖。[75] 污染理论形象地将外国产品使用了美国技术比喻为受到了“污染”,而受“污染”的相关外国产品在整个流通过程中都将受到美国出口管制法的约束,甚至由其所生产出来的产品都要受到美国的管辖。[76] 基于“产品国籍”和“污染理论”,美国出口管制法不但管辖源于美国的物项的再出口,同时也管辖某些含有源于美国的部件、技术的外国产品的出口与再出口。

“产品国籍”理论的支持者认为,美国当局在相关产品、技术离开美国国境前,会要求交易方在许可协议中附加禁止转让、变更用途等条件,此类管控发生在美国境内,因此美国实际上是在属地管辖原则之上主张管辖权。[77] 但是,这一观点显然只能说明美国法律管辖进口商所实施的再出口等行为具有某种合理性,而并不能证明美国有权管辖后续发生的所有交易(如再出口交易的进口方再次进行的再出口交易),因为相关交易方往往并未对美国作出任何承诺。因此,上述理由并不能证明“产品国籍”理论的合理性。

此外,欧共体在“苏联输气管案”中发表的声明也对“产品国籍”这一管

---

〔72〕 *Supra* note 8, Clement, p. 10.

〔73〕 美国1969年《出口管理法》即确立了以“来源于美国的货物”作为管辖依据的原则。参见杜涛:《国际经济制裁法律问题研究》,法律出版社2015年版,第117页。

〔74〕 *Supra* note 33, Merciai, p. 33.

〔75〕 *Supra* note 8, Yoshio, p. 361.

〔76〕 这种情况指的是美国《出口管理条例》中的“外国直接产品规则”(foreign direct product rules)。根据这一规则,受到该条例管辖的物项包括利用美国原产技术或软件直接生产出来的某些外国产品,以及使用属于前述产品的设备所生产的直接产品。See Export Administration Regulation, 15 C. F. R. 730. 5(b), 736. 2(b)(3).

〔77〕 *Supra* note 8, Silverstone, pp. 376-377.

辖权基础进行了批判:“产品和技术不具有任何国籍,而且根据国际法,也没有使用了国外的货物或技术就可以对控制它们的人确立管辖权的规则。”〔78〕有学者进一步指出,即使是在美国法中,国家对于产品的管辖权也并非及于交易流转中的所有阶段,当货物中断了与美国的原有联系,主要变为“外国货物”时,美国应当停止对其管辖。〔79〕因此,试图管辖使用美国货物或技术的外国产品,不过是因为美国政府具有相应的执法能力,而非具备相应的管辖权。〔80〕

作为对批评意见的一种回应,美国在《出口管理条例》中引入了“微量允许规则”,从而对含有不超过一定比例“美国成分”的物项实施豁免。但这并没有改变“产品国籍”作为一项管辖权基础的不合理性。一方面,认定外国产品中含有多大比例的“美国成分”有时是非常困难的。尤其是在技术出口的情况下,如果进口商对源于美国的技术进行了改进,那么新技术中包含了多大比例源于美国的技术是难以计算的。美国《出口管理条例》规定这一比例应当根据“美国成分”与外国产品公平市场价格的比值来确定,〔81〕但在公平市场价格难以获得时,这种计算方式的合理性是值得怀疑的。另一方面,在经济全球化的今天,一个产品中往往包含许多国家的技术与部件,如果这些国家都主张相关产品具有本国“国籍”,进而在产品出口时都以出口管制的理由要求出口商申请许可证,这显然不利于贸易发展与技术进步,影响正常的国际经贸秩序。因此,“产品国籍”在国际法上并非合理的管辖权基础,《出口管制法》若在这一基础上主张管辖权,可能会引发较大争议。

2. 基于“自愿服从”的管辖权基础

所谓“自愿服从”,是指相关主体通过合同、承诺等方式表示自愿受到一国公法的管辖。一些国家认为,基于这些合同与承诺,国家可以合理地对相关主体实施管辖。由于“控制理论”遭到外界反对,美国的一些学者建议,可以要求美国的母公司承担其子公司违反出口管制法的责任,进而促使美国

〔78〕 *Supra*note 45, pp. 6-7.

〔79〕 See Kenneth W. Abbott, “Defining the Extraterritorial Reach of American Export Controls: Congress as Catalyst”, 17*Cornell International Law Journal* (1984), pp. 134-138.

〔80〕 “Predictability and Comity: Toward Common Principles of Extraterritorial Jurisdiction”, 98 *Harvard Law Review*(1985), pp. 1317-1318.

〔81〕 See Export Administration Regulation, 15 C. F. R. 734, Supplement No. 2.

母公司对于其海外子公司的行为进行监督。[82] 同时,美国公司在与外国公司签订出口或再出口协议的时候,也可以在合同中明确约定不得违反美国出口管制法。比如,美国1979年《出口管理法》就要求美国公司在与外国公司签署技术转让协议时加入遵守美国法律的"自愿服从"条款。[83]

一些学者主张,国际法并没有禁止私主体自愿服从更严格的规定。实际上,这种现象在国际金融监管领域十分常见:一些金融业者倾向于将自己与更严格的标准挂钩,以增加其在金融市场的信用。[84] 但欧共体认为"自愿服从"只是用以规避国际法对国家管辖权限制的伎俩。[85] 在理论界,一些学者也认为私主体无权放弃本属于国家的管辖权,"自愿服从"条款处理的是公法上的问题,应当依据的是国际公法的规则而非合同法。[86]

笔者认为,从本质上看,签订"自愿服从"条款是相关私主体对于自身行为的一种额外约束。也就是说,尽管"自愿服从"将使得相关行为受到"被服从"国家法律的约束,但它并没有排斥、也无权排斥其他国家依据国际法中的管辖权原则对其实施管辖。因此,在法律实施的效果上,"自愿服从"条款只是增加了约束相关行为的国家,而没有限制其他国家管辖权的行使。如果其他国家并没有行使相关的管辖权,那么"被服从"国家实施管辖权也就不会出现冲突的问题。但如果一国不希望自己的国民"自愿服从"其他国家的某些法律,并通过立法的方式禁止国民遵守这些法律,那么就必然会发生国与国之间的管辖权冲突。

为应对美国出口管制法的域外效力对本国产生的不利影响,中国、[87] 欧盟、[88] 英国、[89] 加拿大[90] 等国家与地区都通过制定"阻断法案"的方式进行抵制,以保护本国与其公民、法人的利益。《出口管制法》也规定,如果

〔82〕 同前注73,第136~137页。

〔83〕 See Deborah Senz, Hilary Charlesworth, "Building Blocks: Australia's Response to Foreign Extraterritorial Legislation", 2 *Melbourne Journal of International Law*(2001), pp. 76-77.

〔84〕 *Supra* note 8, Ryngaert, p. 635.

〔85〕 *Supra* note 45, p. 8.

〔86〕 *Supra* note 8, Ryngaert, footnote 37, p. 634.

〔87〕 参见商务部《阻断外国法律与措施不当域外适用办法》。

〔88〕 See Protecting Against the Effects of the Extra-territorial Application of Legislation Adopted by a Third Country, Council Regulation(EC) No. 2271/96, 36International Legal Material, 125(1997).

〔89〕 See Protection of Trading Interests Act of 1980.

〔90〕 See Foreign Extraterritorial Measure Act of 1984.

可能危害国家安全和利益,境内的组织和个人不得向境外提供出口管制相关信息。[91] 由于此类阻断性法律实际上填补了相关国家在某些领域的"管辖权空白",因此尽管这些阻断性法律的实施效果并不十分乐观,[92]但至少在对抗"自愿服从"条款这一点上,这一做法是可行的。

尽管"自愿服从"是否为国际法上的合理管辖权基础尚存在一定争议,但相关的服从条款与承诺,却也在事实上为《出口管制法》管辖某些域外行为提供了依据。《出口管制法》要求最终用户应当承诺,未经允许不得擅自改变相关管制物项的最终用途,或者向任何第三方转让。[93] 最终用户的这一承诺实际上也为中国管辖其在境外从事的行为提供了基础。当然,如果他国存在阻断性法律,或是行为发生地国对相关行为主张属地管辖,则可能会影响这一管辖的实施。但由于设置最终用户与最终用途制度是出口管制领域的国际通行做法,这在一定程度上也降低了国家间冲突发生的风险。

四、《出口管制法》域外适用制度的完善建议

从上文的分析可以看出,现有的国际法管辖权理论为《出口管制法》的域外适用提供了多种可能援引的管辖权基础。而相关的域外实践也显示,一国在主张这些管辖权基础的时候并非毫无约束。如果这种主张本身缺乏合理性,同样会遭到国际社会的反对。《出口管制法》的域外适用制度只有建立在合理、公认的管辖权基础之上,才能减少国际冲突的发生,从而最大限度地发挥其功用。但同时,考虑到了维护国家安全与核心利益的重要意义,在制度设计中,也不应以损害《出口管制法》立法目的之实现为代价。基于这样的认识,笔者认为《出口管制法》域外适用制度可以从以下几个方面进行完善。

---

〔91〕《出口管制法》第 32 条第 2 款。

〔92〕由于美元的强势地位和美元清算系统在国际金融体系中的重要作用,以及考虑到许多非美国公司产品依靠美国的技术、设备或许可协议,很多企业会自愿遵从美国的限制和要求。参见何波:《欧盟阻断法令情况及对中国的启示》,载《国际贸易》2019 年第 10 期,第 90~91 页。

〔93〕参见《出口管制法》第 16 条第 1 款。

(一)受管辖主体的判定:适当扩大“境内组织”范围

“境内主体”或“境外主体”的判断标准问题,实际上是《出口管制法》基于属人管辖原则可实施管辖的范围问题。对于“境内主体”,中国可以对其进行属人管辖,但对于“境外主体”则只能基于其他管辖权基础进行管辖。这一判断的难点主要在于法人方面,亦即《出口管制法》第44条“境外组织”的范围问题。《公司法》的规定实际上已经确立了中国公司国籍的判断标准为注册地主义,〔94〕因此“境内组织”也至少应当包括在中国境内注册的公司。然而,在国际法上广泛接受的公司国籍判断标准除注册地之外,还包括管理中心地与主要营业地。基于此,笔者认为,《出口管制法》中“境内组织”的范围可以扩大到管理中心地或主要营业地在中国境内的公司。从实践的角度看,相较于一般的外国公司,对于管理中心在中国或主要业务都在中国境内开展的外国出口经营者施加更为严格的出口管制规定也是合理的。这样的解释在最大限度发挥《出口管制法》效力的同时,也并不违背国际法的相关理论与规则。

但是,出口管制法域外适用的国际实践也证明,根据“主要股东国籍”标准判断公司的国籍,进而基于属人管辖原则对本国母公司在外国设立的子公司实施管辖是非常有争议的。在传统国际法规则中,除了在确定战时敌国财产以及国有化财产的待遇等少数几个领域,根据股权控制来认定公司国籍的情况是非常罕见的。〔95〕 虽然在国际法碎片化日趋显著的当下,公司国籍的认定标准也呈现出“场合化现象”,〔96〕但在出口管制法领域,“控制理论”因其对他国主权范围的过度侵入,仍无法被国际社会所接受。即使是最初推行“控制理论”的美国,在后续的立法实践中也逐渐摒弃了这一理论。〔97〕 因此,《出口管制法》下的“境内组织”不应包括中国公司所控制或实际控制的外国公司。

---

〔94〕 参见《公司法》第191条。

〔95〕 *Supra* note 41, para. 59.

〔96〕 参见张磊:《论我国国内法与双边投资协定关于公司国籍的认定标准》,载《山东社会科学》2021年第1期,第144页。

〔97〕 同前注73,第136页。

（二）管制物项范围的确定：不宜引入“微量允许规则”

尽管正式出台的《出口管制法》并未如2017年商务部发布的《出口管制法(草案征求意见稿)》第64条那样,直接将含有中国管制物项价值达到一定比例的外国物项纳入管辖,但在该法中也并没有直接禁止此类管辖。执法部门仍然可以通过对相关条文的扩大解释实施对相关外国物项交易的管辖。从表面上看,引入美国法中的“微量允许规则”能够尽可能扩张中国法律的管辖范围,这或许能够更大限度保护中国的国家利益。

然而,以原产于本国的物项为连结点,对某些外国物项实施管辖是极富有争议性的。例如,美国《出口管理条例》中的“微量允许规则”就导致,即使当物项经过多次转手、加工与改造,并且他国已将相关物项视为原产于本国的物项时,美国法律仍然会对与这些外国物项相关的境外交易实施管辖。美国的这种做法直接侵入了交易发生地国家的国内法管辖范围,自然遭到了诸多国家的质疑与反对。

应当注意的是,美国之所以在面临巨大国际压力的情况下,仍然执意适用“微量允许规则”,与其在科学技术领域的绝对优势地位与强大的跨境执法能力是分不开的。前者使美国具备了对他国实施技术封锁的意图与客观条件,而后者则确保了这种意图的实现。相较之下,中国在绝大多数科技领域并不具备这种显著优势,在现阶段也并没有频繁、长期对特定国家实施技术封锁的实际需要。同时,中国的出口管制执法部门也较为缺乏跨境执法的经验,发现、甄别和调查境外违法行为的能力都相对较弱。这些因素都使得中国在短期内并没有引入“微量允许规则”从而承担国际压力的必要。

此外,假如《出口管制法》将管制物项的范围扩大到含有一定比例“中国成分”的物项,那么就难免会将一些与中国并没有实质联系的交易纳入管辖。在相关的管辖权基础中,只有所谓的“产品国籍”理论可以解释此类管辖的逻辑。但正如前文所论述的那样,基于这一理论主张管辖权是不具有合理性的。

那么,如果不将含有一定比例“中国成分”的物项列入管制物项的范畴,是否会纵容交易主体规避《出口管制法》呢?例如,进口商或许可以通过对管制物项进行简单的加工、合并,从而切断该物项与《出口管制法》的联系。实际上,对于此类情况,并非只有引入“微量允许规则”才能应对。《出口管制法》的最终用户和最终用途制度其实已经在很大程度上解决了此类问题。一方面,管制物项的最终用户被要求承诺不得改变最终用途,因此最终用户对于管制物项进行的加工、改造等行为就很可能违反承诺,从而受到《出口管制法》相应的处罚,并不会出现"切断联系"的情况。另一方面,变更管制物项的最终用户也同样受到禁止,这就在一定程度上避免了管制物项被最终用户以外的接收方稀释"中国成分"。正如前文所述,相关主体自愿遵守最终用户与最终用途规则的承诺,也为《出口管制法》提供了事实上的管辖依据,在这一基础上主张管辖权并不会产生太大争议。

(三)再出口行为的管辖:合理限制管辖范围

如何以及在何种限度内对再出口行为实施管辖,是完善《出口管制法》域外适用制度的重点和难点。基于对管辖权理论的分析,笔者认为,对于外国主体再出口管制物项行为的管辖,应当限制在保护管辖原则、普遍管辖原则与效果原则所允许的范围内。也就是说,应当以危害中国国家安全和利益,或存在某些严重的国际罪行,或对中国有其他"实质性"或"直接、重大、合理可预见"的影响为实施管辖的条件。[98] 理由如下:

首先,再出口是发生在境外的行为,它也会受到行为发生地国家的属地管辖,如果对所有再出口行为都进行管辖,这将极大增加与他国发生冲突的可能性。美国《第三次对外关系法重述》中强调的"合理性原则",即是要求限制管辖权的实施,从而把与行为发生地国发生冲突的可能性降到最低。[99] 布朗利教授也认为,对域外行为行使管辖权应当不干涉他国国内管辖权或属地管辖权。[100] 因此,对再出口行为的管辖应当受到必要的限制,仅在满足相应条件的情况下实施管辖。

其次,部分对再出口的管制实际上已经被《出口管制法》中的其他规则所涵盖。例如,禁止最终用户向第三方转让管制物项的规定[101] 就限制了最终用户对相关物项的再出口。而管控名单制度也在实质上禁止了外国主体向管控名单主体再出口管制物项。这两项制度已经基本覆盖了与中国关系

---

〔98〕 同时,笔者也认为,只要满足这些条件,《出口管制法》也应当管辖"视同再出口"的行为。

〔99〕 Restatement (Third) of Foreign Relations Law of the United States, paras. 402-403.

〔100〕 同前注35,第336页。

〔101〕 参见《出口管制法》第18条第1款。

最为密切、最有必要实施管辖的再出口行为。因此,为再出口行为的管辖设置条件,并不会显著影响《出口管制法》维护国家利益的功能。

再次,由于"产品国籍"并非合理的管辖权基础,那么对再出口行为的管辖就只能在其他几类管辖权基础中寻找依据。对于管辖再出口行为而言,效果原则、保护管辖原则与普遍管辖原则是较为合理的管辖权基础。因此,管辖再出口行为的条件也应当与主张这几类管辖权基础的条件一致,从而最大限度地为域外管辖权的实施提供理论支撑。

最后,由于《出口管制法》的域外执法难度更大、耗费的资源也更多,排除那些虽然涉及管制物项,但对中国并无实质影响的再出口行为的管辖,也有利于节约执法成本,从而将更多的执法资源集中到更有必要管辖的行为上。例如,若最终用户违反承诺,将某中国管制物项转卖第三方后,第三方又对该管制物项进行了再出口,那么尽管该再出口行为涉及中国管制物项,在未对中国产生实质影响的情况下,中国并没有必要直接管辖该再出口行为,而可以通过惩罚最终用户违反承诺的行为杜绝此类情况的发生。

由于管辖再出口行为是《出口管制法》的域外适用中最为典型的情况,上述管辖再出口行为的条件不宜仅依靠执法机关的自我约束来落实,而应当直接通过修订《出口管制法》的方式予以确定。例如,可以通过列举式立法的方式明确受该法管辖的再出口行为类型,从而为再出口的管辖设置相应的条件。

(四)豁免条款的设置:进一步的自我限制

应当承认,国际法上的管辖权理论体系远非完美。一方面,国际法上并不存在有关一国何时可以主张立法管辖权的广泛的多边条约,[102]而相关的习惯国际法在"效果原则""产品国籍"等有争议的管辖权基础上又缺乏更为明确的态度。另一方面,国际法并没有确立不同管辖权基础之间优先次序的规范,[103]因此也就缺少解决管辖权冲突的实体规则。这也意味着,即使各国都将其国内法的域外适用限定在合理、公认的管辖权基础之上,管辖权重叠所导致的"平行管辖"现象依然可能会存在,国家间的管辖权冲突也

〔102〕 The Restatement (Fourth) of Foreign Relations Law, § 407, p. 188.

〔103〕 Ibid., p. 189.

依然无法彻底消除。可以说,国内法域外适用的国际秩序在一定程度上仍然需要依靠各国的“自我限制”来维护。

因此,一些国家出于国际礼让的目的,对其国内法的域外管辖进行了一般意义上的限制,〔104〕这些限制也对国际法的管辖权理论起到了重要的补充作用。而在出口管制这一具体领域,美国、欧盟等域外立法还通过设置豁免条款的方式进一步限制自身立法管辖权。从域外的立法例中可以看出,设置豁免条款的考量因素主要包括维护贸易秩序、促进基础研究、人权保护等,其中一些豁免条款也直接将某些域外管辖的情况予以排除。

对于《出口管制法》的域外适用制度而言,参考域外立法经验,设置相关的豁免条款也是十分必要的。以再出口的相关规则为例,设置豁免条款能够排除掉某些明显缺乏合理性的管辖。比如,进口商在获得来自中国的管制技术后,向其公司的外籍员工公开管制技术的行为,在构成要件上就有可能成为《出口管制法》所管辖的再出口行为(或称“视同再出口”);在进口商是最终用户的情况下,还可能构成对最终用户与最终用途规则的违反。然而,对于这类行为如果一律要求向中国申请许可,或是对其进行处罚,必然会遭到进口国的反对,因为这将在很大程度上影响进口国公司正常业务的开展。关于这一问题,域外的立法经验是值得借鉴和参考的。例如,根据美国《出口管理条例》,如果外籍员工是“长期”且“正式”的雇员,且满足一定的身份和国籍条件,那么上述行为就不会受到美国法律管辖。〔105〕

当然,豁免条款往往涉及出口管制工作的具体操作细节,排除管辖的交易类型也纷繁复杂,因此并不适宜在《出口管制法》这一“统领性”立法中进行直接规定。《出口管制法》可以授权相关出口管制执法部门通过部门性规章等形式对豁免情况进行列举。相关执法部门可以在借鉴域外立法经验的同时,结合自身执法实践,对相关规则进行定期的调整与优化。

---

〔104〕 例如,美国法律通过反域外适用原则、一致解释原则等对美国国内法的域外效力进行限制。参见杨永红:《次级制裁及其反制——由美国次级制裁的立法与实践展开》,载《法商研究》2019年第3期,第174页。

〔105〕 美国《出口管理条例》在第730.20条列举了“不属于视同再出口”的情况,其中就包括公司向其雇员发布“技术”或源代码,但要求该雇员具备以下条件:(1)需为“长期和正式雇员”;(2)并非“被禁止的人”(Proscribed person);(3)“仅为国家组A:5中的国民”(排除双重国籍的情况)。See Export Administration Regulation, 15 C. F. R. 730. 20.

结 语

《出口管制法》的出台正值美国借助其出口管制法强力打压中国企业之际。因此,《出口管制法》的域外适用制度不但是中国法律域外适用体系的有机组成部分,更是中国维护国家根本利益、保护本国企业和个人合法权益的重要制度工具。从对外政策的角度说,丰富中国处理对外关系的“法律工具箱”也具有现实价值。

但是,在服务于政策目标的同时,《出口管制法》等涉外立法也应当遵从国际法规则。虽然根据“荷花号案”的判决,只要不存在国际法上的禁止性规定,国内法的域外适用都应当是被允许的。但在实践中,国家一般会根据是否具备合理、公认的管辖权基础来正当化或批判国内法域外适用的现象。[106] 而国内法域外适用的“合法性”也主要通过管辖权理论予以判断。[107] 这都说明了将《出口管制法》域外适用制度建立在合理、公认的管辖权基础之上的重要性与积极意义。基于这一理念,笔者建议,首先,可以将“境内组织”的概念扩大到管理中心地或主要营业地在中国境内的公司,但应排除中国公司所控制或实际控制的外国公司;其次,不宜通过“微量允许规则”扩张管制物项范围;最后,应当将对外国主体再出口行为的管辖限定在危害中国国家安全和利益,或存在某些严重的国际罪行,或对中国有其他“实质性”或“直接、重大、合理可预见”的影响的范围内。

诚然,国际法的管辖权理论本身存在明显的局限性,而《出口管制法》域外适用制度的构建也不仅仅以管辖权基础为依据。[108] 但在国内法域外适用理论尚不完备且争议不断的当下,《出口管制法》域外适用制度的构建本身也是中国在国内法域外适用问题上的一次国家实践,同时更是中国通过良好实践发展与塑造国际法的重要努力。深度参与国际规则的构建、不断

---

〔106〕 The Restatement (Fourth) of Foreign Relations Law, § 407, p. 190.

〔107〕 一般情况下,一国以传统国际法中公认的管辖权基础主张域外管辖权具有“国际法上确定的合法性”,而以有争议的管辖权基础提出主张,“虽应推定合法,但存在不确定性”。同前注 4,第 185 页。

〔108〕 例如,在国际法的视角下,《出口管制法》域外适用制度的构建至少还需要考虑中国在世界贸易组织法之下的义务以及其他国际条约义务。

贡献中国智慧,也是中国作为负责任的大国所应当承担的责任。

Improvement of the Extraterritorial Application System of the Export Control Act of China

—A Study Based on the Jurisdiction Theory

Ma Mingjun

Abstract: The Export Control Act of China regulates its extraterritorial application in principle, but these provisions of principles cannot guide the practice clearly because of the lack of more detailed rules. The key and difficulty of perfecting the extraterritorial application system of the Export Control Law of China lie in clarifying the scope and boundary of its extraterritorial application. The study of the jurisdiction theory in international law and related foreign practice provides a new way of approaching this issue. From the perspective of jurisdiction basis, "domestic organizations" governed by the Export Control Act of China may include companies whose central management or principal place of business is in China, but foreign companies controlled or actually controlled by Chinese companies shall be excluded. In terms of controlled items, it is inappropriate to introduce the "*de minimis* rule". Meanwhile, the reexport by foreign entities shall be governed on the condition that the national security and interests of China are jeopardized, or there are certain serious international crimes, or there are other "substantial" or "direct, significant and reasonably foreseeable" effects on China.

Keywords: Export Control Law; Extraterritorial Application; Jurisdiction Basis; *De Minimis* Rules; Reexport

论欧盟美国数据立法的域外适用与中国因应

◇ 李昊恩*

【内容摘要】数字治理是随着数字经济发展而产生的新型治理，数字经济的快速发展带来了国家之间数字治理模式的竞争。目前，欧盟、美国都谋求在国际数字治理中抢得先机，而数据立法的域外适用则逐渐成为实现这一目标的共同趋势。欧盟《通用数据保护条例》的域外适用主要体现在其正文第3条及相关的解释说明中。其中第3条第1、2款确立了该条例管辖的两个标准——“设立机构标准”和“目标指向标准”，力图实现对欧盟内外数据的全面管辖。美国《澄清境外数据合法使用法案》主要解决跨境收集数据中的执法问题，并明确了美国政府对储存在他国数据的执法管辖权，也规制他国政府对储存在美国数据的执法管辖权。欧盟、美国通过输出代表本国利益的数据立法，意图进一步抢占全球数字治理的话语权，这一做法广泛影响了世界其他国家（地区）的数据立法，也带来了制度竞争零和博弈的潜在危机。中国在实现法律域外适用的过程中，应当注重数据立法的特殊性与重要价值，明确数据立法的价值导向，形成法律域外适用的良好实践，影响国际数字治理的未来方向。

【关键词】欧盟；美国；数据立法；中国法域外适用

引 言

互联网被认为是21世纪的贸易通道。在互联网及其相关技术高速发

* 北京大学法学院2020级博士研究生。

展的推动下,贸易通过网络的信息处理和数字交换,实现了减少流通渠道、直接面对用户,从而进一步打破了贸易的地域限制,使得资源与要素流动的成本大大降低。在逐步进入数字化的全球经济中,数据的重要性堪比工业时代中的石油,成为驱动全球经济社会发展的核心资源;[1]然而,数据流动依托的互联网有其天然的开放性与自由性,而数据的本地化存储又是对数据资源利用的必然要求。数据自由化要求与本地化现状带来了三方面的问题:第一,数据的流动并非是国家间的均匀流动,而是由发展中国家流入发达国家的态势;[2]第二,数据所有者与储存地的分离,常使其落入不同的主权领土内,因而导致了数据管辖权的碎片化与治理体的不确定化;[3]第三,国际贸易制度框架中缺少相应的协调机制,高度分散的监管体系大幅度推高数据流动的成本,各国都力图以本国的数字治理规则塑造国际制度,导致了国家间广泛的治理竞争。实践中,欧盟与美国已经制定了较为成熟的数据立法,并在其中确立了域外适用规则,力图将本区域与本国的数据治理规则适用于域外,以进一步扩展其在数字治理领域的影响力。然而,这种单方面的扩张往往建立在对他国网络主权与数据安全的侵害之上。[4] 目前,中国正加快建设中国法域外适用的法律体系,数据治理的特殊性与域外数据立法的现状,使得数据立法在中国法的域外适用研究中具有重要的典型价值与现实意义。本文分析欧盟与美国数据立法中有关域外适用的规定,反思与总结数据立法域外适用中的问题与规律,梳理与归纳中国数据立法域外适用的现状与不足,对进一步提高中国数据治理的制度竞争力,参与全球数据治理体系的建设并且提出具体建议。

一、欧盟数据立法中的域外适用

欧盟国家较早就开始了统一的数据立法工作。1981 年欧洲委员会颁

---

〔1〕 Neil Robinson, Hans Graux et al., *Review of the European Data Protection Directive* (Rand Corporation, 2009), p. 13.

〔2〕 Olivia Nottebohm, James Manyika, Jacques Bughin et al., *Online and Upcoming: The Internet's Impact on Aspiring Countries* (McKonsey & Co., 2012), p. 2.

〔3〕 Aaditya Mattoo, Joshua Paul Meltzer, "International Data Flows and Privacy: The Conflict and Its Resolution", 21 *Journal of International Economic Law* (2018), p. 770.

〔4〕 邵怿:《论域外数据执法管辖权的单方扩张》,载《社会科学》2020年第10期,第1页。

布了《个人数据自动化处理中的个人保护公约》(Convention for the Protection of Individuals with regard to Automatic Processing of Personal Data),但是这一公约并未在当时的欧共体中产生重要的影响。1995年,欧洲委员会发布了《数据保护指令》(Data Protection Directive,以下简称《指令》),《指令》以最低保护限度为原则,最大程度上保证了对欧洲各国的协调适用,初步建立起欧洲国家之间共同的数据保护体系。2016年4月27日,欧盟通过了《通用数据保护条例》(General Data Protection Regulation,以下简称欧盟《条例》),该条例于2018年5月25日正式生效。这部新的数据保护条例凝结了几十年来欧盟在个人数据保护领域的丰富实践成果,体现了欧盟对个人数据权利的持久关注,以及对其日趋严格的保守倾向。[5]

欧盟《条例》的域外适用主要体现在其正文第3条及相关的解释说明中。其中第3条第1款、第2款确立了欧盟《条例》管辖的两个标准——"设立机构标准"和"目标指向标准";第3款规定了因国际法规则使得欧盟《条例》得以适用情况。该条确立了欧盟《条例》管辖的地域范围,并考虑了数据收集、处理、流动中可能的多重连结点,使位于欧盟外的数据运营者、数据处理行为以及非欧盟公民的数据流动都有可能受到欧盟《条例》的管辖,最大程度地扩张了欧盟《条例》的适用范围。2019年11月12日欧洲数据保护委员会(European Data Protection Board)发布了《关于欧盟〈条例〉地域范围的第3/2018号指南》(以下简称《指南》),进一步对欧盟《条例》第3条的适用作出了指导性解释。

(一)"设立机构标准"的适用

欧盟《条例》第3条第1款确立了对欧盟内数据控制者和处理者处理行为的管辖权。在欧盟内设有经营机构的数据控制者或数据处理者,一旦数据处理行为发生在该机构的活动背景之下,即使数据处理行为发生在欧盟之外,该行为也要受到欧盟《条例》的管辖。"设立机构标准"确立了数据的属地管辖原则,但是考虑到数据的流动性与监管的需要,进一步将属地管辖的对象由欧盟内的实体扩大解释至实体活动下的行为,产生了域内适用与

---

〔5〕 孔庆江、于华溢:《数据立法域外适用现象及中国因应策略》,载《法学杂志》2020年第8期,第1页。

域外适用的双重效果,初步实现了数据管辖权向欧盟外实体的扩张。该条标准的适用应当考虑以下三个要件:其一,存在欧盟《条例》定义下的“设立机构”;其二,数据处理行为与设立机构活动的关联性;其三,该处理行为的发生地不限于欧盟内部。

1. 欧盟《条例》中关于“设立机构”的界定。欧盟《条例》序言第22条中对设立机构进行了说明,其强调了“稳定安排”与“有效真实活动”两个要件,并且无论安排的形式如何,都不会影响对“设立机构”的认定。〔6〕 同时,对“设立机构”的解释还具有逐渐扩大的趋势,欧盟法院的判决认为:仅仅进行最低程度的工作,只要满足上述两个要件,就有可能构成对“设立机构”的认定。〔7〕 因此,是否在欧盟内设立了机构,不能单单以是否在欧盟内部设立经营实体进行判断,而是以在欧盟内部经营活动的稳定性和有效程度来判断。而“最低工作程度”标准的引入,又进一步使雇佣、代理等间接商业行为具有成为“设立机构”的可能,只要这些行为具有足够的稳定性。

2. 数据处理行为与设立机构的关联性。根据欧洲数据保护委员会的解释,关联性应当从两方面进行理解。一方面,不能对“在设立机构的背景下”进行过多地限制解释,从而导致欧盟《条例》管辖权的限缩。设立机构对数据的直接处理应自然被认为是与设立机构具有关联性,但是在设立机构并未直接对数据处理行为的情况下,在该设立机构直接影响下的欧盟外实体对数据的处理行为,也将被认为与该设立机构具有关联性,因而受到欧盟《条例》的管辖。另一方面,也不能对这一概念做超出其合理性之外的扩大解释,例如不可能仅仅因为企业网站在欧盟中是可访问的,就断定非欧盟实体在欧盟内设立了机构。〔8〕 鉴于欧盟《条例》扩大其管辖权的立法目的,数据处理行为与设立机构的关联性应当秉持个案分析的思路,结合具体案情展开分析,欧盟法院是其最终裁断者。但是“在设立机构的背景下”应当理解为设立机构是否直接进行了数据处理行为,或者间接对数据处理行为施加了影响的范围内善意解释之。《指南》中对如何界定这种影响的程度作出

---

〔6〕 欧盟《条例》序言第22条:“设立是指通过稳定的安排来实施有效和真实的活动工作,而这种稳定的安排是何种形式,如法人的分支机构或者附属机构等,并不影响该安排的性质。”

〔7〕 *Weltimmo v. NAIH*, Judgment, [2015] JEU C-230/14, para. 31.

〔8〕 *Verein für Konsumenteninformation v. Amazon EU Sarl*, Judgment, [2016] CJEUC-191/15, para. 76.

了进一步解释：某些数据处理行为虽然发生在欧盟内，但是与欧盟鲜有联系（或者偶有联系），也不能对该行为的法律适用进行过度扩大解释，导致欧盟《条例》的错误适用。〔9〕

3. 数据处理行为的发生地不限于欧盟内部。欧盟《条例》序言第14条表明，不论自然人的国籍与居住地如何，该条例对其个人数据的处理均能加以保护。同样地，欧盟《条例》第3条第1款也印证了这一宗旨，即只要数据控制者或处理者在欧盟内部设立机构，其处理个人数据的行为就应当受到欧盟《条例》的管辖。这一规则突破了属地管辖权的地域限制，实现了其技术性扩张。

（二）"目标指向标准"的适用

欧盟《条例》第3条第2款确立了"目标指向标准"，即在欧盟境内没有设立机构的数据控制者或者数据处理者，其处理欧盟内数据主体个人数据的行为，也将受到欧盟《条例》的管辖。而处理活动包括向欧盟内的数据主体提供商品或服务，以及对数据主体在欧盟内的行为检测。〔10〕对该条标准的适用应当考虑以下两个要件：其一，存在"欧盟内"的数据主体；其二，存在向"欧盟内"主体提供商品或者服务，以及检测了数据主体在欧盟境内发生的行为。

1. "欧盟内"的数据主体。欧盟《条例》的原文为："subjects who are in the Union"，因此这一概念既可以包括事实上的存在，也可以包括法律上的存在。除了一般认为的国籍、身份连结点外，在欧盟境内的居住、工作、旅行也有可能被认为是在"欧盟内"。这一概念极为宽泛地扩大了数据主体的概念的范围。

2. 提供商品或服务，或检测数据主体在欧盟内的行为。欧盟《条例》序言第23条表明，在确定是否向在欧盟中的数据主体提供货物或服务时，应

〔9〕 俞胜杰、林燕萍：《〈通用数据保护条例〉域外效力的规制逻辑、实践反思与立法启示》，载《重庆社会科学》2020年第6期，第68页。

〔10〕 欧盟《条例》第3条第2款："本条例适用于由未在欧盟内设立的数据控制者或处理者处理欧盟内的数据主体的个人数据，其中处理活动涉及：（一）提供商品或服务，而不论数据主体是否需要支付费用；（二）对上述数据主体在欧盟境内的行为进行监测。"

当考虑数据处理者或者控制者是否有“明确地设想”。[11] 这一标准加入了对数据控制者或者处理者的主观意图判断。欧盟法院的相关判例对以上标准作出了进一步的阐释,在“帕玛尔案”和“海勒案”中,法院认为判断是否意图提供商品或服务,应包括但不限于相关商业活动的合同在消费者住所地国订立;或者通过任何手段,在该国或者包括该国在内的多个成员国实施商业活动,且订立的合同处于该商业活动范围之内。[12] 笔者认为,这一标准要求数据处理者或控制者的商业行为具有“明确性”,因此向不特定多数人公开的联系方式,或者网站在欧盟内可以访问等事实,不足以成为法官认定明确性的依据。

“目标指向标准”的第二类活动强调了数据控制者或处理者的监测行为也应当受到欧盟《条例》的管辖。欧盟《条例》第3条第2款b项规定的该种行为类型极为广泛,基本囊括了目前互联网服务商对数据主体进行数据监测的主要情形。[13] 对数据主体的检测并未要求数据控制者或处理者具有“明确地设想”这一主观意图,而是通过对具体情况的列举对其行为进行客观的考虑,推定监测行为具有其特定的目的。欧盟《条例》序言第24条表明,对监测行为的管辖规制的是数据控制者或处理者对个人数据进行跟踪处理并预测其决策的行为。

(三)引入“代表制度”强化可执行性

欧盟《条例》第27条第1款规定,未在欧盟设立经营场所的数据控制者或者处理者应该以书面方式指定一名在欧盟的代表。[14] 欧洲数据保护委员会在《指南》中指出,代表与数据控制者或处理者之间为雇佣关系,其遵从

---

〔11〕 欧盟《条例》序言第23条:“为了确定这样的控制者或处理者是否向在欧盟中的数据主体提供货物或服务,应当确定他们是否明显地设想向在欧盟中的一个或多个成员国的数据主体提供服务。”

〔12〕 *Peter Pammer v. Reederei Karl Schlüter GmbH & Co. KG*, Judgement, [2010] CJEU C-585/08 and *Hotel Alpenhof GesmbH v. Oliver Heller*, Judgement, [2010] CJEU C-144/09.

〔13〕 欧盟《条例》第3条第2款b项规定的数据控制者或处理者监测数据主体在欧盟中的行为类型广泛,尤其是:a. 根据用户行为而特别提供广告;b. 为了营销目的而实施地理定位活动;c. 通过使用cookie或其他跟踪技术(如指纹)进行在线跟踪;d. 个性化饮食和监测或定期报告个人的健康状况;e. 使用监控设备;f. 根据个人资料进行市场调查和其他行为研究。

〔14〕 欧盟《条例》第27条第1款:“在第3条第2款适用的情况下,控制者或处理者应以书面形式在联盟中指定一名代表。”

后者的意志完成特定的任务。这一规定最终落实了欧盟《条例》的管辖权向域外的扩张，通过代表的设立，在数据监管机构、数据控制者或处理者、数据主体之间构建了平台，从立法层面为最终的执法管辖进行背书。

二、美国数据立法中的域外适用

美国政府对境外数据管辖权的确立源于 2014 年的“美国诉微软案”，该案的核心争议点在于美国司法部的执法管辖权是否及于微软公司储存于美国境外的数据。案件双方各执一词，直至上诉到美国最高法院。然而在 2018 年 3 月，美国政府紧急通过了《澄清境外数据合法使用法案》（Clarifying Lawful Overseas Use of Data Act，以下简称“云法案”），在美国最高法院作出判决之前，确立了美国政府对境外数据的管辖权。最终案件以美国司法部的撤诉结束，而该法案引入的“控制者标准”也成为美国数据管辖权域外扩张的基本立场。

与欧盟《条例》不同的是，“云法案”主要解决的是跨境收集数据中的执法问题，因此该法案聚焦两个问题：一是明确美国政府对储存在他国数据的执法管辖权；二是规制他国政府对储存在美国数据的执法管辖权。同时，“控制者主义”带来的管辖权冲突会导致企业陷入合规困境当中，“云法案”通过“礼让分析”的方法对这一问题加以弥合。

（一）“控制者标准”的适用

与欧盟不同的是，美国拥有全球最发达的互联网产业，是主要的商业数据输出国。因此，虽然两部法令都力图实现管辖权的域外扩张，相对于欧盟《条例》的保守性与防御目的，“云法案”更具有侵略性与实操性。“云法案”规定：“无论通讯、记录或其他信息是否存储在美国境内，服务提供者均应当按照本章所规定的义务要求，保存、备份、披露通信内容、记录或其他信息，只要上述通信内容、记录或其他信息为该服务提供者所拥有、监护或控制。”这一规定以美国企业为连结点，突破了属地管辖与属人管辖，实现了管辖权的扩张。在外国政府能够向美国企业要求提供储存在美国的数据资料这一问题上，“云法案”提出了苛刻的要求。法案要求外国政府必须是“适格外国政府”，而这一身份的判断权掌握在美国当局手中。总的来说，美国政府对“适格”的标准有着严格的限制,这与美国极具对储存在他国的司法域外适用形成了鲜明对比,二者在实践中并不对等。

(二)“礼让分析”的适用

“云法案”中的“控制者标准”确立了美国数据立法域外适用的基本立场,但是这一标准的适用也让美国本土的数字企业面临潜在的法律义务冲突。一般来说为了维护一国的数据主权,数据存储地国都会对数据的出境施加一定限制,“控制者标准”有可能会让美国本土的数字企业不可避免地陷入其中一国的法律制裁中。“礼让分析”选择作为“控制者标准”的例外规定,在满足一定要求的情况下豁免了企业的数据披露义务。

“礼让分析”的适用有两个前提条件:第一,适用对象不适格,数据指向的用户并非美国公民且不在美国居住;第二,产生立法冲突,即服务提供者披露数据会违反“合格外国政府”的立法。〔15〕 在满足以上两个条件的情况下,法官还需要结合“云法案”列举的七项因素来进行个案的“礼让分析”。〔16〕

笔者认为,这一原则的适用条件较为严格,在个案中能否证成的不确定性很大。首先,该标准适用的对象是“非美国公民或居民”,从适用主体上就进行了大范围的排除;其次,美国对于“适格外国政府”有着严格的要求,仅仅包括那些与美国政府签订了双边取证行政协议,并且在实体和程序上为数据服务企业提供了充分法律保障的外国政府。〔17〕 与美国签订双边取证行政协议,又需要以下三个要件:〔18〕第一,该国已对隐私等公民权利提供了充分的法律保护;〔19〕第二,该国应采取适当的数据获取程序,使该国对美国

〔15〕 “云法案”第3节第2款。

〔16〕 “云法案”第3节第2款第3项:包括美国以及外国政府在本案中的利益相关性、运营商与美国的关联程度、披露信息所引发外国法上的法律后果、涉案用户与美国的关联性、被要求披露的信息对于案件调查的重要性以及是否存在其他更便捷的数据获取方案。

〔17〕 “云法案”第3节第2款。

〔18〕 “云法案”第5节第1款。

〔19〕 对于公民权利保护标准的评估,“云法案”规定了6项审查要素,分别是:(1)该国立法是否在网络治理方面提供了符合《网络犯罪公约》的程序和实体保护;(2)该国对法治、非歧视原则以及国际基本人权的承诺和尊重程度;(3)该国政府收集、获得、使用和共享数据的行为是否有明确的法律要求和监管程序;(4)该国政府是否会为其收集和使用数据的行为承担行政责任;(5)该国是否建立起保障程序合法性和透明度的机制;(6)该国是否作出促进和维护全球信息自由流动、开放互联网的承诺。

公民数据的获取降至最低程度；第三，该国政府依据协议发布的数据披露指令满足法案规定的十一项限制。[20]

三、欧美数据立法域外适用的影响与反思

（一）欧美数据立法域外适用的影响

在欧盟、美国加强数据立法的域外适用的影响下，世界上其他国家（地区），如英国、日本、韩国、南非、巴西等国也在近年相继出台或革新了个人信息保护相关法律。虽然在具体制度设计上存在差异，但在法律地域适用范围上，欧美所推行的将符合法定条件的境外数据控制者和处理者纳入适用范围已经成为多数国家（地区）的共通做法。

《英国数据保护法 2018》（Data Protection Act of 2018）第 207 条规定了域外适用情形，基本上沿用了欧盟《条例》的效果原则，将在英国设立机构背景下实施的数据处理行为纳入规制范围。除此之外，对于在英国不存在设立机构的情况下实施的数据处理行为，在欧盟《条例》第 4 条规定的第二种情形基础上，还要求处理行为与英国境内的数据主体有关，这一点与欧洲数据保护委员会的意见一致。随后，该条还规定了设立机构的四种情形，其中甚至包括了自然人。[21] 相较于欧盟《条例》，《英国数据保护法 2018》将效果原则规定得更加清晰，即凡是涉及英国境内数据主体的处理行为，原则上都要受到约束。同时，考虑到现代办公的移动化和灵活化，对于设立机构的认定也尽可能地覆盖所有情形，不以拥有特定组织或办公场所为必要条件。

2020 年 7 月 1 日生效的《南非个人信息保护法》（Protection of Personal Information Act）第 2 章适用条款“法律的适用与解释”部分在属地管辖的基础上，借鉴欧盟《指令》第 4 条（1）（c）的做法，将非在共和国境内定居，但在共和国境内使用自动化或非自动化工具处理个人信息的“负责主体”（responsible party）纳入规制范围，除非这些工具仅被用于通过共和国传输

〔20〕 “云法案”第 5 节第 1 款。

〔21〕 The UK. *Data Protection Act* 2018，207 Territorial application of this Act.

个人信息。[22] 2019 年 12 月,《印度 2019 个人数据保护法令》(The Personal Data Protection Bill,2019)提交国会审议,第 2 条规定了法令的域外效力。在适用情形上,其基本沿用欧盟《条例》的模式,将任何与印度有业务联系,向印度境内数据主体(data principal)提供商品或服务的系统性活动和实施用户画像的境外企业纳入规制范围。[23] 在具体表述上,印度立法者摒弃欧盟《条例》中的"背景"(in the context of)概念,而采用"联系"(in connection with),使其在法律解释上更加清晰明确。2018 年 8 月出台的《巴西通用数据保护法》(Lei Geral de Proteção de Dados)借鉴欧盟《条例》规定了域外效力,将适用范围延伸至巴西领土范围之外,将以为巴西境内数据主体提供商品或服务或处理其个人数据为目的的行为纳入规制范围。此外,还增加了"所处理的个人数据是在巴西境内收集的"这一情形。[24] 2018 年修订的《澳大利亚隐私法 1988》(Privacy Act 1988)第一节 5A 明确规定该法适用范围延伸至外部领土,5B 对域外适用作了具体规定,其中最重要的即为"澳大利亚连接"(Australian link)概念,其情形包括了澳大利亚公民,在澳大利亚境内非因法定原因持续存在的人,在澳大利亚或境外设立的合作组织、信托、法人、其他组织等,在实质上,其内容与欧盟《条例》中的"in the context of"相似,均是通过境外企业与主权国家或地区的联系来扩大域外适用范围。[25]

综上可见,在数据立法域外适用制度上,多数国家和地区以欧盟《条例》与"云法案"为参考,虽然在表述上有所不同,但基本上以更具弹性的地域连接点为主要触发条件。这一国际立法现象表明,在尚未形成国际惯例和条约的现状下,通过各国(地区)立法进行域外适用是各国(地区)维护数字主权并参与国际数字治理的共通做法,而这种共同做法带来的一系列潜在问题也亟待反思与解决。

---

〔22〕 *Protection of Personal Information Act*, Ch. 2, Application Provisions.

〔23〕 *The Personal Data Protection Bill*, Ch. I, 2, Application of Act to processing of personal data (2019).

〔24〕 *General Data Protection Law*, Art. 3.

〔25〕 *Privacy Act*1988, Pt. I—Preliminary, 5A, 5B.

（二）数据立法域外适用的反思

1. 危机：管辖权冲突的零和博弈

零和博弈（zero-sum game），是指参与博弈的各方，在严格竞争下，一方的收益必然意味着另一方的损失，博弈各方的收益和损失相加总和永远为“零”，双方不存在合作的可能。数字经济的繁荣依赖于数据的流动，而数据立法的域外适用总是建立在伤害他国利益的基础上。以“云法案”为例，在微软案中，美国司法部指令微软公司提供存储在爱尔兰的数据，而这些数据本身由于存储国的国家安全原因不得出境。同时“云法案”的“适格外国政府”标准也会使一些国家陷入美国与他国、他国与他国之间适用不同待遇的两个“差别待遇”中。

2021 年 6 月 10 日，《中华人民共和国数据安全法》（以下简称《数据安全法》）正式颁布；2021 年 8 月 20 日，《中华人民共和国个人信息保护法》（以下简称《个人信息保护法》）正式颁布。两部法律中都规定了法律的域外适用情况。2021 年 1 月 9 日商务部公布了《阻断外国法律与措施不当域外适用办法》（以下简称《阻断办法》）以实现对他国法律域外适用的阻却。规定法律的域外效力与实施阻断法是目前国际上处理管辖权冲突的一般做法，在对等原则的指导下，这些做法能在一定程度上维护我国的利益，但是要以更加主动的姿态实现中国法的域外适用，必须要实现合法性与合理性的双重考量，避免陷入零和博弈的困境。

2. 理论：数据立法域外适用的合法性

如上文所述，要解决实践中出现的管辖权冲突与零和博弈的危机，有必要引入的问题是：传统理论上数据立法管辖权的域外扩张是否具有合法性？或者说传统的国家管辖权理论还能否赋予数据立法足够的合法性？一般认为，国家管辖权分为以下几种：（1）属地管辖权：以领土为对象对领土及资源管辖，以领土为范围，对领土内人、物、事管辖；（2）属人管辖权：包括船舶、航空器、航天器等获得国籍的特定物；（3）保护性管辖权：外国人在领土外行为所侵害的是该国或其公民的重大利益，构成该国刑法规定之罪行或规定应处一定刑罚以上的罪行，并且该行为根据行为地法律同样构成应处刑罚的；（4）普遍性管辖权：战争罪、破坏和平罪、违反人道罪、海盗罪，还包括灭绝种族、贩卖毒品、种族隔离、实施酷刑、劫持航空器等犯罪，各国均具有管辖权。

上述的管辖权理论产生于主权国家兴起后的国际实践,是由领土、人民、主权组成的现代国家理论的必然推导,但是数据流动中的特性使得传统的管辖权理论产生了局限性。首先,属地管辖解决的是国家主权空间效力的问题,领土的边界即是管辖权的边界。但是数据的流动与本地化可能涉及一个以上国家的领域问题,以属地原则进行管辖权的追索必然带来管辖权的冲突。其次,属人管辖解决的是国家主权主体的问题,国籍的确认即是管辖权的确认,但是数据的主体通常不是数据的控制者与处理者,数据的控制者与处理者往往也是不确定的,以属人原则主张管辖权势必加剧管辖权的不确定性。最后,保护性管辖权一般解决的是外国人在领土外的犯罪问题,通过行为人进入该受害国境内被依法拘捕和管辖或通过国家间对行为人的引渡实现受害国的管辖权,可以看出并没有超出属地管辖的一般理解,只是对某些特性情况的适当变通,并不能直接解释为一国有权力直接将其法律的效力扩张至域外。

以欧盟《条例》第3条为例,其中的"目标指向标准"将在欧盟内没有设立机构的数据控制者或处理者纳入了管辖的范围内,只要该数据处理行为对欧盟境内的数据主体产生了实际上的"效果"或"影响"。有研究认为,欧盟《条例》的该项标准采纳了效果性原则作为其合法性来源,即国家对外国人在外国所做的,对本国产生影响的行为享有管辖权。[26] 这一原则确立于美国的反托拉斯案裁判,该原则可以被认为是属地管辖的延伸,又与保护性管辖权相像。虽然国际法给各国在数据保护领域的立法留有余地,在不违反国际法的情况下各国立法管辖权不受限制,但是无论采取何种理论为数据立法的域外适用背书,都无法获得足够的合理性,最终必然会使各国的管辖权陷入不可调和的冲突之中。合法性认同的背后首先是广泛的合理的实践,不能仅仅因为国际法对该种行为未加以规制,就理所当然地认为管辖权的域外扩张就具有合法性,而冲突后的调和与解决本质上还是对管辖权理论的回归。

3. 破局:谁才是数据真正的拥有者?

在一国领域内,数据的管辖仅需要调和数据主体和数据控制者或处理者之间的矛盾,调和的法律表达即是寻求自然人民事权益与数据企业商业

---

〔26〕 欧盟《条例》第3条第2款。

利益的平衡。有研究认为,应当为自然人的权利数据提供防御性的保护,仅在侵害自然人既有民事权益时提供侵权法上的救济。同时,考虑到大数据时代的数据活动的实际情况,肯定数据企业对数据的合法收集行为形成了对数据的原始取得,并给予与物权、人格权同等的绝对权地位加以保护。〔27〕这一观点较好地调和了数据所蕴藏的个人权利与企业利益之间的界限,但是仅仅局限于一国的主权范围之内。在一国数据立法管辖权域外扩张的过程中,国家安全、产业政策、文化价值、法律制度等多方面的原因,必然使其成为诉求数据价值的第三方,进一步加剧了数据监管的复杂程度。因此,在讨论数据立法管辖权的域外扩张时,必然要对这一问题加以明晰。

笔者认为,当数据“黏着”于不同主体时,具有不同的属性。在个人层面,数据的属性是个人信息,涉及自然人的隐私权等民事权利;在社会层面,数据的属性更接近与企业的资本,需要以产权加以确认;在国家层面,数据的属性可被视为是领域内的资源,国家对其拥有主权。数据的真正拥有者介于这三者之间,而如何定位数据的坐标,取决于一国如何权衡国家利益、社会利益与个人利益之间的关系。

4. 实质:数字时代下的制度竞争

立法是一国主权的直接体现,立法的域外适用本质上是一国主权向域外延伸的企图,其体现了国家意志,也是国家间竞争的直接体现。首先,数字经济的飞速发展带来了一系列的监管难题,迫切的监管需要与日益广泛的数字贸易之间存在内在张力,数字治理体现出了碎片化的态势,数据在不同国家之间的流动带来了不同监管模式之间的摩擦。其次,数据的流动与本地化导致数据有可能落入多重主权的领域内,而数据在当今的重要价值使得对数据的主权宣示具有重要意义,使得监管上的摩擦加剧变成主权冲突。最后,数据在不同层面上兼具了个人利益、社会利益与国家利益,不同国家由于历史观念与现实需要不同,对数据的治理有着不同的侧重点,这种治理理念的差异,实际上基本反映了不同国家制度构建中的侧重点。因此,数据立法的域外适用不仅仅是表面监管模式的摩擦,加以借鉴与取舍即可弥合,也不只是国家主权间的冲突,以传统的礼让与条约方式予以化解。如上文所述,它取决于一国如何权衡国家利益、社会利益与个人利益之间的关

〔27〕 程啸:《论大数据时代的个人数据权利》,载《中国社会科学》2018 年第 3 期,第 122 页。

系,体现的是不同国家制度间广泛而深层次的竞争。因此,若要实现我国数据立法的域外适用,应当着重研究我国数字制度竞争的定位与方向,在可能的零和博弈出现之前,尽早提出我国数字监管的国际方案,争取未来国际经贸体系中的主动权。

四、中国因应:现状与完善

(一)中国数据立法中的域外适用与阻断法

目前,中国已经在《数据安全法》《个人信息保护法》中规定了法律的域外适用条款,同时中国商务部发布的《阻断办法》也标志着我国正在建立以“长臂管辖”为代表的外国法律与措施的不当域外适用的反制措施。《数据安全法》首次规定了我国数据立法中的域外适用,但是在适用原则、适用范围和法律责任上还有待完善。[28] 《个人信息保护法》中有关域外效力的条款实现了进一步的扩充。与欧盟《条例》相关规则比较来看,其条文确有借鉴欧盟《条例》之处,但是措辞上仍有一些重要区别(见表1)。首先,相对于欧盟《条例》的“设立机构标准”,《个人信息保护法》采取了“处理行为发生地标准”:即便数据控制者或处理者在中国境内并未设立“经营场所”,但只要其处理个人信息的行为在中国境内发生(第3条第2款规定的境外处理活动除外),《个人信息保护法》仍然适用。[29] 其次,《个人信息保护法》也采取了欧盟《条例》中的“目标指向标准”,但是与欧盟《条例》中的“目标指向标准”不同的是,《个人信息保护法》的措辞似乎更加表明,向中国境内自然人提供产品或服务的实际结果将成为决定是否适用于境外数据控制者或处理者的决定性因素,而境外数据控制者或处理者自身的期望或目标并没

---

〔28〕《数据安全法》第2条:在中华人民共和国境内开展数据处理活动及其安全监管,适用本法。在中华人民共和国境外开展数据处理活动,损害中华人民共和国国家安全、公共利益或者公民、组织合法权益的,依法追究法律责任。

〔29〕《个人信息保护法》第3条第1款:在中华人民共和国境内处理自然人个人信息的活动,适用本法。

有那么重要。[30] 同时,该草案还适用于“分析和评估”中国境内自然人行为的境外处理活动。“分析和评估”的含义非常广泛,似乎能够涵盖欧盟《条例》规定的“监测活动”,而且还可能涵盖针对中国境内自然人的行为进行的一切观察、分析、评估和研究活动。最后,《个人信息保护法》还规定了域外适用的兜底条款,即“法律、行政法规规定的其他情形”,进一步增强了其域外适用的不确定性。

表 1 欧盟《条例》与《个人信息保护法》域外适用的对比

欧盟《条例》		《个人信息保护法》	
“设立机构标准”	第 3 条第 1 款:本条例适用于在欧盟内部设有经营场所的数据控制者或处理者对个人数据的处理,不论其实际数据处理行为是否在欧盟内进行。	“处理行为发生地标准”	第 3 条第 1 款:在中华人民共和国境内处理自然人个人信息的活动,适用本法。
“目标指向标准”	第 3 条第 2 款:本条例适用于如下相关活动中的个人数据处理,即使数据控制者或处理者在欧盟没有设立经营场所: (a)向欧盟内的数据主体提供商品或服务——不论此项商品或服务是否要求数据主体支付对价;或 (b)对发生在欧洲范围内的数据主体的活动进行监控。	“目标指向标准”	第 3 条第 2 款:在中华人民共和国境外处理中华人民共和国境内自然人个人信息的活动,有下列情形之一的,也适用本法: (一)以向境内自然人提供产品或者服务为目的; (二)分析、评估境内自然人的行为; (三)法律、行政法规规定的其他情形。

《阻断办法》的核心内容主要包括立法目的、适用范围与适用主体、及时报告义务、工作机制、合规标准判断、相关救济保密规定等七个部分。其中

〔30〕《个人信息保护法》第 3 条第 2 款:在中华人民共和国境外处理中华人民共和国境内自然人个人信息的活动,有下列情形之一的,也适用本法:(1)以向境内自然人提供产品或者服务为目的;(2)分析、评估境内自然人的行为;(3)法律、行政法规规定的其他情形。

《阻断办法》第6条规定的合规标准判断具有一定的探讨价值。[31] 本条是对《阻断办法》立法宗旨和相关条文的具体化。其中,第二、三种情形下的适用情况与我国数据立法域外适用的立法目的相同,第四种情形为兜底条款。值得注意的是,第一种情形中对是否违反国际法的判断具有一定的明确性,但是如何确认国际关系基本准则有一定的困难,包含一切成文的和不成文的规则。在数据立法方面,目前尚缺少对跨境数据流动管辖的国际法规则,而传统国际关系准则似乎又很能与跨境数据管辖的复杂性相协调。

目前,我国已初步在数据立法中实现了域外适用,并配套以《阻断办法》对他国不合理的法律域外适用进行规制。但是,相关条款仍具有适用中的不确定性与优化的空间。同时,我国在《阻断办法》中的合规标准似乎不能完全解决不同数据立法之间的适用冲突。这些问题凸显了数据立法在中国法域外适用中的特殊性与重要性,亟待进一步完善。

(二)中国数据立法域外适用的完善

关于进一步完善中国数据立法的域外适用,笔者认为应当从以下三个方面加以考虑:

第一,明确数据立法的价值导向。数据立法的域外适用本质上是制度竞争与制度输出,必须对数据立法背后的价值立场、历史影响与现实考量进行全面的理解。[32] 这一方法不仅应当用于对欧美数据立法的解读,也应当作为我国数据立法域外适用的首要考量。我国目前并没有基于个体主义的隐私文化,我们对个人信息的理解,某种意义上依然具有社群主义的特征。[33] 同时,中国作为电子商务大国,应当注重保护数字企业的商业利益,并最终维护数字的国家主权。因此,中国应当对数据“黏着”在不同主体间的利益取舍加以明确:为个人的信息提供防御性的保护,仅在其受到侵害时

---

〔31〕《阻断办法》第6条:有关外国法律与措施是否存在不当域外适用情形,由工作机制综合考虑下列因素评估确认:(1)是否违反国际法和国际关系基本准则;(2)对中国国家主权、安全、发展利益可能产生的影响;(3)对中国公民、法人或者其他组织合法权益可能产生的影响;(4)其他应当考虑的因素。

〔32〕叶开儒:《数据跨境流动规制中的“长臂管辖”——对欧盟GDPR的原旨主义考察》,载《法学评论》2020年第1期,第116页。

〔33〕刘晗:《隐私权、言论自由与中国网民文化:人肉搜索的规制困境》,载《中外法学》2011年第4期,第877页。

提供侵权法上的救济；承认企业对合法收集的数据的原始取得，给予其绝对权的保护；强调数据对国家的战略资源意义，维护国家数据主权，对一些涉及国家安全的重要数据参考《出口管制法》的思路，对其进行绝对地限制流动。

第二，形成域外适用的良好实践。在明确数据立法价值导向的前提下，中国应当以上述价值为导向进行规则输出，并形成良好的实践。首先，可以对现行数据立法中的管辖权条款进行充实和完善。例如在《数据安全法》中增加一款，要求数据活动应遵循“合法、正当、必要、安全”的原则，要求明示数据活动的目的、方式和范围，确立数据立法域外适用的合理性。其次，遵循中国数据立法的价值导向，协调国家管辖权理论，避免数据立法域外的无序与不平等适用。对于涉及国家安全并且已经本地化的数据，其本质是国家的重要战略资源，应当实行严格的属地管辖；对于数字企业合法取得的个人信息，其本质接近于企业的资本，在维护其自由流动的同时，应当以属人管辖与属地管辖相结合的方式进行管辖，并且在属地管辖的情况下摒弃欧盟《条例》的“最低联系”原则，而是以“最低保护标准”予以解决，即只有数据本地化国家的数据保护水平达到一定条件才能主张属地管辖，防止数据本地化对数据流动的过度限制；对于个人数据，应当进行有限度的保护性管辖，而主张保护性管辖则必须证明数据的取得违反了上文中所提到的数据活动原则。中国可以首先在“一带一路”沿线国家以及《区域全面经济伙伴关系协定》(Regional Comprehensive Economic Partnership)成员国内对上述原则进行实践，并且积极利用目前可行的争端机制，以判决的形式对上述原则加以检验和确认，进一步达成多数国家内的共识。

第三，实现数据流动的全球治理。数字技术正日益改变国际贸易格局。由于数字环境的无国界性，在大多数领域，国际合作正帮助各国政府从数字贸易中获取更多利益。然而，各国在贸易自由、网络隐私、言论自由、国家安全等方面有着不同的侧重点，很难实现跨境数据流动战略的全球统一。[34] 现有的国际贸易法律规则无论实在双边还是多边层面，都无法对数据流动的合理监管作出回应。考虑到数据管辖权的特殊性和其在数字经济时代的

〔34〕 戴艺晗：《贸易数字化与监管碎片化：国际贸易制度框架下跨境数据流动治理的挑战与应对》，载《国际经济法学刊》2021 年第 1 期，第 13 页。

重要性,国家之间对数据管辖权之间的争夺与阻断已经成为类似关税的贸易壁垒,世界贸易组织(以下简称世贸组织)在应对跨境数据流动监管挑战方面的作用应得到重视。世贸组织相关改革提到,可以在《服务贸易总协定》(General Agreement on Trade in Services)的8个附件的基础上增加一个专门的跨境数据流动附件。[35] 但是世贸组织的陈旧规则似乎已经无法适应数字经济的快速发展所带来的压力,国际社会亟待一个健全的跨境数据流动治理框架。中国应当把握时机,在进行区域性管辖权实践的前提下,不断实现国际法规则的固定化。事实表明,诸边贸易协定为世贸组织上诉机制的功能性瘫痪解决提供了可能方案。中国同样可以以诸边贸易协定的方式,在世贸组织成员国内输出监管规则,可以考虑将世贸组织的争端解决机制适用于成员国间数据管辖权的确认之中,通过斡旋、谈判、调解等必要的前置程序友好解决数据管辖权冲突,对争议较大的冲突,率先引入"管辖权之诉"作为争端解决的前置程序,以保证不同监管方法与模式在全球范围内更好地实现互操作性,防止数据管辖滑入零和博弈的陷阱。

The Extraterritorial Application of EU-US Data Legislation and China's Response

Li Hao'en

Abstract: Digital governance is a new type of governance that has emerged along the development of digital economy. The rapid development of digital economy has brought up vigorous competition in digital governing models of different countries. Nowadays, European Union and the United States are seeking to seize opportunities in international digital governance, and the extraterritorial application of data legislation has gradually become a

[35] 《服务贸易总协定》包括《关于第2条豁免的附件》《关于本协定项下提供服务的自然人流动的附件》《关于空运服务的附件》《关于金融服务的附件》《关于金融服务的第二附件》《关于海运服务谈判的附件》《关于电信服务的附件》《关于基础电信谈判的附件》共8个附件。

common trend to achieve this goal. The extraterritorial application of the EU General Data Protection Regulation is mainly reflected in Article 3 of its main text and related explanations. Among the Article 3 of the EU General Data Protection Regulation, paragraphs 1 and 2 established two standards that are known as "establishment standards" and "target-oriented standards", in an effort to establish comprehensive jurisdiction over data inside and outside the EU. The US Clarifying Lawful Overseas Use of Data Act mainly deals with the law enforcement issues in cross-border data collection. It clarifies the law enforcement jurisdiction of the US government over data stored in other countries and also regulates the law enforcement jurisdiction of other governments over data stored in the US. The EU and the US intend to further increase their power of control as well as further the accountability in global digital governance by introducing data legislation that reflects their own interests. This practice has extensively affected the data legislation of other countries (or regions) in the world and has also brought a potential crisis of zero-sum game in institutional competition. In the process of realizing extraterritorial application of law, China should pay attention to the particularity and important value of data legislation, clarify the value orientation of data legislation, formulate good practices applicable outside its legal domain, and influence the future direction of international digital governance.

Keywords: EU; US; Data Legislation; Extraterritorial Application of Chinese Law

国际法治是持久和平重要路径

——历史的视角

◇何　丹*

【内容摘要】习近平主席“构建人类命运共同体”思想，为人类社会发展规划了美好蓝图，持久和平是其首要价值目标。和平作为战争的对立面，也是国际法的永恒主题。历史上为了和平这一目标，不少法学家、思想家和政治家都提出了自己的国际法治规划，国家实践也不断发展有关国际法治的机制。用国际法治替代国际关系上的丛林法则，体现了人类对丛林法则导致的战争及其灾难性后果的深刻反思。本文简要勾勒这一认知的历史，旨在以此说明：国际法治是实现持久和平的重要路径；“构建人类命运共同体”需要坚持国际法治，反对丛林法则或强权政治。

【关键词】持久和平；国际法；国际法治；历史；人类命运共同体

一、引言

习近平主席“构建人类命运共同体”思想，为人类社会发展规划了美好蓝图。这一思想包含持久和平、普遍安全、共同繁荣、开放包容和清洁美丽五个价值目标。持久和平作为首要目标应具有统领全局的作用，因为普遍安全、开放包容是为了持久和平和共同繁荣，而离开持久和平就谈不上共同繁荣，也难谈清洁美丽。最远离骚乱的地方就是最理想的地方。[1]

1648 年《威斯特伐利亚和约》签订以来，随着主权国家的建构过程，人

* 北京大学法学院 2018 级博士研究生，习近平外交思想研究中心秘书处助理研究员。

〔1〕［古希腊］柏拉图：《法律篇》，张智仁、何勤华译，商务印书馆 2016 年版，第 12 页。

类已经按照这一模式组织起来,主权国家成为人类社会的基本政治单位,它们之间的互动关系或国际关系,左右着近代以来人类社会发展进程。因此,探讨如何促进持久和平的实现不能脱离国际关系背景。在主权国家林立的世界里,任何有效推动持久和平的努力,都需要国家实践的支持。

国际法是调整国家之间关系的法律,是建立在国家实践基础上的法律原则、规则,是追求和实现理想的手段。它和"构建人类命运共同体"的持久和平目标密切相关。历史上,许多法学家、思想家、政治家都提出过通过国际法追求和平的规划;主权国家也不断发展相关实践,包括和平解决国际争端的各种方法以及国际联盟、联合国等一般性国际组织。本文将通过考察其中一些代表性人物的思想和重要的国家实践,来证实"国际法治是持久和平重要路径"这一命题。

本文所述国际法治,是指国际关系应由国际法而非权力支配的认知,包括有关思想和实践,它是和"丛林法则"或"强权政治"截然对立的一种认知。国际法治和国际法密不可分,国际法是国际法治的工具,国际法治是国际法的功能。

二、国际法治思想简史

(一)霍布斯的"自然状态"说

讨论国际法治的思想可以从霍布斯开始。托马斯·霍布斯(Thomas Hobbes,1588-1679)在其著名政治哲学著作《利维坦》中认为,"自然状态"是"我们的自然将我们置于"的状态,是指在没有人为建立的共同权力条件下自然人性的基本状况,自然状态下人性本恶,人类在生死面前的平等引起冲突。[2] 霍布斯还将自然状态引入国际关系。他认为,混乱无序的国际政治是独立国家在自然状态下共存的政治领域,国家处于普遍战争的自然状态与国际政治的结构有关:在自然状态的国际社会中,由于缺乏统一的中央

[2] 李猛:《自然状态为什么是战争状态?——霍布斯的两个证明与对人性的重构》,载《云南大学学报(社会科学版)》2014 年第 5 期,第 5 页,Gabriela Ratulea, *From the Natural Man to the Political Machine—Sovereignty and Power in the Works of Thomas Hobbes*(Peter Lang,2015),p. 53.

执法机构,国家必须依靠自己的权力甚至战争,来自我防卫保全。[3] 霍布斯的"自然状态"说视斗争为人际及国际交往之必需——无论是个人还是国家只有通过斗争并且胜出才能在无政府或自然状态下生存。它和生物学上适者生存的丛林法则一脉相承,并且为国际关系的现实主义学说奠定了思想基础。

(二)自然法上的"正义战争"思想

人类的战争和武装冲突历史,似乎验证了霍布斯的"自然状态"即"人与人战争"一说。但限制战争的思想自古就有,表现为自然法上的"正义战争"说。生活在罗马帝国逐渐衰落、基督教兴起时期的奥古斯丁(Aurelius Augustinus,354-430),是早期正义战争学说的奠基人。[4] 他将和平视为上帝赐予人类的礼物,谴责战争并向往和平,认为正义战争只能基于既成的伤害。[5] 中世纪晚期最杰出的经院哲学家托马斯·阿奎那(Thomas Aquinas,1225-1274),进一步论述了正义战争思想。他总结了正义战争的三个条件,第一,战争的发动必须基于主权君主的权威;第二,正义战争的理由只能基于既成的伤害;第三,参战成员必须具有扬善除恶的正当意图。[6]

大约自16世纪起,理性的自然法成为许多国际法先贤用以发展之前的正义战争思想的工具。西班牙学院派学者弗朗西斯科·维多利亚(Francisco de Vitoria,1483-1546),面对西班牙大肆武力征服美洲的事业,

---

[3] Charles Covell, *Hobbes, Realism and the Tradition of International Law* (Palgrave Macmillan, 2004), p. 89.

[4] Joachim von Elbe, "The Evolution of the Concept of the Just War in International Law", 33 *American Journal of International Law* (1939), p. 669; Andrej Zwitter and Michael Hoelzl, "Augustine on War and Peace", 26 *Peace Review: A Journal of Social Justice* (2014), p. 317; Nico Vorster, "Just War and Virtue: Revisiting Augustine and Thomas Aquinas", 34 *South African Journal of Philosophy* (2015), p. 56.

[5] Andrej Zwitter and Michael Hoelzl, "Augustine on War and Peace", 26 *Peace Review: A Journal of Social Justice* (2014), pp. 320 and 322; Nico Vorster, "Just War and Virtue: Revisiting Augustine and Thomas Aquinas", 34 *South African Journal of Philosophy* (2015), p. 60.

[6] Joachim von Elbe, "The Evolution of the Concept of the Just War in International Law", 33 *American Journal of International Law* (1939), p. 669; Nico Vorster, "Just War and Virtue: Revisiting Augustine and Thomas Aquinas", 34 *South African Journal of Philosophy* (2015), p. 61.

反思了殖民战争的道德问题。〔7〕 他反对将基于宗教差异和先占权征服印第安人的战争视为正义战争。〔8〕 他认为,按照自然法原则,只有在保证良知安全(safety of conscience)的条件下才能正义地开战。〔9〕 西班牙神学家弗朗西斯科·苏亚雷斯(Francisco Suárez,1548-1617)沿着维多利亚的足迹,试图从严格的司法角度对战争进行限制。〔10〕 他探究了正义战争的前提条件,提出了"惩罚性正义"的概念。在他看来,从事非正义战争的士兵不受万民法保护,引发了普通士兵的战争责任问题。〔11〕

胡果·格劳秀斯(Hugo Grotius,1583-1645)亲眼目睹了基督教世界史上前所未有、涉及冲突最多的野蛮战争——"三十年战争"(1618-1648)。〔12〕 频繁战事导致大量平民伤亡,农业衰败,饥饿接踵而至,时疫随之而来。〔13〕 他在战争期间完成的深受自然法影响的国际法巨著《战争与和

〔7〕 "Francisco de Vitoria", Britannica Academic Online, available at <https://academic.eb.com/levels/collegiate/article/Francisco-de-Vitoria/75577>(last visited 10 April 2021);韦宗友:《西方正义战争理论与人道主义干涉》,载《世界经济与政治》2012 年第 10 期,第 34 页。

〔8〕 *Supra* note 7, Britannica Academic Online;同前注,韦宗友文,第 34 页;James Brown Scott, *The Spanish Origin of International Law*(The Clarendon Press, 1934), p. 208; Annabel Brett, "Francisco De Vitoria(1438-1546) and Francisco Suárez(1548-1617)", in Bardo Fassbender and Anne Peters (eds.), *The Oxford Handbook of the History of International Law* (Oxford University Press, 2012), p. 1088; Mauro Mantovani, "Chapter 7: Francisco de Vitoria on the 'Just War': Brief Notes and Remarks", in Beneyto J., Corti Varela J. (eds.), *At the Origins of Modernity—Studies in the History of Law and Justice*, *Volume* 10(Springer, 2017);林国华:《西洋正义战争学说简述——从奥古斯丁到维多利亚》,载《学术月刊》2015 年第 2 期,第 170 页。

〔9〕 Wolfgang Preiser, "History of International Law, Ancient Times to 1648", *Max Planck Encyclopedia of Public International Law*, available at <http://opil.ouplaw.com/view/10.1093/law:epil/9780199231690/law-9780199231690-e716? rskey=8cnfG4&result=2&prd=EPIL>(last visited 27 March 2021); *Supra* note 8, James Brown Scott, pp. 208-209.

〔10〕 [奥]阿·菲德罗斯等:《国际法》(上册),李浩培译,商务印书馆 1981 年版,第 83 页;王铁崖:《国际法引论》,北京大学出版社 1998 年版,第 315 页;[美]阿瑟·努斯鲍姆著:《简明国际法史》,张小平译,法律出版社 2011 年版,第 51 页、第 57 页; Randell Lesaffer, "Peace Treaties and the Formation of International Law", in Bardo Fassbender and Anne Peters(eds.), *The Oxford Handbook of the History of International Law*(Oxford University Press, 2012), p. 78.

〔11〕 同前注,王铁崖书,第 315 页;同前注,阿瑟·努斯鲍姆书,第 54 页、第 69~70 页。

〔12〕 [美]R. R. 帕尔默著,[美]乔·科尔顿、劳埃德·克莱默修订:《现代世界史》(上),孙福生等译,后浪出版社 2009 年版,第 116 页;李明倩:《威斯特伐利亚和约与近代国际法》,商务印书馆 2018 年版,第 80 页、第 149~150 页。

〔13〕 同前注,R. R. 帕尔默书,第 119 页。

平法》(1625年),重点论述了其正义战争理论。〔14〕在战争的发动方面,他根据自然法等法律区分了正义战争和非正义战争,确立了六种判断正义的标准,即正义的理由、对等性、成功的可能性、宣战、正当的权威及战争作为最后手段,其中战争作为最后手段可谓格劳秀斯正义战争理论的核心。〔15〕这些正义的标准将那些不具有正当理由的战争置于不义之战,以此来限制战争的爆发。〔16〕同时,格劳秀斯不仅限制战争的发动,即"诉诸战争的法",而且本着强烈的人道主义精神限制战争中所运用的杀敌手段,即"战争中的法",以最大限度减少战争损害。〔17〕格劳秀斯的《战争与和平法》标志着人类摆脱了丧失理智的冲突,并照亮了国家及其国民维护和平的道路。〔18〕

意大利的国际法先驱阿尔贝里科·贞提利(Alberico Gentili,1552-1608)则明确将战争的法律属性与神学道德相区分。他否定宗教可能成为战争正义理由的主张,认为应运用自然法原则探讨正义战争。〔19〕瑞士法学家瓦泰尔(Emmerich de Vattel,1714-1767)从自我完善和自我保护的普遍

---

〔14〕 Peter Haggenmacher,"Hugo Grotius(1583-1645)",in Bardo Fassbender and Anne Peters(eds.),*The Oxford Handbook of the History of International Law*(Oxford University Press,2012),pp. 1099-1100;熊光清:《限制战争:格劳秀斯主权理论新解》,载《太平洋学报》2014年第9期,第21页、第26页。

〔15〕 W. S. M. Knight,*The Life and Works of Hugo Grotius*(Sweet & Maxwell. Ltd,1925),p. 209;Hersch Lauterpacht,"The Law of Peace",in E. Lauterpacht,Q. C.(ed.),*International Law*(Cambridge University Press,1975),pp. 347 and 358;Mohammad Taghi Karoubi,*Just or Unjust War? International Law and Unilateral Use of Armed Force by States at the Turn of the 20th Century*(Ashgate Pub Ltd.,2004),pp. 73-75;*Supra* note 14,Peter Haggenmacher,p. 1100;Kaius Tuori,"The Reception of Ancient Legal Thought in Early Modern International Law",in Bardo Fassbender and Anne Peters(eds.),*The Oxford Handbook of the History of International Law*(Oxford University Press,2012),p. 1024;[美]汉斯·凯尔森:《国际法原理》,王铁崖译,华夏出版社1989年版,第30页。

〔16〕 *Supra* note 15,Hersch Lauterpacht,pp. 314,324,347 and 358.

〔17〕 Hugo Grotius,E. W. Kelsey(trans),*On the Law of War and Peace*(3 vols,The Clarendon Press,1925),pp. 722-782;*Supra*note 15,W. S. M. Knight,pp. 209-210;同前注10,王铁崖书,第324页。

〔18〕 何勤华:《导论》,载[荷]雨果·格劳秀斯著、[美]A. C. 坎贝尔英译:《战争与和平法》,何勤华等译,上海人民出版社2005年版,第1页。

〔19〕 Joachim von Elbe,"The Evolution of the Concept of the Just War in International Law",33 *American Journal of International Law*(1939),pp. 677-678;同前注10,阿瑟·努斯鲍姆书,第62~63页。

自然权利出发，认为国家有保护自身不受伤害的安全权利（right to security）。[20]

由此可见，在现代意义上的国际法发展早期，国际法先贤是用来自理性自然法的正义战争思想来限制不受约束的战争并争取和平的。[21]

（三）康德的“永久和平”思想

自18世纪中期起，欧洲战争仍旧绵延不断：英国和法国为争夺殖民地、贸易和海上霸权展开斗争，普鲁士和奥地利为争夺中欧领土和军事权力进行争斗。[22] 1789年，法国爆发大革命，法国于1792年向“匈牙利和波西米亚国王”即奥地利君主国宣战，战争加剧了当时的动乱，巴黎甚至出现“九月屠杀”。[23] 面对欧洲频繁战事，思想家伊曼努尔·康德（Immanuel Kant，1724–1804）提出著名的“永久和平”思想。

康德在其1795年出版的《永久和平论》中，将永久和平当作人类社会发展可逐渐达到的一个重大目标。他认为战争作为文明民族面临的最大灾难，迫使人类认识到法律的必要性。为了消除战争，康德提出永久和平的“先决条款”和“正式条款”，作为实现和保障永久和平的国际法基本准则和制度安排。[24] 实现永久和平的“正式条款”包括：第一，每个国家的公民体制应当是共和制，即行政权与立法权实质分离。[25] 共和国宪法要充分保障每个公民的自由和权利，公民有权决定是否开战，从而让饱受战争之苦的大众阻止战争发生。第二，国际法应当以自由国家的联盟（*civitas gentium*）为基础。[26] 这种世界和平联盟（*foedus pacificum*）并非“超国家”实体，联盟中各国仍具有独立主权，联盟不得干涉各国内政，其作用只是为了保护每个国

---

〔20〕 S. Zurbuchen, "Vattel's Law of Nations and Just War Theory", 35 *History of European Ideas* (2009), p. 411.

〔21〕 *Supra* note 15, Hersch Lauterpacht, pp. 314, 318 and 347.

〔22〕 同前注12，R. R. 帕尔默书，第235页。

〔23〕 同前注12，R. R. 帕尔默书，第291页、第310~311页。

〔24〕 舒远招：《康德的永久和平论及其对构建当代人类命运共同体的启示》，载《湖北大学学报（哲学社会科学版）》2017年第6期，第13页。

〔25〕 Immanuel Kant, *Perpetual Peace—A Philosophical Essay*, Translated with Introduction and Notes by M. Campbell Smith (George Allen & Unwin Ltd., 1903), p. 117; Robert J. Delahunty and John Yoo, "Kant, Habermas and Democratic Peace", 10 *Chicago Journal of International Law* (2010), p. 448.

〔26〕 *Supra* note 25, Immanuel Kant, p. 128.

家的自由,永远结束所有战争。[27] 但这种联盟关系又比防卫联盟紧密得多,每个国家的国内政策必须与普遍接受的国际法规范相符。第三,世界公民权利应限于以普遍友善为其条件。[28] 国家间应建立友好关系,互相通商,共同繁荣,不为战事劳民伤财。[29] 康德列举的六项"先决条款"包括不为未来战事而保留物资、完全废除常备军、不使用武力干涉其他国家的体制和政权等。[30]

康德的世界联盟理想今天已经成为现实,大量国际组织的存在即为证明。他所提出的联盟成员应遵守的原则,在《联合国宪章》中也有充分体现。他为和平设计的组织化和制度化路径具有鲜明特色,事实证明了其远见卓识。

(四)奥本海和劳特派特

从外交实践归纳、总结出法律规则的实在国际法,在19世纪晚期取得对自然法的胜利并被奉为国际法独尊。实在国际法学有两位杰出代表人物,一位是奥本海,另一位是劳特派特,他们的思想至今仍有很大影响。

拉萨·奥本海(Lassa Oppenheim,1858-1919)的传世经典《奥本海国际法》在实在国际法鼎盛时期的1905年出版。奥本海认为,国际法只能包含实践接受的法,实践中的国家行为只能基于真正的国家利益,共同的国家利益才能将国家团结在一起。[31] 正是由于"国际大家庭"(Family of Nations)即国际社会的共同利益以及国家间需要合作,国际法才得以存在发展。[32]

---

〔27〕 同前注10,阿瑟·努斯鲍姆书,第112页;*Supra* note 25, Robert J. Delahunty and John Yoo, p. 446; Jørgen Huggler, "Cosmopolitanism and Peace in Kant's Essay on 'Perpetual Peace'", 29 *Studies in Philosophy and Education* (2010), p. 131; Pauline Kleingeld, "Immanuel Kant (1724-1804)", in Bardo Fassbender and Anne Peters (eds.), *The Oxford Handbook of the History of International Law* (Oxford University Press, 2012), pp. 1123-1124.

〔28〕 *Supra* note 25, Immanuel Kant, p. 137.

〔29〕 *Supra* note 25, Robert J. Delahunty and John Yoo, p. 448.

〔30〕 *Supra* note 25, Immanuel Kant, pp. 107-116.

〔31〕 Benedict Kingsbury, "Legal Positivism as Normative Politics: International Society, Balance of Power and Lassa Oppenheim's Positive International Law", 13 *European Journal of International Law* (2002), p. 407; Mónica García Salmones Rovira, "The Politics of Interests in International Law", 25 *European Journal of International Law* (2014), p. 766.

〔32〕 *Supra* note 31, Benedict Kingsbury, pp. 409 and 411.

将国际法视为客观科学的奥本海认为国家利益大多与商业、经济活动相关，只有国际经济及其他利益不断增长、加强和深化，国际大家庭和国际法才能不断进步。[33] 同时，国家间相互交织的利益使得国际大家庭必须建立相应国际机制以确保持久和平，这正是奥本海所谓的国际主义（internationalism）。[34] 第一次世界大战结束之际，奥本海认为非常有必要成立国际联盟，并通过制裁来阻止司法、政治冲突导致的战争，以促进持久和平。[35]

赫希·劳特派特（Hersch Lauterpacht，1897-1960）对如何通过国际法治实现和平也有独特认识。《奥本海国际法》前后经过八次修订，其中劳特派特所修订的第五版（1935 年）到第八版（1955 年）拥有比同时代其他国际法著作更高的权威。[36] 劳特派特在修订中提出一个重要观点，即国际法律工作者应在国际关系中发挥比外交官更加重要的作用。[37] 他还认为，所谓政治争端并不存在，所有国际争端均为法律争端，只要人们认可法治，所有国际争端均能应用法律原则得到解决，而国际法律工作者是法治的基础，应在国际事务中发挥重要作用。[38] 在其主要著作《法律在国际社会中的作用》（1933 年）一书中，劳特派特坚信法律的功能就是维持和平、消除暴力，而和平的价值是法律的本质和必要特征。[39] 此外，强制性司法（compulsory adjudication/arbitration）对处于法治之下的国际社会非常重要，是国家间消

---

〔33〕 *Supra* note 31，Mónica García Salmones Rovira，pp. 770-772，774-775.

〔34〕 Lassa Oppenheim，*The League of Nations and its Problems*：*Three Lectures*（Longmans，Green and Co.，1919），p. 12.

〔35〕 Ibid.，p. 23.

〔36〕 Mathias Schmoeckel，"Lassa Oppenheim（1858-1919）"，in Bardo Fassbender and Anne Peters（eds.），*The Oxford Handbook of the History of International Law*（Oxford University Press，2012），p. 1154.

〔37〕 Ibid.，Mathias Schmoeckel，p. 1154；Martti Koskenniemi，"The Function of Law in the International Community：75 Years After"，79 *The British Year Book of International Law*（2009），pp. 362 and 366.

〔38〕 Iain Scobbie，"Hersch Lauterpacht（1897-1960）"，in Bardo Fassbender and Anne Peters（eds.），*The Oxford Handbook of the History of International Law*（Oxford University Press，2012），p. 1180.

〔39〕 Hersch Lauterpacht，*The Function of Law in the International Community*（The Lawbook Exchange，Ltd，2000），p. 437；*Supra* note 37，Martti Koskenniemi，p. 357；Mario Krešić，"The Role of Peace in Kelsen and Lauterpacht's Theories of International Law"，5 *Zbornik radova Pravnog fakulteta u Splitu*（2019），pp. 496-499.

除暴力的重要途径,如此国际社会才能实现和平。[40]

国家共同利益特别是共同经济利益是国际法存在和发展的社会基础,法律的功能是维持和平、消除暴力;国际社会应通过国际组织和第三方争端解决机制来维持和平、消除暴力,以促进国家共同利益的实现。两位国际法大家的这些思想至今仍有强大生命力。

(五)威尔逊的"十四点和平纲领"

1914年第一次世界大战的爆发给交战各国带来深重灾难,但也酝酿了更深刻的和平思想和更大规模的世界和平运动。[41] 第一次世界大战即将结束时,美国总统伍德罗·威尔逊(Woodrow Wilson)提出了"十四点和平纲领"(以下简称"十四点")。"十四点"以战争与和平为主题,其具体内容包括公开外交、公海自由、国际贸易机会平等、缩减军备、"绝对公正"解决殖民地问题、给予欧洲少数民族自决权(恢复比利时领土、重新调整意大利边界等)、建立普遍性国际联合机构(国际联盟)等。威尔逊希望"十四点"能够让第一次世界大战的硝烟散去,他因这一纲领获得1920年诺贝尔和平奖。[42] "十四点"是威尔逊实现和平理想的尝试,其核心是建立国际联盟。[43] 他的这一建议得到渴望和平的世界各国支持,1920年1月国际联盟(League of Nations)正式成立。

三、国际法治重要实践

在追求和平的国际法治思想指引下,国家也在实践中不断发展相关国际法机制以化解纷争、消弭战乱,主要包括第三方争端解决机制、国际联盟

---

〔40〕 Isabel Feichtner, "Sir Hersch Lauterpacht, The Function of Law in the International Community", 22 *European Journal of International Law* (2011), p. 1178; *Supra* note 39, Mario Krešić, p. 497.

〔41〕 徐蓝:《国际联盟与第一次世界大战后的国际秩序》,载《中国社会科学》2015年第7期,第188~191页。

〔42〕 唐济生:《威尔逊"十四点"与美国外交》,载《山东师大学报(社会科学版)》1989年第3期,第30页;王霄飞:《20世纪美国宣言——伍德罗·威尔逊"十四点"述评》,载《长白学刊》2001年第2期,第80页。

〔43〕 David Kennedy, "Move to Institutions", 8 *Cardozo Law Review* (1987), pp. 849-856.

和联合国等。

（一）第三方争端解决机制

第三方争端解决机制起源于美国与英国之间的《杰伊条约》(Jay Treaty)。[44] 该条约签订于1794年11月19日,它包含数个仲裁条款,两国同意将其争端交由一个仲裁委员会仲裁解决,委员会由双方各自任命的一名或两名委员和共同推选的一名委员组成。该委员会以维护两国间和平为首要目标,成功解决了二者存在的严重争端,避免了一场一触即发的战争。[45]《杰伊条约》预示着现代国际仲裁制度的兴起,其影响力随着1872年美英两国在“阿拉巴马仲裁”案(Alabama Arbitration)签署的《华盛顿条约》达到顶峰,自此许多国家均订立了双边仲裁条约。[46]

1899年和1907年两次海牙和会达成并修订的《和平解决国际争端公约》,确立了和平解决国家间争端原则,并设立了常设仲裁法院(Permanent Court of Arbitration),以便协助自愿将争端提交仲裁的国家设立仲裁庭,以此巩固国际仲裁等和平解决争端制度。[47] 海牙和会还提出国际调查委员会解决国际争端的方法。

美国在第一次世界大战前后的双边关系中广泛采用这一方法。在时任国务卿布赖恩(William Jennings Bryan)主持下,美国签订的一系列双边条约都规定,成立国际委员会调查并报告威胁国际和平的情形,在调查和报告完成之前,双方不得使用武力。此种条约旨在为预防使用武力设置一个“冷却期”,以此降低战争的风险、避免战争的爆发,史称《布赖恩条约》(Bryan

〔44〕 “Jay Treaty”, Britannica Academic Online, available at <https://www. britannica. com/event/Jay-Treaty>(last visited 27 June 2021).

〔45〕 Georg Schwarzenberger, “Present-Day Relevance of the Jay Treaty Arbitrations”, 53 *Notre Dame Law Review*(1978), pp. 731-732.

〔46〕 Katja S Ziegler, “Jay Treaty(1794)”, *Max Planck Encyclopedia of Public International Law*, available at <https://opil. ouplaw. com/view/10. 1093/law: epil/9780199231690/law-9780199231690-e50>(last visited 27 June 2021); Ian Brownlie, *The Rule of Law in International Affairs*(Martinus Nijhoff Publishers, 1998), p. 111.

〔47〕 王铁崖主编:《国际法》,法律出版社2017年版,第427页。

Treaties)。[48] 1913年9月到1914年10月,美国共与27个国家签订了内容基本一致的《布赖恩条约》,并与其中22个国家交换了批准文书。[49]

第三方争端解决机制在第一次世界大战后得到进一步发展,体现为1922年2月在荷兰海牙成立的常设国际法院(Permanent Court of International Justice)。该法院是历史上第一个受理国家之间争端的一般性法院。在起草法院规约时,最有争议的问题是法院是否应具有强制管辖权。中小国家坚持法院应具有这一权力,但因大国反对,规约最终采取折衷方案,通过第36条的任择条款(optional clause),由国家以声明方式自愿选择是否接受法院的强制管辖权,并且允许国家基于现行有效的条约接受法院的强制管辖权。[50] 常设国际法院在第二次世界大战后由国际法院(International Court of Justice)所取代,后者继续在第三方解决争端方面发挥重要作用。

(二)国际联盟

《国际联盟盟约》(以下简称《盟约》)宣称,国际联盟(League of Nations)是"达到永久和平的全部外交结构的基础",建立该组织的根本目的是限制战争、维持战后世界和平与安全。[51] 从此人们开始把和平与国际组织机制化联系在一起。[52]

《盟约》根据威尔逊提出的集体安全原则,要求成员国联合抵御侵略,成员国应共担风险、共享安全,共同抵御可能的外部威胁,以达到维护国际和平

---

〔48〕 Hans-Jürgen Schlochauer, "Bryan Treaties(1913-14)", *Max Planck Encyclopedia of Public International Law*, available at <https:// opil. ouplaw. com/view/10. 1093/law: epil/9780199231690/law-9780199231690-e14>(last visited 27 June 2021).

〔49〕 Board of Editors, "The Bryan Peace Treaties", 7 *American Journal of International Law* (1913), p. 827.

〔50〕 Anthony Giustini, "Compulsory Adjudication in International Law: The Past, The Present, and Prospects for the Future", 9 *Fordham International Law Journal* (1985), pp. 226 - 227; Manley O. Hudson, "The Permanent Court of International Justice", 35 *Harvard Law Review*(1922), p. 259.

〔51〕 《国际联盟盟约》(序言),载世界知识出版社编《国际条约集(1917-1923)》,世界知识出版社1961年版,第266~276页。

〔52〕 同前注10,阿·菲德罗斯等书,第108页;See Henry Steele Commager(ed.), *Documents of American History*(*Volume* Ⅱ, *since* 1898)(Appleton-Century-Crofts, 1973); *Supra* note 43, p. 859; Christian J Tams, "League of Nations", *Max Planck Encyclopedia of Public International Law*, available at <http://opil. ouplaw. com/view/10. 1093/law: epil/9780199231690/law - 9780199231690 - e519?rskey=52uXEV&result=1&prd=EPIL>(last visited 29 March 2021).

的目的。但《盟约》第 10 条、第 12 条、第 13 条、第 15 条仅规定了适用于所有武装冲突的"冷却期",只有在极特殊的情况下才剥夺成员国战争的自由。[53]

国际联盟在维护和平、限制战争方面作用有限。除了其制度设计上的漏洞(例如行政院的全体一致表决规则),缺乏力量支撑(美国未参加,德国、日本相继退出)是重要原因。[54] 但它毕竟为通过一般性集体安全体制维持国际和平开了先例,其经验和教训对后人十分宝贵。它为国际法治所作的一大贡献,是主持签订了 1928 年《关于废弃战争作为国家政策工具的一般条约》,即《巴黎非战公约》。该条约第一次从实在国际法上明确宣告了战争的非法性,所谓"战争权"从此寿终正寝。

(三)联合国

第二次世界大战结束之际,51 个反法西斯国家于 1945 年 10 月 24 日成立了联合国(United Nations)组织。《联合国宪章》(以下简称《宪章》)开篇申明"集中力量,以维护国际和平及安全",并将维护国际和平与安全定为联合国的首要宗旨。《宪章》第 1 条规定了联合国及其会员国应遵守的 7 项原则,主要有忠实履行宪章义务、和平解决国际争端、不使用武力或武力威胁和不干涉本质上属于国内管辖之事件。其中禁止使用武力原则构成"《宪章》的核心",由于不再使用"战争"一词而改称"不得使用武力",相关规定既在范围上扩大至涵盖全球性战争、局部地区武装冲突等,又实质上旗帜鲜明地提出了"不得使用武力"的具体纲领,从而超越了两次海牙会议、《盟约》和《巴黎非战公约》的局限性。[55]

联合国设安全理事会(以下简称安理会),安理会通过查明危及国际和平与安全的情势,作出建议性和执行性决议以履行职责。为了维护国际和平与安全,安理会有权采取非武力措施(第 41 条),也有权采取执行行动(第 42 条)。在实践中,安理会还发展了两种新的维和方式,一是联合国维

---

〔53〕 同前注 15,汉斯·凯尔森书,第 34 页;Bruno Simma(ed.),*The Charter of the United Nations:A Commentary*(Oxford University Press,2012),p. 115.

〔54〕 See Deepak Mawar,*States Undermining International Law:The League of Nations,United Nations,and Failed Utopianism*(Springer International Publishing AG,2021).

〔55〕 Goodrich Leland M.,*Charter of The United Nations:Commentary and Document*(Columbia University Press,1969),p. 69;*Supra* note 53,Bruno Simma(ed.),p. 65,117.

和行动,二是安理会授权使用武力。[56] 在冷战期间,安理会曾援引《宪章》第41条,对南非种族主义政权进行制裁,为结束南非种族隔离政策做出了重要贡献。1990年,安理会还通过授权使用武力,有效制止了伊拉克对科威特的武力兼并。冷战结束以来,联合国维和行动为减少暴力、控制国家间战争做出了重要贡献,并从20世纪末起更加积极地保护平民和人权。[57] 然而,联合国作为国际组织在维护和平方面有其局限性。[58] "五大国一致原则"意味着安理会的任何行动都取决于大国合作与否,大国关系严重制约安理会的维和职能。[59]

四、结论

本文只是用举例方式简要说明了关于国际法治与和平关系的思想史和制度史,实际上,有关的思想和实践要丰富得多。然而我们从中已经可以看出,用国际法治替代丛林法则是对国际关系走向和人类发展进程的一种重要认知。这种认知是从人类对丛林法则引起的战争及其灾难性后果的深刻反思而来,并且得到众多国家实践的支持。因此我们可以说,国际法治是实现持久和平的重要路径。这也是历史经验及教训的总结。我们进而还可以说,"构建人类命运共同体"需要坚持国际法治,反对丛林法则或强权政治。

但历史还告诉我们,国际法治的有效性需要力量支撑。中国作为世界第二大经济体,除了自身坚决支持多边主义、捍卫国际法原则外,还应团结一切热爱和平的国家和人民结成国际统一战线,共同维护国际法治的权威性,以不断推进世界和平及"构建人类命运共同体"的进程。

---

〔56〕 李鸣:《联合国安理会授权使用武力问题探究》,载《法学评论》2002年第3期,第66~73页。

〔57〕 Kjetil Mujezinovic Larsen, "United Nations Peace Operations and International Law: What Kind of Law Promotes What Kind of Peace?", in Cecilia Marcela Bailliet & Kjetil Mujezinovic Larsen (eds.), *Promoting Peace Through International Law* (Oxford University Press, 2015), pp. 299-320.

〔58〕 孙林:《联合国修改宪章斗争的形势和问题》,载《国际问题研究》1982年第2期,第16~17页。

〔59〕 安理会五常在关于利比亚问题的安理会1973号决议之后,再也没有合作通过任何维和决议。

International Rule of Law Serves Important Route to Enduring Peace

—From the Perspective of History

He Dan

Abstract: "Building a Community with a Shared Future for Mankind" put forward by President Xi Jinping draws a blueprint for development of human society, with enduring peace being its primary value goal. In opposition to war, peace is also the eternal theme in international law. In history, in order to realize the goal of enduring peace, many legal scholars, philosophers and politicians all put forward their own international legal projects, and state practices also developed various mechanisms for international rule of law. Replacing the sentiment of jungle law in international relations with international rule of law shows mankind's profound reflections on the wars resulted from jungle law and the disastrous consequences. The article briefly outlines such history in order to prove that international rule of law serves an important route to achieving lasting peace. It is imperative that "building a community with a shared future for mankind" should adhere to international rule of law, in opposition to the law of jungle or power politics.

Keywords: Enduring Peace; International Law; International Rule of Law; History; Community with a Shared Future for Mankind

经典选译

主权作为一种法律价值

◇［澳］詹姆斯·克劳福德*，郭笑多** 译

【译者按】本文载于詹姆斯·克劳福德（James Crawford）和马尔蒂·科斯肯涅米（Martti Koskenniemi）主编的《剑桥国际法手册》（*The Cambridge Companion to International Law*）一书。该书通过政治和历史的视角对既有的国际法材料进行再解读，从国际法的内容、国家资格、国际法的技术和适用范围以及国际法所推行的计划（project）四个角度作为探究国际法的"窗口"。

本文是该书第二部分"国际法与国家"（International law and the State）中的一篇文章。本文从多个角度对主权进行剖析，分析主权本身的内容以及主权存在的问题，指出主权在现有的国际体系中的价值。作者指出主权是国家的一种特有属性，其内涵首先在于"保护"。主权得出的结论并非绝对，国内和国际之间的区分也开始消解为一种相对关系。作者从"失败国家"理论、主权规范概念受到的批判、主权的构成要件之间的矛盾与冲突等角度指出主权存在的问题，并对其作出回应，指出主权在现有的国际法体系中有其价值，国家在行使主权时仍然享有自由，在实践中国家也仍然需要主权来保护其利益。

本文作者是主编之一的克劳福德。克劳福德是澳大利亚国际法学者和

---

* 詹姆斯·克劳福德（James Crawford），时任剑桥大学惠威尔（Whewell）国际法教授，剑桥大学法学院院长、劳特派特国际法中心主任。本文原载于《剑桥国际法手册》第五章，第117～133页。James Crawford, "Sovereignty as a Legal Value", in *The Cambridge Companion to International Law* (Cambridge University Press, 2012), pp. 117-133.

** 郭笑多，北京大学法学院2019级硕士研究生。

实务工作者,自2014年起当选国际法院法官。他还是国际法委员会(International Law Commission)委员,在1997年至2001年间担任国际法委员会《国家对国际不法行为的责任条款草案》的特别报告员。克劳福德于2021年5月31日逝世。

一、"主权"作为国家的一项特有属性[1]

本书第四章讨论了为何一些民族(如立陶宛人或泰国人)拥有自己的国家,而其他另一些民族却没有(如库尔德人)。尽管存在明显的历史偶然性因素,一旦国家资格得到广泛承认(获得联合国的承认往往是最直接的证明),就会产生一种新的情况,即建立以"国家资格"作为法律标准的类别划分。这个新国家是"主权的"(sovereign),具有"主权"(sovereignty)。无论这个国家有多脆弱,或是资源多匮乏,这一点都毋庸置疑。瓦泰尔(Vattel,1714-1767)在他1758年的文章中系统性地论述了第一次世界大战前的国家间法律(law of nations),他认为主权国家就像是自然状态下一起生活的自由之人,没有共同的民法或公共机构对其加以约束。在这种情况下,每个国家"自然平等",实力上的不同不影响其(形式上的)平等,"一个侏儒与一个巨人一样,同样是人;一个小的共和国与一个最强大的王国一样,同样是主权国家"[2]。尽管1758年后情况已经完全不同,但基本概念仍然不变:国家是法律上平等的政治实体,具有相似的形式,是国际法上直接的主体(1949年国际法院"执行联合国职务时所受损害的赔偿案"[3])。正如为解决前南斯拉夫解体所产生的法律问题而设立的巴丹戴尔委员会(Badinter Commission)所指出的,"国家以主权为特征"。

换句话说,国家之所以是"主权的"是因为它是一个国家;在这种情况下,(主权)国家可以说是自成一个"种类"(species),而不是仅仅是一种"类

---

〔1〕 标题编号为编者所加。

〔2〕 Emmerich de Vattel, *The Law of Nations or the Principles of Natural Law Applied to the Conduct and to the Affairs of Nations and of Sovereigns* (reprinted, Liberty Fund), Bk. I, Preliminaries, § 18.

〔3〕 *Reparation for Injuries suffered in the Service of the United Nations*, Advisory Opinion, [1949] ICJ Reports 174, pp. 177-178.

型”(kind)。我们常说“主权国家”(sovereign state),不过其实我们也可以将其表述为“有主权的主权者”(sovereign sovereign)。实际上,这种同义反复会给人一种特殊的感受。举例而言,在“尼加拉瓜诉美国案”中,美国主张“尼加拉瓜过分军事化,证明了其有攻击意图”,国际法院驳回了这一观点,认为“审查(美国)这一指控是无关且不恰当的,在国际法上,除了相关国家通过条约或其他方式接受的规则外,没有其他规则可以限制主权国家的军备水平,这一原则对所有国家都有效,且不存在例外”。(1986 年国际法院“尼加拉瓜境内和针对尼加拉瓜的军事和准军事活动案”[4])。这一表述明显适用于所有国家,但法院仍未放弃“主权国家”这一赘言。显然,加上了“主权”这一词,法院的陈述看上去会变得更加可靠:尽管意思相同,但是加上主权的表述看上去更切题(question-begging)。

“主权”一词有多重含义。一开始,它指的是国家内部的超级权力,在这种情况下,主权主要是国内宪法问题,而不是国际法问题;在很多国家内部,这甚至不是一个问题。根据分权原则,也许一个国家内部不存在一个单独行使议会权力的机构;权力会下放,但是国家仍然是“主权者”。国际法将权力分配问题留给国家自己决定。国际法上,每个国家都是主权者,各国不仅可以在内部行使其全部主权,在国际层面上也是如此。国家可以与他国签订(或不签订)条约,作出(或不作出)承诺,与他国以各种方式产生(或不产生)联系,同意(或不同意)与他国解决争端。[5]

国家作为主权者,其地位与其他非国家实体(包括个人、团体、企业、非政府组织、政府间组织等)不同。当然,非国家实体可能在国际法下有其自身的权利和义务。个人拥有人权条约下的权利,亦可能因为特定的国际罪行受到刑事管辖(见本书第 12 章)。政府间国际组织可以与国家一起在国际层面上行事,签订条约、提出主张、提起诉讼,甚至在特定的授权下管理部分领土(如科索沃、东帝汶,见本书第 10 章)。这些政府间国际组织在其能力范围内有“国际法律人格”,甚至在一些特定场合下享有比国家更多的权利和豁免权。不过,虽然有一些政府间国际组织在国际层面上发挥着重要

---

〔4〕 *Military and Paramilitary Activities in and against Nicaragua* (*Nicaragua v. United States of America*), Judgment, [1986] ICJ Reports 14, p. 135.

〔5〕 James Crawford, *The Creation of States in International Law* (2nd edn, Oxford University Press, 2006), pp. 32-33, 40-44.

的作用,但他们也不是“主权者”;他们顶多是通过某种方式(如代表成员国)行使国家权力。在主流观点中,“主权”是现存国家的固有属性,其他主体并不具有这一属性。而且它是一种所有国家都享有的属性,无论其大小、结构、人口、资源和其他禀赋如何。

那么主权者和非主权者之间的区别何在?在国际法律论证中这些区别会如何得以展现?拥有主权的法律后果是什么?无论正当与否,根据主权可以提出什么样的论点?随着许多领域内,国家特权逐渐受到侵蚀,主权是否仍然重要?还是我们应该考察某些国家的其他、偶然的特征,比如民主制度、对人口的实际控制等,来解释有效的法律主张?

这些是非常具有争议性的话题,其关涉的内涵远远超过了国际法领域。这些也是国际法律人之间存在分歧的问题,举例而言,所谓“保护的责任”中就涉及到这些问题。如果认为传统的主权平等学说到了现代世界并不现实,那么就可能倾向于对“内部事务”采取更多的干涉措施,将部分国家视作是“好的”,或至少是可以容忍的,并将其他国家视作干涉或援助的目标。但是,如果认为以领土为基础的共同体所拥有的相对自治权具有价值的话,就会强调对主权的尊重。持此种观点者会指出,干涉的概念往往蕴含着对其他国家事务的干涉。

二、主权之保护

自瓦泰尔1758年撰写文章之时,直到往后很长的一段时间里,国家主权仅在国家存续期间受到保护。国家被视作是“平等”的,但是总可能出现以下情况:如因为战争或战争之后的条约使得国家消灭或丧失大片领土。不过到1945年,国际法立场发生了转变。基于两次世界大战以及许多与之相关冲突的经验教训,《联合国宪章》(以下简称《宪章》)第2条第4款规定:

“各会员国在其国际关系上不得使用威胁或武力,或以与联合国宗旨不符之任何其他方法,侵害任何会员国或国家之领土完整或政治独立。”

更进一步,《宪章》第2条第7款禁止联合国干涉“在本质上属于任何国家国内管辖之事件”,但此项原则不妨碍安理会根据第七章采取的执行措施。

这些规定饱受争议,实践也对其进行了修正,尤其是《宪章》第 2 条第 7 款实际提供的保护非常有限。但是,从"科孚海峡案"(1949 年)到"刚果/乌干达案"(2005 年)的一系列案件中,国际法院都从未考虑过废止或不予适用《宪章》第 2 条第 4 款。在"石油平台案"中,国际法院指出"根据国际法上的要求,为了自卫而采取的措施,必须是为了实现这一目的所必须的。这一要求是严格且客观的,不存在任何'自由裁量'的余地"(2003 年国际法院报告[6])。国家资格现在是一种受国际法保护的状态,在这种情况下,主权一旦确立,就永久受到保护。

(国际法律人)试图在《宪章》的基础上(为主权)寻求进一步的保证,比如"对于自然资源的永久主权"这一概念就体现了这一点。这一概念的支持者(尤其是第三世界政府)想要以此提升他们面对外国石油或矿业公司时的谈判能力。资本输出国对此作出的应对是试图将许可协议"国际化",但更晚近、更成功的努力是通过协商制定投资保护协议,使得投资者们得以从国际层面挑战东道国针对投资的行动(如 1965 年《国际投资争端解决中心公约》和 1994 年《能源宪章条约》)。一旦协议达成,其结果就是提供一个国际平台,该平台可经投资者主张,审查东道国的行为(见本书第 13 章)。

对主权进行法律保护的另一个要素是预设权利不会灭失。主权是否会丧失,或是说主权在什么情况下会根据什么要件而丧失(如由他方在一定时间内占领某一领土)仍未有定论。国际法院曾经在一个案子中指出,尽管柔佛(后来的马来西亚)在超过 100 年间均不作为,柔佛苏丹国对于其离岸岛屿的原始主权也不会灭失(2008 年国际法院"关于马来西亚与新加坡的报告"[7])。有许多领土主权争端把历史事实问题追溯到 19 世纪,如福克兰岛争端[Falklands(Malvinas) dispute]。

三、国家内部的主权与国家间的主权

在讨论主权的时候,人们往往会区分国家内部的政府主权和国家间的

---

[6] *Oil Platforms*(*Islamic Republic of Iran v. United States of America*), Judgment, [2003] ICJ Reports 161, para. 73.

[7] *Sovereignty over Pedra Branca / Pulau Batu Puteh, Middle Rocks and South Ledge*(*Malaysia v. Singapore*), Judgment, [2008] ICJ Reports 12, pp. 98-101.

主权。在国家内部,主权是一个排他性的管理权威:"对于地球上某一部分的独立权,是指有权在这一地域之中排除其他任何国家,行使一个国家的功能。"[8]除了在一些特殊情况下,只有政府可以在国家内部行使权力。在这里,"政府"采取最广义的定义,包括立法、行政、司法机构等。显然,国际法忽视了几个世纪以来的宪法发展,而把国家视为一个单独的、不可分割的实体,并把所有这些权力笼统地置于其下。国家内部的政府权力包括决定谁可以进入该国领土;谁属于该国的公民;在什么事项上国家的法律应该是什么,以及这些法律应当如何(或何时)执行;应当如何纳税,以及国家收入应当如何支出;国家应当拥有什么样的军备,以及军事力量应当如何部署,等等;以上这些都是政府可能涉及的事项。政府权力作为一个整体是具有排他性的:一般来说,在他国领土上采取的政府行动,只有在取得该国政府同意的时候才具有合法性,如访问部队(visiting forces)或民用或军用航空器的飞越等。

与之不同的是,在国家间关系中,至少会存在两个或更多的国家,因此任何一个国家能够主张垄断性统治权威的空间就受到了很大的压缩。在国际事务中,对垄断性(monopoly)的主张只能是集体的垄断、过程的垄断(a monopoly of process);其他主体(非国家实体)只有在受到邀请才能加入,且可能仅仅作为观察员的身份加入。举例来说,尽管在国际刑事法院罗马会议之前的辩论中,非政府国际组织具有很大的影响力,但是在对法院的范围和架构作出关键决定的时候,非政府组织联盟就被排除在外了。

现在有两点非常明确。一是根据主权所得出的主张并非绝对;与其说这些主张为不容置喙的规则,不如说其为一种前提假设。正如前文所提及的国际法院在"尼加拉瓜案"中所声明的,"除了相关国家通过条约或其他方式接受的规则外,没有其他规则可以限制主权国家的军备水平",只要符合条件即可对主权加以限制,这种限制并不罕见。主权不意味着完全一致。

二是随着新协议的出现,或新国际法领域的产生,"国内"和"国际"之间的明确界限已经开始消解,或者说这种区分变为了一种相对界限。正如常设国际法院(PCIJ)所指出的:"这从根本上来说是一个相对的问题,取决

---

[8] *Island of Palmas* (*United States v. The Netherlands*), Award, [1928] PCA Report, pp. 831, 838.

于国际关系的发展程度。”(1923 年常设国际法院“突尼斯和摩洛哥国籍法令案”)〔9〕人权活动对国内领域的侵蚀已经是一个众所周知的结果。但是主权概念的支持者们指出,承认权利不代表主权不再适用。即使一个国家被判决违背了人权义务,该国在执行该判决时仍然享有特权,一种在责任上的特权。因此,在这一问题上国家享有主动权,可以受惠于“自由裁量原则”。几乎所有人权条约都没有在细节上明确规定国家行为。这些条约是一种次级标准,可以通过多种方式达成,也就是说由国家自己决定应该如何履行义务。换句话说,人权标准的确对国家主权造成一定的限制,但却并未取代国家主权。事实上,从某种角度来说,人权条约还强化了主权:我们越强调国家应当遵守人权义务,就越是承认了国家在该事项上的管辖权。

四、主权与义务

上文所提到的两点都是基于以下假设产生的:主权不意味着不受法律的约束,而是在法律内享有自由(包括试图改变法律的自由)。这一点在第一个常设的国际性法院——常设国际法院于 1923 年作出的第一个判决中得到了清晰的展现。德国认为在解释《凡尔赛条约》中的运输自由条款时,不应当将之解释成允许军事武装通过基尔运河,这将损害德国的主权。德国指出这些被运往波兰的军事武装会被用于波兰与俄罗斯的战争,而德国在这一战争中属于中立国。常设国际法院认为“国家所签订的,要求其为或不为某一特定行为的条约不是对该国主权的放弃。毫无疑问,所有这种类型的条约都会为国家行使其主权施加一定的限制,要求其按照某种特定的方式行事。但是参与国际事务的权利本身就是国家主权的一项特征”(1923 年常设国际法院“温布登号船案”)。〔10〕因此,基于主权所提出的抗辩通过诉诸主权而被绕开:如果国家不能承担具有约束力的国际义务,那么国家就缺乏了一项主权的固有属性。此时,问题就转向了如何解释国家实际上作出的承诺,从而可以被处理为范围较窄的法律问题。

---

〔9〕 *Nationality Decrees in Tunis and Morocco*, Advisory Opinion, [1923] PCIJ 7, p. 23.

〔10〕 *S. S. Wimbledon* (*United Kingdom, France, Italy, Japan v. Germany*), Judgment, [1923] PCIJ Reports Series A No. 1 15, p. 25.

法院之后按照《凡尔赛条约》中相关规定的通常含义对其进行解释,认为若解释存在争议,应当采取更严格的解释,如应当采取对主权限制最小的解释。目前的条约解释不会再采取这种方法:对条约的解释不再服从于某种特定的前提假设,条约要结合其语境,按照其目的和宗旨进行解释。因此,哥斯达黎加在圣约旦河(处于尼加拉瓜主权范围内的界河)上的永久商业航行自由须以一种进步的方式进行解释:“若缔约国在条约中的用语是概括性的,那么各方应当已经认识到,用语的含义会根据时间的推移而发生改变。若条约生效很久,或在‘持续一段时间’内生效,那么作为一项一般规则,我们必须假设缔约国已经认识到,这些用语的含义是会发生变化的。”(2009年国际法院“尼加拉瓜/哥斯达黎加案”)〔11〕

在一般国际法(习惯国际法)的语境中也发生了类似变化,即法院不再基于主权原则采取严格解释。在“荷花号案”中,常设国际法院曾指出:

“国际法处理独立国家之间的关系。国家间有约束力的规则产生于国家通过条约展现出的自由意志,或产生于被广泛认为体现了法律原则的实践中。这些规则的建立是为了规范独立、共存的共同体之间的关系,或是为了实现共同的目标。因此,我们不能预设存在对国家独立性的限制。”〔12〕

法院基于上述假定,认为不存在任何规则可以禁止土耳其对法国船舶的船长行使管辖权。在本案中,该船长对法国与土耳其船舶在海上的碰撞事故负有责任。然而,若假设(如法院在本案中所假设的)法国船长的权利和利益应归于法国的权利和利益,那么法院对国家间关系的上述论证中就会存在如下问题:一国的自由将导致另一国自由的贬损。现在,国际性法院或仲裁庭不再采取这样的前提假设了。证明是否存在一般国际法规则的标准是国家的普遍同意以及相应的国家实践,因此国家的行动自由受到了保护。但是主流观点认为,一国不得以主权来防止一项新的、被其他各国广泛支持的法律规则对其产生效力(有关于“持续反对者”的讨论可见1986年Charney的论述)。举例来说,就算是美国也不能阻止12海里领海这一规则的建立。美国最多只能放弃其自身12海里海域范围内的权利,并就其沿海

---

〔11〕 *Dispute regarding Navigational and Related Rights* (*Costa Rica v. Nicaragua*), Judgment, [2009] ICJ, para. 66; see also paras. 48-49.

〔12〕 *S. S. Lotus* (*France v. Turkey*), Judgment, [1927] PCIJ Reports Series A No. 10 4, p. 18.

水域与他国协商达成过渡性的通行协议。而这样的行为最终是得不偿失的。

但是主权在条约签订中起到了核心作用。国家可以自由选择是否成为条约的缔约国,而且拥有相当大的自由来决定是否作出保留,并以此作为接受条约的条件(条约另有规定除外)。另外,一旦国家成为缔约国,就很难摆脱条约关系(除非条约明确允许终止或退出条款)。在这种情况下,国家同意使得同意的撤回可能暂时或完全无效(也就是说,即使情况发生变化,条约仍然存续,相关论述可见国际法院在"加布奇科沃大毛罗斯工程案"中的判决〔13〕)。

诚然,不是所有的国际造法行为都是缔约行为。即使是国家政府也会不断诉诸"软法"机制,同时还存在私主体实质性地、半非公开地主张规则的实践,这样的实践可见于金融部门和公司责任领域〔14〕。上述现象将在何种程度上影响原本由国家垄断的领域仍有待观察。

五、主权与执行

国家应当承担义务是一回事,这一义务是否被有效执行是另一回事。国家间争端一般会通过外交手段解决,其他的措施(如反措施、诉讼等)往往是最后手段。另外,国际性法院和法庭的管辖权往往通过国家同意建立,国家同意可以事先获得,也可以在案件发生时获得。在国际层面,无论义务违反有多么严重,都不存在对国家的"固有"管辖。所有超国家的管辖权都基于国家同意而产生:"国家的行为是否符合国际法,与国家是否接受法院的管辖之间有着根本性的差异。无论国家是否接受法院的管辖,都应该对侵害他国权利的,可被归因于该国的行为承担责任。"(1998 年国际法院"西班牙诉加拿大渔业管辖权案")〔15〕

这或许使得反措施作为一种执行形式具有相当程度的优势(反措施的范围和限制可见国际法委员会 2001 年的《国家责任条款》,第 49~54 条)。

---

〔13〕 *Gabčíkovo-Nagymaros Project*(*Hungary v. Slovakia*), Judgment, [1997] ICJ Reports 7.

〔14〕 See Anne Peters, Lucy Koechlin, Till Förster and Gretta Zinkernagel(eds.), *Non-state Actors as Standard Setters*(Cambridge University Press, 2009).

〔15〕 *Fisheries Jurisdiction*(*Spain v. Canada*), Judgment, [1998] ICJ Reports 432, p. 456.

作为过去的“报复”或“自助”的遗留产物,反措施无须目标国家的同意;国家采取反措施的权利产生于目标国家对义务的违反。尽管原则上反措施是可行的,但事实上,在一般性的国家间关系中,反措施很少被适用(反措施往往适用于贸易争端中,受到世界贸易组织规则的约束)。

总而言之,制裁作为一种国际上的执行措施并不常用,甚至可以说它具有例外性。的确,联合国安理会在国际和平与安全问题上享有极大的权威,自1989年起,安理会在行使其职能上也变得越发积极。但是,安理会并非一般意义上的国际义务执行者;安理会有自由裁量权决定是否采取行动,但往往受制于五个常任理事国的一票否决权;另外,只有在出现对国际和平的威胁和破坏(往往采取扩张性解释)时,安理会才可以采取行动。

通过国内法院执行有时候也是执行国际法的方式之一,这种方式往往指向私主体。一整个领域的国际法(如商事和通信领域)被作为国内法的一部分在国内法院执行。但是要在国内法院对另外一个国家执行国际法却是另一码事,这到目前为止仍然是不常见的。除了有限的几项例外,国家一般会对其行使国家主权的行为主张国家豁免;在判决的执行上,国家也同样享有非常广泛的豁免权。

总之,在国家间关系中,管辖权的行使需要国家的同意。这一原则与所涉主张的内容,以及违反义务的严重程度无关。主权原则为可能违背国家义务的国家提供了保护。

六、主权对国家内部权力分配的影响

如前所述,主权概念并非起源于国家间法律,而是起源于中世纪晚期对于国家内部绝对权威的理论思考[16]。当主权概念从国内宪法层面移植到国际层面后,主权又反过来影响了中央政府与地方或当地政府之间的关系。举例来说,在联邦国家中,对外关系一般是专属于联邦政府,尤其是行政部门的特权:在国际层面,国家和政府的首脑以及外交部长被认为能够全权代表该国。因此,联邦若要通过立法履行国际义务,那么不管在所涉问题上国

---

〔16〕 参见 F. H. Hinsley, *Sovereignty* (2nd edn., Cambridge University Press, 1986);另参见 Robert Jackson, *Sovereignty: Evolution of an Idea* (Polity, 2007)。

家内部究竟是如何进行权力分配的,联邦必须拥有立法权。上述主张主要是基于实际操作之利,而非理论推演之逻辑而产生,美国和澳大利亚(不包括加拿大)就采取了这种主张。离岸管辖区(jurisdiction offshore)也正是基于相同的理由,而在很大程度上被联邦化了。

就欧盟而言,对外关系事务变得越发复杂。欧盟委员会(the Commission)主张,就欧盟相关的事项而言,其为唯一的对外代表,而这些事项的执行则是欧盟及其成员国之间的内部事务。其中混合协议也属于此类事项。在欧盟看来,这种安排的目的不是形成一个可以和美国或中国相抗衡的超国家主权,而是构成一种新形式的、不同以往的政府间合作形式。康拉德·施曼(Konrad Schiemann)认为:

“欧盟提供了超越主权国家的希望,它并非单纯地复制一个新的超级国家模式,形成一种新的绝对主权形式。欧盟为我们提供了一种新的可能性,让我们能够想象,从而认识到如何以多元主义(而非单一的政治和法律权力行使模式)为基础,构建政治秩序。”

七、主权带来的问题(the pathology of sovereignty)

人们有时候会认为国际法的弱势以及缺乏中心化的制裁(《宪章》第七章除外)将导致国家主权难以受到保护。但事实是,自 1945 年之后,大量新国家产生,且基本没有出现国家消灭的情况[17]。即使是区域内的大国也很难吞并其他国家,东帝汶案中的印度尼西亚以及科威特局势中的伊拉克均为如此。国际法在这两个案子中起到的作用虽不相同,但都非常显著。实际上,更令人担忧的是主权获得了过多的保护,人类的安全和福祉可能因此受到损害。

当我们在主权语境下讨论干涉的时候,“失败国家”是一个经常被提到的名词。“失败国家”是指一些,或许说诸多第三世界国家的建构不过是一些破坏性的法律拟制(legal fiction)罢了,例如杰克森(Jackson)认为准国家

〔17〕 See James Crawford, *The Creation of States in International Law* (2nd edn., Oxford: Clarendon), pp. 715-717, 296.

"处于单维度的消极主权制度下"。[18] 成功国家的法学家就"失败国家"这一粗糙的概念写就了大量的文献。虽然其概念并不明确,但是"失败国家"似乎可以囊括发生在非洲和亚洲各式各样的政府崩溃和持久性制度危机。在其"反恐战争"中,美国特别将"失败国家"纳入其防御对象;其认为"国家的失败"可能会影响条约权利乃至个人权利的适用[19]。

"失败国家"这种表述的危险之处就在于其混淆了概念。显然"失败国家"是在说政府危机。这一语境中涉及的情况(如索马里、刚果、利比亚等)都不涉及国家的消灭。毫无疑问,许多"失败国家"中的"制度"失败了。制度包括狭义的执政者和广义的政治制度、行政体制、军队、反对派等。尽管"失败国家"中的许多"国家"是贫困或极度贫困的,但人们不得不提出这样一个问题:如果他们不是现在这样会成为什么样,是邻国的傀儡,还是同等贫困,或更加贫困的殖民地?索马里政府系统很明显未能保护索马里人民的自决权和安全,无疑大多数索马里人想要摆脱现状,但是这绝不意味着他们想要成为,举例而言,埃塞俄比亚人。说一个国家"失败"似乎是在责备受害者。

"失败国家"理论一个更深层的问题是,这一理论认为"国家的失败"源于国家的软弱和无政府状态,而非源于过度的力量。实际上,20世纪的各项罪恶都可归于强势政权,及其崩塌后带来的负面后果。第三帝国和斯大林俄国就如同更早些时候利奥波德二世统治下的刚果一样,其失败在于其人性或道德层面,而非在于"失败国家"理论中所定义的层面。

笔者不是在否认由殖民化所产生,并在去殖民化进程中显现乃至恶化的制度性问题。观察非洲问题的有识之士提出了"民族国家的诅咒"这一需要被重视的问题[20]。但是我们必须把问题分解来看,这一问题主要不是由于现代主权学说而产生,因此无法通过抛弃主权学说来解决这一问题。有效的国际刑事法庭(ICC)(作为最后救济),有效的安理会和有序的区域性

---

〔18〕 See Robert Jackson, *Quasi-States: Sovereignty, International Relations and the Third World* (Cambridge University Press, 1990), p. 202.

〔19〕 See Greenberg, K. and J. L. Dratel, *The Torture Papers: The Road to Abu Ghraib* (Cambridge University Press, 2005), p. 38, 39.

〔20〕 See Basil Davidson, *The Black Man's Burden: Africa and the Curse of the Nation-state* (James Currey, 1992).

倡议(如所罗门群岛和布干维尔岛的相关安排),在不承认国家的情况下也能提供人道主义援助的能力——这些可能都能用于解决相关的问题。

总而言之,对相关国家来说,现在要做的不是放弃主权,而是找出更有效的措施。尽管我们不能指望持久的、成功的军事干涉,但是军事干涉可能属于最后救济的一种。总体来说,我们需要建立一套系统性措施,这套措施中不能包括使用或威胁使用武力,也不能包括通过武力干涉所提供的虚幻的(且必然是短暂的)"救济"。这套措施可以包括进一步允许第三世界国家进入农业市场、对医疗卫生和药品提供制度进行更恰当的设计等。在真正关于发展和治理的讨论中,国家失败理论只能把水搅混。

八、"S"开头的词[21]

有观点认为我们应该不再使用这些"S"开头的词了:"国际关系中的国家主权从根本上就是一种错误,是一种不合法的产物。"[22]但在一般情况下,国家是基于其在内部关系中的权力(包括其影响他国的能力)而得以在国际关系中行事。政府不会因为议程中的事项可能产生超出国家范围的影响而停止行使其权力,而且实际上大部分事项都会产生这种影响。如果这种行为能力一般被称作"主权",那么似乎无需避免对其的使用。

对"主权是构建国际体系的关键概念"这一主张更有力的攻击是:随着国际化和私有化,主权国家这一概念与现实世界渐行渐远,人员和资本,以及观念和信息的大规模流动已经超过了国家,甚至是军事大国的控制范围。这种发展扎根于深厚的反形式主义和规则怀疑主义背景中,从而进一步加强了对主权的怀疑。从这一角度来看,主权平等作为一种正式的规则(假定曾经存在)就成了当然的攻击目标。

对此作出的一种回应是强调所有规范变化中的消极一面(特别是我们常可以看到军事干涉所带来的成本高昂的失败):

"国家主权作为一种规范性概念越来越受到挑战。尤其是在功能主义

〔21〕 无论是主权(sovereignty)还是国家(state)都是"s"开头的词。——译者注

〔22〕 Louis Henkin, "That ' S ' Word: Sovereignty, and Globalization, and Human Rights, et cetera", *Fordham Law Review* (1999), pp. 1-14, 68.

观点下,国家失去了其规范优先性,与超国家的、私人的以及当地的行为主体一同在规制权的最优分配中进行竞争。但因功能主义视角而抛弃主权概念将会进一步加剧不平等;削弱对强制性干涉的约束和限制;消减国家作为一种身份的象征以及政治自治区的重要作用;并将世界变得四分五裂。"[23]

另一种回应是强调主权概念的灵活性。这种观点认为主权仅仅产生了有限的实质性结果,其与一系列政府内部的构建以及国际机制的发展保持一致。因此,这一观点指出国际机制会对国家主权的扩张或收缩起到影响,正如《国际刑事法院罗马规约》中的补充性原则所体现的那样。

尽管主权过时论和主权已死论不断重现,但是主权的规范性基础仍然存在。实际上,国际体系中一些根深蒂固的观点很可能不会消亡,而是被嗣后实践所修改,并吸收新的制度和价值。

九、谁的国家?

但我们还面临着一个根本性问题。国际法(在一般情况下)不会决定主权所在的宪法系统和国内政府系统。我们远未达成一个集体性的民主保证。1966年《公民权利与政治权利国际公约》(ICCPR)第25条(有关部分民主权利)是上述保证的掠影。民族自决原则(上述公约第1条)可以对国家内部的人民适用,使其有权"自由决定其政治地位",但这一条只能适用于去殖民化背景下。因此,对领土进行有效控制的国家政府(无论是通过选举还是其他形式获得对领土的控制)仍可依其意志行使主权。罗斯(Roth)有力地指出:

"那些被认为有权以人民的名义行使(民族自决)权利者在获得这一地位时,并非通过民主方式获得民众认可,而是通过各种方式(外国干涉除外)来获得人民的默许。"[24]

那么我们有什么别的选择呢?"民主干涉"的实践(如海地)很少,且无

---

[23] Benedict Kingsbury, "Sovereignty and Inequality", 9*European Journal of International Law* (1998), p. 599.

[24] Brad R. Roth, "State Sovereignty, International Legality and Moral Disagreement", in T. Broude and Y. Shany (eds.), *The Shifting Allocation of Authority in International Law* (Hart, 2008), p. 130.

法让人信服。国际体系并非没有能力干涉:《宪章》第2条第7款不会影响安理会根据《宪章》第七章所采取的行动。但是我们所看到的干涉往往带来令人不快的结果,因为当地导致政治不稳定的现实因素常常难以解决,干涉反而可能使得情况变得比以往更糟。欧盟的"汇聚主权"(pooled sovereignty)作为另一项主要的选择仍方兴未艾。其他地区,如安第斯共同体(Andean Union)或非洲联盟对这一概念的采纳或是初露头角,或是仅将其作为国际组织的另一种表达。

"干预和国家主权国际委员会"(International Commission on Intervention and State Sovereignty,ICISS)认为国家主权应当被重构为一种"责任",干涉是严重不尽责的可能结果:

通过签署《宪章》,国家接受了这项责任。主权不存在让渡和稀释的情况,但是重构是必要的,无论是从内部功能上,还是从外部责任上,都应当从"控制型主权"转为"责任型主权"。

把主权重构为责任具有三个层次的意义。一是国家的当权机构应当行使保护公民安全与生命、提升其福祉的功能,并对此负有责任。二是国家政治当局对其公民承担内部责任,并通过联合国对国际社会承担责任。三是国家的代理人对其行为承担责任;也就是说对其被授权行为和过失行为承担责任[25]。

这种观点在何种程度上对现有的法律立场进行了改进仍有疑问。上述提到的第一点和第二点并非是指国家"保护的责任"在现有人权法、人道法和国际刑法之外有任何特定的适用情况。在原则上,国家对公民的责任仍然是国家内部事务。"干预和国家主权国际委员会"认为"在保护人类生命上的严重失败"会"触发"干涉,但是这本来就不是国内管辖事项。对于国家的代理人而言,虽然在任的高级官员享有豁免,但他们已对国际罪行(包括侵权)承担"责任",并受到许多其他的约束。总体来说,干涉需要受到安理会的授权:至少"干预和国家主权国际委员会"的报告所引发的讨论得出了这样的结论。[26]

---

〔25〕 ICISS Report 2001, p. 13.

〔26〕 参见 UN High-level Panel on Threats, Challenges and Change 2004, paras. 203, 207;另参见 UN Secretary-General 2005, "In Larger Freedom: Towards Development, Security and Human Rights for all", paras. 125, 126;另参见 World Summit Outcome 2005, A/RES/60/1, paras. 138-139。

国际法的政策基础似乎是鼓励各国发展稳定的当地制度,同时反对国家间军事冲突(除非受到多边支持)。这项政策在冷战结束前几年发挥了作用。1975年的《赫尔辛基宣言》也有力地重申了这一政策,认为要在人权和不干涉原则中找到平衡。20世纪80年代末的民主转向产生了很多(或者说过多)后果,但我们也可以说是这项政策产生了效果。事实上讽刺的是,单边主义抬头的情况正是发生在集体行动机制(安理会)开始有能力发挥其应有功能的时代。

无论如何,国际法似乎同时承认以下几点:(1)主权是国家所固有的,是一种持续存在的以领土为基础的自治共同体;(2)主权在领土上享有排他性权力,比如有能力在领土上(或与领土相关地)排他性行使国家功能,或有能力根据国际法作出具有约束力的承诺;(3)主权是通过国家内部建立的政府机构所行使的;(4)国家政府建立的基础是对当地的实际控制,而非民主合法性。这几点之间无疑存在紧张关系,但并不存在严重冲突。这几点实际上反映了当地自治与以国际法解决实际情况之需求之间的平衡。主权,尤其是法律意义上的主权,是去中心化的国际体系运行过程中的一项标准假设;对主权的干涉需要提供特定的正当化理由(尤其是需要满足《宪章》第七章的要求)。

十、结论

那么让我们对主权道一声恭喜吧:因为主权在国际体系中是一项可以被废止,但又受到保护的制度;其前提假设是对某一个政治组织与领土的完全政府性权威。宣布“主权已死”完全是言过其实:国家仍有行使其主权的自由;同时,在实践中,对国家利益的保护仍然需要主权这一概念。有了主权,国家可以与其他国家建立各种各样的政治联系,乃至达成联盟;(如果国家能做到的话)也可以决定通过区域性机制(如欧盟)“汇聚”其主权;还可以与其他国家和组织达成具体的实质性安排。由于没有和其他国家全面融合,国家的主权得以留存,使其“以领土为基础的共同体”这一身份定位能够保持存续,而政府应当(有时候也确实)以此为基础承担责任。

国际法的政治性

——二十年后的反思

◇［芬］马尔蒂·科斯肯涅米*，赵亚琦** 译

【译者按】1990年，科斯肯涅米教授在第一期《欧洲国际法杂志》上发表了《国际法的政治性》一文。该文一定程度上是对他的代表作《从辩解到乌托邦：国际法律论证的结构》的概括。该文从国际法史出发，以学说和实践结合的方式描述了国际法理论的内在矛盾，并指出具有实质性的决定不可能在法律的范畴内做出，而是需要诉诸政治选择。

该文将国际法治描述为一种逃避政治的自由主义冲动，国际法要独立于国际政治就必须具有客观性，即同时具有具体性和规范性。具体性要求法律建立在国际社会成员的行为、意愿和利益之上，应反映国际社会现状。规范性则要求无论法律主体意愿如何都对其适用法律。这一结构的问题在于，具体性和规范性无法同时成立。规则与国家实践结合得越紧密就越容易沦为国家权力的辩护者；而规则越具有规范性便与国家意志距离越远，就越难诉诸社会背景进行论证，看上去就越像一个乌托邦（utopia）。具体性和规范性间的张力为国际法论辩提供了源源不断的动力，并催生了实证主义/自然主义、同意/正义、自治/共同体、过程/规则等一系列二元结构。

该文进一步指出，国际法理论自身的矛盾性，导致在国际法实践中人们不得不在两个或多个规则之间决定相对的正义性或确定相对的重要性，而

* 芬兰赫尔辛基大学国际法教授，国际法学会及英国国家学术院的成员。本文原载于 Martti Koskenniemi, "The Politics of International Law - 20 Years Later", 20 *The European Journal of International Law*(2009), pp. 7-19。

** 北京大学法学院博士研究生。

这本质上是一个政治决定。国际争端的结果最终需要诉诸政治原则来为自身提供正当性。这也意味着,国际法律人必须重新思考其职业自画像,其提供的方案需要涉及政治、社会、经济这些传统上被认为法律应当止步的领域。

本文作者马尔蒂·科斯肯涅米是芬兰赫尔辛基大学的国际法教授。他曾于1978~1994年担任芬兰外交事务官,2002~2006年担任联合国国际法委员会的成员;他也是国际法学会以及英国国家学术院成员。他的主要著作包括:《从辩解到乌托邦:国际法律论证的结构》《万国的温良教化者:1870–1960年国际法的兴衰》等。近年来科斯肯涅米教授致力于研究中世纪末至十九世纪的国际法思想,其新著《至世界之极:法律想象力与国际权力,1300–1870》***于2021年8月出版。

【内容摘要】本文探讨了1990年《国际法的政治性》一文发表于第一期《欧洲国际法杂志》以来,作者对于政治与国际法的关系之看法的一些变化。本文指出关注的焦点应当从法律的不确定性(作者今天仍然坚持这一观点)转向国际机制的结构性偏见。本文接着讨论了关于定义的政治,即以新颖的专业术语来对国际形势与问题加以定义,从而获得相应控制权的战略性实践。本文还抨击了国际法领域越发显著的"管理主义",并在最后对20年前《欧洲国际法杂志》创刊的意义进行了反思。

一、从理论到制度

20年前发表于《欧洲国际法杂志》上的《国际法的政治性》[1]一文论证了"政治"在国际公法中的不可或缺性,分析了国际法学者们熟悉的一些具体理论问题,例如主权、渊源、历史、判例法。该文根植于批判法学的脉络中,其风格和观点承接了法律现实主义、批判法研究、主流结构主义(structuralism)以及法律诠释学的一些方面,但在此前提下仍然试图确保将具体而实际的方法论一以贯之,从而与国际法学界直接对话。本文的灵感

*** Martti Koskenniemi, *To the Uttermost Parts of the Earth: Legal Imagination and International Power, 1300–1870* (Cambridge University Press, 2021).

〔1〕 Martti Koskenniemi, "The Politics of International Law", *The European Journal of International Law* (1999), pp. 4–32.

源于对国际公法同法学理论及方法之发展相脱节的彻底失望,以及对"天真的"(*naivete*)国际法学界绝非无辜的信念——国际法声称要缓解的问题因为国际公法的存在反而得以固化,某种意义上国际法学界应当对此负责。20年前的文章除了抨击专业想象力的缺乏之外,其所要攻击的对象并不清晰;而除了增强复杂性和保持专业内部自省之外,其所要达成的目标也只是一些不确定的承诺。这篇文章也没有解释其标题中的"政治性"一词超越学者通常指称的"在法律上运用自由裁量权"之外的含义。

20年前的文章中也包含一些多少有些天真的假定,例如,法律论证是矛盾且无足轻重的;关于法律的一切都会诉诸有争议的"政治"设想;在国际法律人看来,现实世界会使得法律的天平发生倾斜;它还(试图)推动一项自我审查,以转变国际机制对"进步主义"目标的偏好。(但是)这种固有的、内在的批判并不像其设想的那样有效。归根结底,在法律专家并不看重确定性和连贯性这一经验事实面前,它们十分无力——"当然我们知道没有那么简单,也总是有更多工作要做"。在这种情形下,这些批判仅仅确认了每个人都(暗地里)知道的事情,并且反过来会导致对批判者的指责,认为他们只是因为未能分一杯羹罢了。另外,对不连贯性和冲突的关注似乎预设了国际法是(或应当是)一门非常注重逻辑的知性学科,这可能是完全错误的。国际法作为一项技艺,可能只是绕开了非必要的智识上的野心。"我们在处理和平、战争、统治、分配等等重要的问题,而您在忧虑一致性,似乎那就是先进的!如果一致性和确定性无论如何都无法实现,那么为什么您的不一致的主张比我们的更优呢?"论证了"一切都取决于政治"并不意味着就向着"更好的政治"前进了哪怕一英寸。

在过去的20年中,这些问题中的大部分已经以各种新颖的方式被讨论或强调过,新一代法律人深知批判的力量和缺陷,我自己的回应和修正也已在许多地方发表,例如2005年完整版《从辩护到乌托邦》的结语和2007年在伦敦政经学院的演讲。[2] 与20年前相比,今天人们更愿意参与对国际法的政治作用以及它的阴暗面和光明面的反思,怀抱学术志向的学生们也

---

〔2〕 Martti Koskenniemi, *From Apology to Utopia: The Structure of International Legal Argument* (*Reissue with a New Epilogue*) (Cambridge University Press, 2005) and "The Fate of International Law: Between Technique and Politics", 70 *Modern Law Review* (2007), p. 1. 读者的详细评论可以参见新版的论文的特刊部分, "From Apology", 7 *German Law Journal* (2006), p. 12。

更多地涉猎那些由大卫·肯尼迪(David Kennedy)开辟并由他和其他许多人一起深入的主题。在别处,新的研究方向也正在探索之中。[3] 这一领域的新方法需要面对的一个重要问题是如何处理后殖民主义的主题,这一主题通常由第三世界国家的学生进行研究,即便这些学生在北半球的大学中接受了教育。无论如何,新一代第三世界的知识分子能否将法律专业主义(legal professionalism)与国际法能够为政治参与提供的限制和可能性这一全新的战略意识相结合,往往被视为最具影响力的政治因素。

20年前的论文探讨了国际法的语言结构,而今天对其最重要的补充是对结构性偏见的强调,从实证主义分析转向对机构实践的探讨,讨论国际机构中固有偏好的形成和运作的模式。展现法律论证一致性("政治性")的缺乏仅仅是为了引出更为重要的问题,即尽管决策中形式性的正当理由可以同时支持相反的立场和结果,但在实践中没有决策是真正随意被做出的。有能力的法律人深知,法律实践实际上是可预测的。正如苏珊·马克斯(Susan Marks)近期提出的,除了证明"虚假的必要性"(false necessity)外(如今是一个经典的批判的主题),同样需要证明"虚假的偶然性"(false contingency),即认为由于论证结构是开放的,任何计划都可以借此实现。[4] 最近对全球治理的讨论,尤其是对国际法碎片化的争论充分体现了结构性偏见的产生及运作。通过专门化,即构建"贸易法""人权法""环境法""安全法""国际刑法""欧洲法"等特殊的专业和知识领域,法律实践被划入不同的法律制度部门,以迎合特定利益和特殊精神气质的受众。而创建这样的专门制度正是为了影响国际社会运行的结果。参与实践的法律人深知,国际社会中没有实践是完全随机的,因此他们将自己的案件诉诸最可能收获同情的机构。

---

〔3〕 See, e. g., Cass, "Navigating the Newstream", 65 *Nordic Journal International Law*(1996), p. 341; S. R. Ratner and Anne-Marie Slaughter, The Methods of International Law(American Society of International Law, 2004); Anne Orford, International Law and its Others(Cambridge University Press, 2006); Koskenniemi, "International Legal Theory and Doctrine", *Max Planck Encyclopedia of International Law*(2008), available at <http://www. mpepil. com>(last visited August 1st, 2021). See also E. Jouannet, H. Ruiz-Fabri, and J. -M. Sorel(eds.), *Regards d' une nouvelle ge' ne' ration sur le droit international*(Pedone, 2008) and S. Marks(ed.), *International Law on the Left: Re-examining Marxist Legacies*(Cambridge University Press, 2008).

〔4〕 Susan Marks, "False Contingency", 62 *Current Legal Problems*(2009), pp. 1-21.

这就是为什么今天对政治趋势的追寻,通过诉诸管辖权冲突的形式进行,并表现为对立术语间的争斗,并争论各方都包含着特有的偏见。如果某些雄心勃勃的制度能够获得政治世界中的强者的支持,就能够成功改变相关法律中的偏见。例如,双边投资条约的兴起无疑改变了私人投资者与东道国20年以来的关系模式。更具体的例子是南斯拉夫国际刑事法庭在“塔迪奇案”中要求外国为内战某方的行为承担责任,因为该国对内战该方具有全面的控制,这一主张是旨在改变法律以支持20世纪90年代以来的“反对有罪不罚”行动的又一(或许是失败的)实例。其他的例子还有根据新的部门性利益(如私人所有权或安全利益)重新诠释如“人权”等一般性法律术语。“人权”与任何法律词汇一样,本质上是开放的,其是否包含某些内容是一个微妙的解释策略的问题。如果英国法院能够将对一个人的无限期羁押解释为一种人权措施,那么这一判决就会成为人权机制作用范式转变的一部分。[5]

更为温和且同样可能有效的方式是避免攻击旧有的偏见而“仅仅”讨论一种形式上的例外,这通常也是新的偏好得到巩固的过程。这种主张认为,由于技术、经济、政治或任何领域的“最新发展”(通常是与“全球化”相关的社会学术语),不断需要应对层出不穷的新需求和新利益,因此新的制度(如环境保护或安全)并非取代旧规则,而只是创造规则的“例外”以应对新的“挑战”。但是有时这些例外也可能继续发展成为新的规则。“人权”和“贸易”便是如此,许多美国法学院(和一些欧洲法学院)用“国际环境法”“国际贸易法”“国际刑法”“法律与全球化”取代了“国际法”课程,这一事实表明国际法的中心可能已经完全崩塌,它的地位已经被过剩的专门化所取代,每个部门法都有自己的术语和职业前景,当然还有结构性偏见,这就是为什么国际上最重要的政治冲突在法律上经常体现为管辖权和适用法律的冲突。这些冲突以“贸易与环境”“安全与人权”“发展与投资”为名,而“可持续发

---

〔5〕 前一个例子参见 *The Queen*(*on the application of Hilal Abdul-Razzaq Ali Al-Jedda*) *v. Secretary of State for Defence*, Judgment of 12 Aug. 2005, Case No. CO/3673/2005[2005] EWHC 1809 (Admin)[2007] QB 621, para. 104。类似的论述参见澳大利亚司法部长关于抗击恐怖主义以实施人权的讨论。See Carne, “Reconstituting ‘HumanSecurity’ in a New Security Environment. An Australian, two Canadians and Article 3 of the Universal Declaration on Human Rights”, 25 *Australian Yearbook of International Law*(2006), p. 1.

展"“保护的责任”“人类安全”等概念则试图在不同学者及其偏好间无休止的激烈对抗中,达成一个脆弱的妥协。这些概念的提出也表明了雄心勃勃的法律人越来越倾向涉足最前沿的领域以获得政治影响力。以上所说都基于这样的洞见:无论援引什么法律,弄清由什么机构作出决定才是真正重要的,例如核废料处理厂造成的污染是否可以根据海洋或区域经济一体化的一般规则进行处理;渔业资源的管理是否归属于粮农组织(FAO)、世贸组织(WTO)或自然资源保护组织(CITES);或者军事人员在冲突区域的活动是否应该根据人权法或人道法进行评估。[6]

政治干预的过程现在呈现为一种重新定义的政治活动,即适用专业术语及专业知识对情势或问题进行界定,与之相伴的则是术语自身的结构性偏见。这一过程里唯一的限制是想象力。每天发生的国际事件例如海上危险化学品的运输,至少可以用六类术语、专业知识和偏好进行界定:贸易法、运输法、环境法、海洋法、化学物质相关法律和人权法。每一类术语对这一事件都享有话语权,且都会将其描述为人类追求、人类价值和当务之急的一部分。贸易法可能侧重于国家之间的贸易协定及其与第三方的关系;运输法可能会强调单一运输合同的不同当事方之间的法律技术关系,并根据其所属的法律体系在二者之间分配不同的管辖权;环境法可能会检查货物的性质及其通行的环境的特点;海洋法可能关注沿海国和港口国的管辖权,或者是国际海事组织(IMO)的标准;化学物质相关法律从该行业的最佳实践、标准运营形式和经济状况的角度进行审查,而人权法可能聚焦于航行中的人员的危险、船上的条件以及卸货过程给当地居民带来的危险等。每种可适用的术语都侧重于特定的解决方案、参与者和利益,没有哪种比其他更加“准确”。每种都突出了运输过程中的某个方面而掩盖了其他方面,即倾向于特定解决方式而以其他方式作为代价。何者被重视、何者被忽略取决于选择哪一类术语、适用哪种法律来审视这一事件。通常这一选择不是刻意

---

〔6〕 第一个例子是“MOX 工厂案”,笔者的评论参见 Koskenniemi,“Constitutionalism, Managerialism and the Ethos of Legal Education”, *European Journal of Legal Studies*(2007), p. 1;后面的例子参见 M. A. Young,“A Legal Framework for Regime Interaction: Lessons from International Trade and Fisheries Regimes”, *Talk at the Lauterpacht Centre of International Law*(Cambridge, 2008)。近期要求在国际冲突中适用人权标准(基于人道主义法)的例子参见 Orakhelashvili,“The Interaction between Human Rights and Humanitarian Law: Fragmentation, Conflict, Parallelism, or Convergence?”, 19 *The European Journal of International Law*(2008), p. 161。

的而是自然而然的,这就使其具有了意识形态的色彩。如果20年前论证国际法语言的不确定性(以及其中的政治偏好)似乎是知识上必要的且政治上有价值的,那么今天应该着重批评的是不同术语间的相互冲突(国际法只是争夺全球权威的诸多竞争者之一),尤其是这种冲突是怎样将某些行为者及其利益推到台前,而将其余隐于幕后的。

重新定义的政治活动旨在改变适用国际机制能够产生的结果的种类,这一过程体现了某些母语者将地方语言提升为世界通用语(Esperanto)的努力,这种努力也体现在国际法学者对"普遍性"的强调中。国际法学者并不满足于只是占据决策地位,还希望确保决策所依据的是独立于参与各方的、外在的逻辑和方法,即依据不来自"某一方"而是以普遍的或"科学的"方法来运作,而如果依据的不是"方法"而是"现实"本身则更好。[7] 在这一过程中,除了用中立的术语描述斗争之外,[8]没有什么是全新的或出乎意料的。中立的术语掩盖或模糊了所做选择的不确定性,以及需要解决的是结构性的偏见而不是如何适用中立的经济、环境、人权或安全理由这一事实。在此意义上,术语在具体化的过程中成了"意识形态",使必要的或中立的存在变得偏颇且充满争议。意识到偏见的存在启示我们得出有关教育学生、写作以及学术合作的两个结论:一是需要更仔细地审视诉诸特定全球治理的特定术语产生的策略性选择;二是采取正确态度对待当今国际法论辩中的管理主义(managerialism)。

二、实践:着眼策略选择

当下,国际法为我们涉足法律实践提供了多样的专门术语和机制。正如大卫·肯尼迪(David Kennedy)观察到的那样,我们常常全心投入其中而不去反思国际法对现实世界的影响。[9] 某种意义上,从事"国际法""人

〔7〕 笔者在另一篇文章中从争夺霸权的角度进行了描述,参见 Koskenniemi,"International Law and Hegemony:A Reconfiguration",17 *Cambridge Review of International Law Affairs*(2004),p. 197。

〔8〕 更多请参见 Kennedy,"The Mystery of Global Governance",1 *Kormendy Lecture*(Ohio Northern University,2008),available at http://www. law. harvard. edu/faculty/faculty - workshops/kennedy. workshop. pdf(last visited August 1st,2021)。

〔9〕 David Kennedy,*The Dark Sides of Virtue*:*Reassessing International Humanitarianism*(Princeton University,2005).

权”“自由贸易”研究,或者致力于“难民”“人道法”“人类安全”工作,本身就是一种进步,能够熟练使用这些术语也是有益。但是,如果20年前关于不确定性的批评是正确的,那么进步并不会自动发生。相反,术语和机制自身必然会成为争议与妥协的战场,占据上风的“主流”派和少数派挑战者在其中一刻不停地发生冲突。法律人们对制度目标的宏观上的共识反而经常引发他们在如何理解这一目标以及如何在特定情况下最好地实现目标等问题上,产生根本的分歧。贸易法中有左翼和右翼,人权法同样中也有保守派和反保守派。全球化可能使政治参与的中心从“主权国家”转移到了“功能体系”(functional regime),[10] 但它几乎丝毫没有改变政治参与的驱动力,这一驱动力仍然是推翻机制决策者并制定改革议程。

通过与“主权国家”的类比对“功能体系”进行反思是有效的。和主权国家一样,功能体系在意识形态上具有自我中心和帝国主义的特点,它具有自我吸纳的能力,有着试图将一切纳入自己支持的术语中的冲动。然而,它们不是任人击打的“台球”(billiard balls),而是和民族国家之间一样,不同的功能体系在关于追求的目标和意义,以及特定情况下如何进行战略选择上存在分歧。我们知道,具有一个国家的国民身份是一个不确定的概念,它并不是指具有特定的思维方式或行为方式,即一个人以某种非理性的方式融入某种“民族精神”的幻象中,这是国际法律人极为反对的。同样,功能性的术语也是不确定的,其与世界上最为多样的思维和行为模式同在。经济学家、环保主义者和人权专家对于如何理解实践以及如何处理冲突的观点间的区别就像芬兰人、法国人或斐济人间的区别那么大。这些供法律人运用的机构、制度和术语并不会自动生成结果:加入一个机构或者选择一套专业术语就像选择成为芬兰人、法国人或斐济人一样是一种自我限制。20年前的批评论证了国际法的不确定性。如今,对这些可选择的术语同样必须进行批判性分析。[11] 这对于追求更有意义的职业生涯的人来说是个好消

---

〔10〕 G. Teubner and A. Fischer-Lescano, *Regime-Kollisionen: Zur Fragmentierung des globalen Rechts*(Suhrkamp Verlag AG, 2006).

〔11〕 没有比这更容易的了,很多著作已经阐明了人权、安全、环境术语的不确定性,并指出这些话语背后的政治偏好。但迄今关于贸易制度的偏见更多是被假设而非被严格论证,但奥福德(Orford)的这篇文章是一个有益的开始,See Orford, “Trade, Human Rights, and the Economy of Sacrifice”, in *supra* note 3, pp. 66-192。

息:在这些术语的内部,有诸多部分都可以敞开进行重新定义和创新。然而要充分利用这一点,就需要对管辖权冲突及其带来的分配效果进行精细的选择。在关于管辖权争端中,一方应当采取什么样的立场很少是不证自明的:贸易法术语和环境法术语一样可以对当事方进行约束或给予当事方自由,这需要当事方提高战略选择的敏感性。

让笔者举一个耳熟能详的例子。人权活动家和安全专家经常选择“主流”的策略,以提高自身在贸易政策、失败国家的治理以及促进合作方面的影响力。[12] 如果这一策略成功,所指向的机构将在正式文件中更多地使用人权或安全的术语,并将为“人权专家”或“安全专家”开设新的行政职位。然而,这样虽然使得人权活动家或安全专家掌握了更多权力,但远没有达到改变制度结果的程度。首先,正如我在上文论证的,由于“人权”或“安全”术语自身的开放性,任何政策都可以巧妙地冠以“人权”或“安全”之名。如果制度结果没有改变,那么令人惊讶的只是这些术语提出之时带有的改变性的力量罢了。“人权偏好”或“安全忧虑”的含义通常是不明确的,例如在发展规划中,人权可以被用以支持原住民的所有权,也可以为建立国有合作社背书;根据侧重食品生产还是污染预防,人权又能被用来支持或攻击某个大型农业项目。又如怎么看待对中立国境内的“恐怖分子哨所”进行大规模袭击?这一行为实际上限制了还是增加了恐怖主义?可以发现,只使用特定术语无法给予行动明确的指引,关键不在于上述问题能否得到回答,而是“谁”对人权进行界定?应当采取“哪种”安全概念?以及当优先性被确定后,哪种类型的行动最能实现目标?[13]

经验表明,行动者越深入参与行政管理,越难识别他们内心真正的利益倾向及所支持的政策。专业术语对各种选择的开放性促使法律人对经济效率、行政适当性、社会因果关系进行越来越详细的分析。然而越迫切地想要提供解决方案,就越难将法律人的工作和其他专家例如经济学家、行政协调

〔12〕 最近有两项关于这一策略的研究:S. Seppanen, *Possibilities and Challenges of the Human-Rights Based Approach to Development* (Rowman & Littlefield Publishers, 2005),以及 T. Pajuste, *Mainstreaming Human Rights in the Context of the European Security and Defence Policy* (European Communities, 2008)。

〔13〕 在赫尔辛基新近发表的另一项研究也对此发表了观点,See P. Niemela, *The Politics of the Responsibility to Protect: Problems and Prospects* (Helsinki, 2008)。

人、社会学家的活动区分开来。最终的问题是:是否存在(或可能存在)任何区别于经济发展、公平分配、行政适当性等特定理论的信奉“人权”或“安全”(或确切地说“法律”)的理论。

如果不与“主流”彻底保持距离,机制改革者很难避免自身最终转变为主流的管理主义者。批评者应置身日常行政程序之外,因为批评者和监督者的使命是为那些利益无法在国际机制中被有效代表的人摇旗呐喊,关于这一点有许多需要展开。通过保持距离,批评者们不必像管理主义者那样不得不每日进行例行选择,也不必将自己的偏好限缩为现实的、实用主义的经验法则。然而,批判者面临的危险则是被边缘化、无意义化,甚至陷入自诩为殉道者的傲慢中,最终并不比其批判的对象更值得肯定。是否成为参与者是任何制度政治中永恒的难题,对此没有通用的公式,唯一可以肯定的是应保持战略敏感性和批判的距离——反对管理主义就是要反对彻底沉浸于管理文化中。

三、理论:反对管理主义

自20年前论文发表以来,国际法学界变化万千。如今,越来越多批判法学著作体现了迫切的变革愿望,但较之前作,这些作品对于应当拒斥什么和应当达成什么考虑得更为清楚。批判法学的方法已经扩展到人权法、国际刑法、环境法、冲突后的治理、国家建设和“干涉”等领域,新的研究力图结合比较法、国际私法或狭义的私法、法律与发展以及法制史领域的新思想。[14] 对于国际行为者(联合国、政府间组织、专家体制和网络)的制度性实践(而不只是论辩性)的研究聚焦于承诺与结果之间的距离。[15] 分析中

〔14〕 相关作品过于丰富,无法在这里充分展开,包括:A. Riles(ed.), *Rethinking the Masters of Comparative Law*(HART,2001);K. Knop, R. Michaels and A. Riles(eds.), “Transdisciplinary Conflicts of Laws”, 71 *Law and Contemporary Problems*(2008);D. Trubek and A. Santos, *The New Law and Economic Development*(Cambridge University, 2006);Orford, *supra* note 3;A. Anghie, *Imperialism, Sovereignty and the Making of International Law*(Cambridge University, 2004);N. Berman, *Passions et ambivalences. Le colonialisme, le nationalisme et le droit international, Présentation d'Emmanuelle Jouannet*(Pedone, 2008)。

〔15〕 See, e.g., R. Wilde, *International Territorial Administration: How Trusteeship and the Civilizing Mission Never Went Away*(Oxford University, 2008);Bhuta, “Against State-Building”, 15 *Constellations*(2008), p. 517.

越来越常用女权主义者、第三世界、后殖民主义甚至马克思主义的术语[16]来表现分析者的政治信仰。法学研究中充斥着人类学、社会学以及从国际关系、政治理论或政治经济学中拿来的文献和观点,且并非显得格格不入。

但是"跨学科性"常常伴随着充满风险的政治性。[17] 笔者尤其联想到"管理主义"认为要解决"全球化"的问题应该发明更复杂的制定政策的术语,并建议用政治学的"治理""规制""正当性"等术语替代国际法约定俗成的用语。管理主义方法批判了通常被认为是行动的障碍的法律形式主义,它倾向于非正式的"制度",重视"服从"(的事实),而不在乎应当服从什么的(规范性)分析。管理主义者认识到"行为者"(通常被称为台球国家)或多或少地存在无需质疑的"利益"。因此,制度行动的目标已经确定,唯一的需要考虑的是实现这些利益的最佳方式。管理主义者憧憬的身份是掌权者耳朵,为此他们迫切地关注事件的具体结果,并坚持在其文章的末尾提出政策建议。[18] 对管理主义者而言,行动的目的、彼此冲突的目标之间的优先顺序等规范性问题仅仅凝结于"合法性"这一术语上,后者能够将其转化为经验上可被操控的受众们的"感觉"。[19] 因为行为不是根据法律而是根据"利益和强制的结合"而产生,因此管理主义者只能将"跨学科"理解为学术上的"接管":"政治学的子领域国际关系学包含着更为复杂而丰富的国际法术语"。[20]

然而,越是用这些术语理解国际法,就显得越是愚蠢。实践中的因果关系太过复杂,这种策略性的简化又过于粗暴。实用的"利益"并不是一个可靠的"适用"政策的数据库,而是一个充满着解释性争议的客体,无论在时间上还是空间上都和其试图取代的"规则"一样是不稳定的——即便其当然伴

〔16〕 See, e. g. C. Chinkin and H. Charlesworth, *The Boundaries of International Law: A Feminist Analysis*(Juris Publishing, 2000); Anghie, *supra* note 14; Marks(ed.), *supra* note 3.

〔17〕 更不用说通过将某些学者树立为特定方向的"代表"而使其学术身份当然化、常态化,从而加深学科壁垒了。

〔18〕 笔者讨论过这一问题见 Koskenniemi, "Constitutionalism as Mindset: Reflections on Kantian Themes about International Law and Globalization", 8 *Theoretical Inquiries in Law*(2007), p. 9. See also Koskenniemi, "Miserable Comforters: International Relations as Natural Law", 15 *European Journal of International Relations*(2009)。

〔19〕 进一步讨论见 Koskenniemi, "Legitimacy, Rights and Ideology: Notes towards a Critique of the new Moral Internationalism", 7 *Associations: Journal of Legal and Social Theory*(2003), p. 349。

〔20〕 J. Goldsmith and E. Posner, *The Limits of International Law*(Princeton, 2005), p. 15.

随着一种不同的偏见,这种偏见来自政治学精英们。这不仅仅是一个不合时宜的建议,即建议回到(天真的?)20世纪六七十年代实证主义的论争还未发生之时,也即回到认为社会科学应当构建在对行为进行解释和预测的语言之上的理念还未崩塌之时。〔21〕当然,经验的和技术的知识有其作用,它们提高了分析能力,使人们对存在哪些可替代的行为有了更清晰的认识,但它们对规范性无可置喙,更不用说对于带有解放性利益的事物了。〔22〕然而,管理主义自身有着潜藏的规范性,它给予了国际机制中占据主导地位并因此没有理由批判这一机制的价值和行为者以特权。这一现象加强了人们下列感觉:分配和偏好已经在别处被决定了,剩下的只有如何为主权者铺平道路这一技术性问题。

另外,我越思考传统的(欧洲)注释法学和试图挑战它的管理主义,就越发现二者似乎栖于同一片概念空间。寻求概念的正确解释和寻找某个"利益"派生出的最佳政策都是在寻找正确答案,并且坚信答案可以通过解释、"理性选择"等技术推理的方式获得。二者都坚持淡化世界治理中的意志、任意性、激情、意识形态,及其自身在世界治理中的作用。尽管它们受限于其所要提供解决方案的具体情形,但是仍将自身视为普遍的理论或方法。与此同时,它们都将决策权分配给自身术语的"母语者",以此巧妙地改变机构决策和产出结果的模式。最好的一面是,它们都阐明了一些世界治理参与者的经验,使我们能够在国际机制下进行专业的计划和沟通;而最坏的一面是,它们掩盖了权力运作的方式,使得特定的知识或社会等级制度似乎成为生活中天然的组成部分。

这表明近年来欧洲宪法形式主义与美国对国际机制提出的"帝国主义"挑战并行不悖(后者源于极度的学术焦虑),但两者可能都多少偏离了重点。认同信仰"法律"是一种天然的、进步主义的选择与相信一切都应服务于帝国主义的偏好一样,都是粗疏的政策指引。始终存在的问题是:究竟是哪种法律和谁的偏好?19世纪的欧洲经验和当今的美国实践证明了立宪主义和帝国主义殊途同归。尤其今天德国学者提出的立宪主义在文化上与透明

〔21〕 介绍参见T. Adorno(ed.),*The Positivist Dispute in German Sociology*(Heinemann,1976)。

〔22〕 另外的介绍参见J. Habermas,*Knowledge and Human Interests*(Beacon Press,1976)。

度和问责制相关联(或对其有偏见),而这两者是延长机构生命的重要因素。[23] 但是,这些都不足以成为停滞不前的理由,始终需要回答的问题是:宪法中包括了哪些内容?忽视了哪些内容(因为是“私法的”或“科学的”)?现行宪法将谁提升到了决策者的位置?笔者完全赞成用宪法或行政术语重新定义国际组织管理主义实践的政治行动,并不是因为这些术语自身的价值,而是因为它们对当今脱离政治的专家治理构成了严峻挑战,而这或许源于它们将(康德式的)可完善性(perfectibility)设立为组织的调整目标。[24] 但法律不是万能的。例如,“反恐战争”造成问题并非由于缺乏“法律”或“权利”的指引,事实上有大量的法律法规能够授权并指导相关的行动,[25] 这意味着仅从事“合法的”“有权的”行为不足以确保选择对自身有利。安全理事会对伊拉克战争的授权真的能改变我们对战争的看法吗?安理会是否应该授权?人们无法避免诉诸战略性选择,或者更现实地说,人们无法避免在下列两者之间举棋不定,是找出正确的战略选择还是退回遵循涉及相应政策的约定俗成的经验法则行事。

对抗注释法学和管理主义的一个方式是转向历史,这一趋势近年来在国际法学界越发显著。这可能源于一个纯粹的史学史的问题:历史学在阐释法律和法律人在决策和冲突过程中的作用时力有不逮;传统历史学要么主要依赖名人传记导致出现许多错误,要么将实践中的因果关系过度压缩进同质化的编年体叙事中。新历史学试图营造出一种生动的感觉,即国际法不仅能限制权力,同样能授予和促进权力的行使。新历史学的灵感来自一种对规范性的考量,特别地来自一种直觉,即当今政策的某些方面最应被理解为是过去的特权模式的(通常包括欧洲中心主义、殖民主义或“文明使

〔23〕 关于立宪主义的政治参见 A. von Bogdandy, R. Wolfrum, J. von Bernstorff, P. Dann, and M. Goldmann (eds.), “The Exercise of Public Authority by International Institutions”, 9 *German Law Journal* (2008), p. 1375。关于转向行政术语参见 B. Kingbury, N. Krisch, and R. B. Stewart (eds.), “The Emergence of Global Administrative Law”, 68 *Law & Contemporary Problems* (2005)。

〔24〕 See Koskenniemi, “Constitutionalism”, *supra* note 18, pp. 33-36.

〔25〕 See David Kennedy, *Of War and Law* (Princeton, 2006); Johns, “Guantanamo Bay and the Annihilation of the Exception”, 16 *The European Journal of International Law* (2005), p. 613.

命")失败版本。[26] 历史的重要性可能建立在并不可靠的方法论的基础之上,即"历史乃生活之师"(*historia magistra vitae*)。然而,作为一种法律写作的风格,历史叙事点出了必要性和偶然性的虚构性,从而解放了关于可替代性选择的政治想象力。

四、《欧洲国际法杂志》

几年前,笔者发表了一篇报告讲述了第一本国际法期刊,即1869年的《国际法评论》的创立过程。1873年,第一个专业的国际法团体国际法研究院(*Institut de droit international*)作为欧洲自由主义的堡垒被建立。在其成立之时,欧洲经过一段时间的发展,危机的阴云已经在政治的地平线上显现。[27] 国际法诞生于在危机中保护自由的国际主义者的行动。1873年人们深谙列宁的思想,即一份期刊不仅是一个集体的传播者,也是一个集体的组织者,笔者想1989年《欧洲国际法杂志》的创立以及几年后欧洲国际法学会的成立也是基于这样的认识。20年前,国际法律人回望19世纪末,被1873年的国际精神所激励,他们决心用更具现代精神的强悍的专业主义来应对这个不断变化的世界。[28] 这一想法收到了世界各地的响应。1873年的中心是哥伦比亚大学、根特、海德堡和日内瓦,到了1989年则是佛罗伦萨、慕尼黑、日内瓦和格林威治村。其关键在于如何把特权地位转变为进步的动力(但有时无法避免出现相反的趋势)。自此,《欧洲国际法杂志》已成为该领域最受人关注的出版物之一,而纽约大学则被视为世界上最负盛名的欧洲学派法学院的摇篮。但是,这能否转化为政治影响力,以及该影响力将会指向什么方向反而更难定论。该杂志不再接受法语稿件充分表明了标题中"欧洲"的含义。但依照一个法则(*Nomos*),伟大的政治计划不必局限

---

〔26〕 尤其值得参考 Berman and Anghie, *supra* note 14,以及历史学的 C. Mieville, *Between Equal Rights: A Marxist Theory of International Law* (Haymarket, 2005) and E. Jouannet and H. Ruiz-Fabri, *Impérialisme et Droit International en Europe et aux Etats-unis: Sous la Direction de Emmanuelle Jouannet et Hélène Ruiz Fabri* (UNITÉ MIXTE DE RECHERCHE DE DROIT COMPAR, 2007)。

〔27〕 Martti Koskenniemi, *The Gentle Civilizer of Nations: The Rise and Fall and International law 1870-1960* (Cambridge University Press, 2001), pp. 11-97.

〔28〕 事实上,1989年及之后,国际社会常常被认为向着过去演变,朝着1873年时预想的未来不断行进。

于特定的领土范围。本文第二部分谈到,一个以“欧洲”为名的计划可能引发各种矛盾性的文化和政治联想。这是一个策略性的选择,不能将其简化为这一承载过多的名号中某一种固有的乌托邦精神。但应该牢记的是,该选择所带来的结果并不总是能以策略性术语的方式进行再造。如同任何名称或概念一样,一种选择获得了独立性,同时也自动成了特定偏见的载体,我们将其看作第二性的,是一个家园,一个信仰,一座牢笼,也是一扇敞开的大门。

人类学，法律与跨国进程

◇［美］莎利·安格尔·梅丽*，王伟臣　张冰玉**　译

【译者按】莎利·安格尔·梅丽教授是世界著名法律人类学家。此文是她继1988年的《法律多元论》之后发表的第二篇比较重要的关于法律人类学的长篇综述。时至今日，法律人类学的研究视野都没有超出此文的总结和展望。就此而言，它堪称近30年来法律人类学的学术论纲。遗憾的是，梅丽教授已于2020年9月8日病逝，享年75岁。她逝世以后，美国及国际法律人类学界举行了各种各样的悼念活动。我们也希望通过翻译的形式来表达哀思，并以此纪念梅丽教授。本文的翻译获得了梅丽教授的丈夫、马塞诸塞州保罗·H.梅丽律师事务所主任保罗·亨利·梅丽（Paul Henry Merry）先生的慷慨授权。在此谨表达我们最诚挚的谢意。

【关键词】法律人类学；殖民主义；纠纷解决过程；大众司法；意识

以往研究法律现象的人类学家经常把分析背景局限于地方。而如今越来越多的研究表明，民族国家的法律甚至国际法规其实早已经渗入并塑造了地方社会。因此，如要深入了解地方，必然要关注国家和国际背景。世界

---

* 莎利·安格尔·梅丽（Sally Engle Merry），时任卫斯理学院人类学系教授。本文原载于《人类学年鉴》1992年第21卷，第357～379页。S. E. Merry, "Anthropology, Law, and Transnational Processes", 21*Annual Review of Anthropology*（1992），pp. 357-379.

** 王伟臣，法学博士，上海外国语大学法学院副教授。张冰玉，上海外国语大学2020级法律硕士研究生。

体系理论(world system theory)[1]、统治与反抗理论(theories of domination and resistance)[2],以及对社会组织历史性的重新强调,[3]都将研究重点聚焦于跨国进程对法律的影响上。据此笔者认为,在我们探讨地方法律现象的性质时,越来越不能忽略跨国进程的影响。

跨国进程对地方法律的影响有着各种各样的方式。殖民主义打破了法律制度的国界,将其强行推广至各种截然不同的社会文化体系。3 个世纪以来,欧洲的扩张迫使过去分散在各地的自治群体融入到民族国家之中。民族国家的形成过程又孕育了多民族的社会。这种多民族社会存在一种张力,一方面,地方群体在努力维持自主的法律体系,另一方面,国家则致力于统一并规范这些不同的体系。有些国家主动地全盘引进其他国家的法典或法律程序,并将其推广至不同的文化群体。后殖民地国家从此前的殖民者那里学习了警务、审判、惩罚以及纠纷的解决方式。国际机构和国际法规对地方法律秩序的影响也日益显著。

在过去,地方、国家以及跨国法律体系的共存被称为法律多元。批评者指出,以往的研究停留于对多元性的静态分析,未能探讨这些体系之间的相互作用以及力量不均衡所带来的影响。[4] 而最近对法律多元的研究则侧

---

〔1〕 S. Mintz, *Sweetness and Power* (Viking, 1985); E. Wolf, *Europe and the People without History* (University of California Press, 1982).

〔2〕 L. Abu-Lughod, "The Romance of Resistance: Tracing Transformations of Power Through Bedouin Women", 17*American Ethnologist* (1990), pp. 41–56; J. Comaroff, *Body of Power: Spirit of Resistance: Culture and History of a South African People* (University of Chicago Press, 1985); J. Comaroff and J. L. Comaroff, *Of Revelation and Revolution: Christianity, Colonialism, and Consciousness in South Africa*, *Volume* 1 (University of Chicago Press, 1991); J. Scott, *Weapons of the Weak* (Yale University Press, 1985).

〔3〕 *Supra* note 2, J. Comaroff and J. L. Comaroff; M. Sahlins, *Islands of History* (University of Chicago Press, 1985); J. Starr and J. F. Collier, "Historical Studies of Legal Change", *Current Anthropology* (1987), pp. 367–372; J. Starr and J. F. Collier (eds.), *History and Power in the Study of Law: New Directions in Legal Anthropology* (Cornell University Press, 1989).

〔4〕 J. Griffiths, "Introduction", in A. N. Allott and G. R. Woodman (eds.), *People's Law and State Law: The Bellagio Papers* (Foris, 1985), pp. 13–20; J. Griffiths, "What is legal pluralism?" *The Journal of Legal Pluralism* (1986), pp. 1–56; *supra* note 3, J. Starr and J. F. Collier.

重于这些体系之间的相互构成性,而非独立性。[5] 此外,从定义上讲,法律秩序的范围已经涵盖了一系列的非正式秩序。这些秩序有时又被称为私人治理,它们不仅存在于后殖民地国家,也存在于实行(如美国)国家法的社会。[6] 由此可见,现如今法律体系的多元性并非后殖民地国家的专利,而是广泛存在于所有社会的一个基本特征。[7] 这些多元的法律体系往往是跨国进程的产物。

聚焦于国家法与其他规范秩序之间辩证的、相互构成的关系,体现了这样一种学术立场:一方面,它重视社会秩序之间的关联性;另一方面,它也承认因"天高皇帝远"所导致的国家与地方关系的脆弱性。这种学术立场关心的是国家法如何渗透并重组其他规范秩序。除此之外,这种立场还涉及非正式规范秩序和私人治理体系如何影响国家法的问题。[8]

---

〔5〕 H. W. Arthurs, *Without the Law: Administrative Justice and Legal Pluralism in Mid 19th-Century England* (University Toronto Press, 1985); K. Von. Benda-Beckmann and F. Strijbosch (eds.), *Anthropology of Law in the Netherlands: Essays in Legal Pluralism* (Foris, 1986); P. Fitzpatrick, "Law, Plurality, and Underdevelopment", in D. Sugarman (ed.), *Legality, Ideology, and the State* (Academic, 1983), pp. 159-183; *supra* note 4, J. Griffiths; J. Griffiths, "Recent Anthropology of Law in the Netherlands and Its Historical Background", in K. Von. Benda-Beckmann and F. Strijbosch (eds.), *Anthropology of Law in the Netherlands: Essays in Legal Pluralism* (Foris, 1986), pp. 11-66; S. Henry, *Private Justice* (Routledge & Kegan Paul, 1983); S. Henry, "Community Justice, Capitalist Society, and Human Agency: The Dialectics of Collective Law in the Cooperative", *Law & Society Review* (1985), pp. 303-327; S. Henry, "The Construction and Deconstruction of Social Control: Thoughts on the Discursive Production of State Law and Private Justice", in J. Lowman and R. J. Menzies, T. S. Palys (ed.), *Transcarceration: Essays in the Sociology of Social Control* (Gower, 1987), pp. 89-108; B. de Sousa. Santos, "Law: A map of Misreading; Toward a Postmodern Conception of Law", *Journal of Law and Society* (1987), pp. 279-302; J. Vanderlinden, "Return to Legal Pluralism: Twenty Years Later", *The Journal of Legal Pluralism* (1989), pp. 149-157.

〔6〕 M. Galanter, "Justice in many Rooms: Courts, Private Ordering, and Indigenous Law", *The Journal of Legal Pluralism* (1981), pp. 1-48; S. Henry, "Private Justice and the Policing of Labor: The Dialectics of Industrial Discipline", in C. Shearing and P. Stenning (ed.), *Private Policing* (Sage, 1987); S. Macaulay, in L. Lipson and S. Wheeler (ed.), *Law and the Social Sciences* (Russell Sage Found, 1986); S. E. Merry, "Legal pluralism", *Law & Society Review* (1988), pp. 869-896.

〔7〕 *Supra* note 4, J. Griffiths; *supra* note 6, S. E. Merry.

〔8〕 *Supra* note 5, S. Henry; L. Nader, "The Recurrent Dialectic Between Legality and its Alternatives", *University of Pennsylvania Law Review* (1984), pp. 621-645; S. Spitzer, "The Dialectics of Formal and Informal Control", in R. L. Abel (ed.), *The Politics of Informal Justice, Volumes* 1, 2 (Academic, 1982), pp. 167-207.

事实上,法律多元可以被视为后现代法律观的关键概念。[9] 桑托斯(Santos)提出,法律是如同地图一样的符号系统,通过比例尺、投影和标识的机制来表现/扭曲现实。[10] 不同的法律制度也像地图一样具有不同的尺度、投影形式、中心点和不同的标识体系。[11]

这种理论认为,各种法律秩序之间在力量上是不均衡的,但是又相互构成,相互影响。那么,随之而来的问题是:它们如何相互影响和重塑对方?支配体系在何种程度上能够控制从属体系?从属体系又如何颠覆或规避支配体系?从属体系的纠纷解决方式是否能反过来改变支配体系?各种法律体系之间的这种竞争关系又如何解释历史的变迁?

关于在国家和跨国背景下的地方法律过程,学术界已经积累了大量的研究成果,本文将对此进行一番考察,并探讨能否重建一种与文化和权力密切相关的法律多元理论。1975 年,简·科利尔(Jane Collier)在一篇综述里对法律过程作了出色的梳理。[12] 所以,本文将简要回顾自 1975 年以来法律人类学领域的重大发展,并聚焦于文化和历史研究进路的兴起。[13]

一、人类学关于法律研究的进展

20 世纪 70 年代中期以来,法律人类学的研究发生了翻天覆地的变化。劳拉·纳德(Laura Nader)在 20 世纪 70 年代首创纠纷—处理过程理论(the

---

〔9〕 *Supra* note 5, B. de Sousa. Santos.

〔10〕 Ibid., p. 297.

〔11〕 B. de Sousa. Santos, "The law of the Oppressed: The Construction and Reproduction of Legality in Pasagarda", *Law & Society Review* (1977), pp. 5-126; B. de Sousa. Santos, "Popular Justice, Dual power, and Socialist Strategy", in B. Fine, R. Kinsey, J. Lea, S. Picciotto and J. Young (ed.), *Capitalism and the Rule of Law* (Hutchinson, 1979), pp. 151-171; B. de Sousa. Santos, "Law and Community: The Changing Nature of State Power in Late Capitalism", in R. L. Abel (ed.), *The Politics of Informal Justice*, *Volumes* 1,2 (Academic, 1982), pp. 249-267.

〔12〕 J. F. Collier, "Legal processes", *The Annual Review of Anthropology* (1975), pp. 121-144.

〔13〕 本文所梳理的文献,主要来自 1975 年以后的《美国人类学家》(*American Anthropologist*)、《美国民族志学家》(*American Ethnologist*)、《法律与社会评论》(*Law and Society Review*)、《法律多元杂志》(*Journal of Legal Pluralism*)以及《人类》(*Man*)。为了更加全面,笔者也尽可能地考察了其他杂志和著作。但是挂一漏万,本文一定遗漏了一些重要作品。不过笔者希望,本文所列举的作品能够为读者的进一步研究提供一份指南。此外,本文也没有列入非英语的文献。

dispute-processing theory),利用行动的决策模型、聚焦于地方和过程的分析模式,推动了乡村法律研究的发展。[14] 这一研究视角重新确立了法律民族志在社会文化组织研究中的核心地位。但这种纠纷研究是在社会文化框架下进行的,缺乏对国家和跨国背景的关注。然而,许多关于地方纠纷的案例研究则为考察国家和跨国背景对地方的影响力提供了丰富的资料。除了帕内尔(Parnell)讨论了墨西哥乡村与国家法院的关系之外,[15] 坎特(Canter)、[16] 科利尔(Collier)、[17] 洛伊(Lowy)、[18] 纳德(Nader)、[19] 罗森贝格(Rothenberger)、[20] 鲁菲尼(Ruffini)、[21] 斯塔尔(Starr)、[22] 威蒂

---

〔14〕 L. Nader and H. F. Todd(eds.), *The Disputing Process—Law in Ten Societies* (Columbia University Press, 1978).

〔15〕 P. Parnell, "Village or state? Competitive Legal Systems in a Mexican Judicial District", in L. Nader and H. F. Todd(eds.), *The Disputing Process—Law in Ten Societies* (Columbia University Press, 1978), pp. 315 - 350; P. Parnell, *Escalating Disputes: Social Participation and Change in the Oaxacan Highlands* (University of Arizona Press, 1989).

〔16〕 R. Canter, "Dispute Settlement and Dispute Processing in Zambia: Individual Choice Versus Societal Constraints", in L. Nader and H. F. Todd(eds.), *The Disputing Process—Law in Ten Societies* (Columbia University Press, 1978), pp. 247-280.

〔17〕 J. F. Collier, "Stratification and Dispute Handling in two Highland Chiapas Communities", *American Ethnologist*(1979), pp. 305-328.

〔18〕 M. Lowy, "A Good Name is Worth More than Money: Strategies of Court Use in Urban Ghana", in L. Nader and H. F. Todd(eds.), *The Disputing Process—Law in Ten Societies*(Columbia University Press, 1978), pp. 181-208.

〔19〕 L. Nader, "The Crown, the Colonists, and the Course of Zapotec Village Law", in J. Starr and J. F. Collier(eds.), *History and Power in the Study of Law: New Directions in Legal Anthropology* (Cornell University Press, 1989), pp. 320-345; L. Nader, *Harmony Ideology: Justice and Control in a Zapotec Mountain Village* (Stanford University Press, 1990).

〔20〕 J. E. Rothenberger, "The Social Dynamics of Dispute Settlement in a Sunni Muslim Village in Lebanon", in L. Nader and H. F. Todd(eds.), *The Disputing Process—Law in Ten Societies* (Columbia University Press, 1978), pp. 152-180.

〔21〕 J. L. Ruffini, "Disputing over Livestock in Sardinia", in L. Nader and H. F. Todd(eds.), *The Disputing Process—Law in Ten Societies* (Columbia University Press, 1978), pp. 209-246.

〔22〕 J. Starr, *Dispute and Settlement in Rural Turkey* (Brill, 1978); J. Starr, "The Role of Turkish Secular Law in Changing the Lives of Rural Muslim Women, 1950 - 1970.", *Law & Society Review* (1989), pp. 497-523; J. Starr, *Law as Metaphor: From Islamic Courts to the Palace of Justice* (State University of New York Press, 1992).

(Witty)[23] 以及英韦松(Yngvesson)[24] 等人在各自的论文和著作中也都涉及了这个主题。但在20世纪70年代和80年代,纠纷处理过程的研究也受到了批评,被认为研究视角过于狭隘,且过分强调行动决策模型的理性层面。[25] 斯塔尔和科利尔合编的那部重要的论文集也指出,此前的研究过分局限于微观层面,所以今后的纠纷研究应该加入历史的维度和世界的维度。[26]

作为法律的一种程序模式,纠纷处理过程源于扩展案例(extended case)分析和马林诺夫斯基(Malinowskian)的社会行动概念。这种研究模式对过去的规则中心(rule-centered)进路发起了挑战,由此在20世纪60年代引发了激烈的争论。到了20世纪70年代,一些学者不再将规则进路和过程进路视为相互排斥的矛盾体,并试图将二者整合起来。穆尔(Moore)在一系列论文中讨论了如何将规则纳入法律的过程模式,[27] 并将这一方法应用于其对查加(Chagga)法的历史变迁研究。[28] 这项研究展示了"传统"法律一方面会随着重大政治和经济变革而发生改变,另一方面它又在某种程度上延续着过去的经验。[29] 科马罗夫(Comaroff)和罗伯茨(Roberts)在研

---

[23] C. J. Witty, "Disputing Issues in She-haam, A Multireligious Village in Lebanon", in L. Nader and H. F. Todd (eds.), *The Disputing Process—Law in Ten Societies* (Columbia University Press, 1978), pp. 281-314; C. J. Witty, *Mediation and Society: Conflict Management in Lebanon* (Academic, 1980).

[24] B. Yngvesson, "Legal Ideology and Community Justice in the Clerk's Office", *Legal Studies Forum* (1985), pp. 71-89; B. Yngvesson, "Making Law at the Doorway: The Clerk, the Court, and the Construction of Community in a New England town", *Law & Society Review* (1988), pp. 409-448.

[25] M. Cain and K. Kulcsar, "Thinking Disputes: An essay on the Origins of the Dispute Industry", *Law & Society Review* (1981-1982), pp. 375-403; R. L. Kidder, "The end of the Road? Problems in the Analysis of Disputes", *Law & Society Review* (1981), pp. 717-727; S. E. Merry and S. S. Silbey, "What do Plaintiffs Want?: Reexamining the concept of dispute", *The Justice System Journal* (Special Issue Alternative Dispute Resolution, 1984), pp. 151-179; *Supra* Note 3, J. Starr and J. F. Collier; F. G. Snyder, "Anthropology, Dispute Processes, and Law: A Critical Introduction", *British Journal of Law and Society* (1981), pp. 141-180.

[26] *Supra* note 3, J. Starr and J. F. Collier.

[27] S. F. Moore, *Law as Process: An Anthropological Approach* (Routledge & Kegan Paul, 1978).

[28] S. F. Moore, *Social Facts and Fabrications: Customary Law on Kilimanjaro*, 1880-1980 (Cambridge University Press, 1986).

[29] Ibid.

究茨瓦纳纠纷解决的文化逻辑时发现,纠纷过程所适用的规则是经过充分协商的结果;与此同时,社会生活也受规范系统的制约,绝不仅是个体对于规则的操控问题。[30] 在这些学者看来,冲突(conflict)中各方所遵守的规则不是类似于西方成文法那样的内部一致的行为准则,而是可协商的、内部矛盾的、可自由裁量的规则。

到了20世纪90年代,尽管纠纷处理过程仍然是理解法律现象的核心研究进路,但学界对于意义和权力的关注却在日益增加。学者们除了考察纠纷过程的社会背景以外,还尝试去关注法律机构和法律主体怎样创造和改变意义。最近不少研究都将纠纷处理视为一个创造和转换意义的过程,而在这个过程中,当事人和第三方发挥着并不均等的作用。[31] 芭芭拉·英韦松(Barbara Yngvesson)发现,在诉讼当事人和下级法院官员之间的互动中,纠纷的定义和意义也在不断地发生变化。[32] 简·科利尔展示了在没有阶级的社会中,解决冲突的过程是如何与婚姻形式和社会分层联系在一起的。[33]

笔者认为当代法律人类学出现了四个新的面向。一是向国家和跨国背景的转变(本文所讨论)。二是对文化分析的偏好,它包括:法律机构和法律

---

[30] J. L. Comaroff and S. Roberts, *Rules and Processes: The Cultural Logic of Dispute in an African Context* (The University of Chicago Press, 1981), pp. 18-19; J. Bossy (ed.), *Disputes and Settlements: Law and Human Relations in the West* (Cambridge University Press, 1983); S. Roberts, *Order and Dispute: An Introduction to Legal Anthropology* (St. Martin's Press, 1979).

[31] D. Brenneis, "Straight Talk and Sweet Talk: Political Discourse in an Occasionally Egalitarian Community", in D. Brenneis and F. Myers (ed.), *Dangerous Words: Language and Politics in the Pacific*, (New York University Press, 1984), pp. 69-84; J. L. Comaroff and S. Roberts, *Rules and Processes: The Cultural Logic of Dispute in an African Context* (University of Chicago Press, 1981); W. Felstiner, R. Abel and A. Sarat, "The Emergence and Transformation of Disputes: Naming, Blaming, and Claiming...", *Law & Society Review* (1980-1981), pp. 631-655; L. Mather and B. Yngvesson, "Language, Audience, and the Transformation of Disputes" *Law & Society Review* (1980-1981), pp. 775-822; A. Sarat and W. L. F. Felstiner, "Law and Strategy in the Divorce Lawyer's Office", *Law & Society Review* (1986), pp. 93-134; A. Sarat and W. L. F. Felstiner, "Law and Social Relations: Vocabularies of Motive in Lawyer/Client Interaction", *Law & Society Review* (1988), pp. 737-771; S. S. Silbey and S. E. Merry, "Mediator Settlement Strategies", *Law & Policy* (1986), pp. 7-32; *supra* note 24, B. Yngvesson (1985); *supra* note 24, B. Yngvesson (1988).

[32] *Supra* note 24, B. Yngvesson (1985); *supra* note 24, B. Yngvesson (1988).

[33] J. F. Collier, *Marriage and Inequality in Classless Societies* (Stanford University Press, 1988).

主体创造意义的方式,这些意义对周围社会关系的影响,以及文化框架对法律程序本身性质的影响。三是法律多元的复兴,新的法律多元摒弃了传统的静态视角,讨论共存的法律体系的多重性及其交互关系。随着学界越来越关注法律与文化的联系,法律多元也被重新理解为不同文化习俗和话语的关系。四是更加关注权力以及法律构建和解构权力关系的方式。法律不再只是一种社会控制模式;它也是一种创造观念秩序并进而推动执行的构成系统(constitutive system)。此外,法律作为一种意识形态,有助于构筑公平正义的社会,同时也为阻碍这种社会的形成提供了语言和平台。〔34〕 当然,正如霍贝尔(Hoebel)所言,法律不仅是一个意义体系,它还是一种被权力机构赋予合法性的暴力形式。〔35〕

之所以会出现这些新的研究面向,在某种程度上是因为法律研究聚焦的对象已经从部落和农业社会转移到复杂的城市社会(以及不太复杂的城市社会)。〔36〕 随着法律人类学的视野扩展至美国、英国以及其他工业国家,

〔34〕 J. Brigham, "Right, Rage, and Remedy: Forms of Law in Political Discourse", *Studies in American Political Development* (Yale University Press, 1987); M. Cain, "Gramsci, the State, and the Place of Law", in D. Sugarman (ed.), *Legality, Ideology, and the State* (Academic, 1983), pp. 95-118; D. Kennedy, "Antonio Gramsci and the legal system", *Am. Legal Stud. Assoc. Forum* (1982), pp. 32-37; C. Sumner, *Reading Ideologies: An Investigation into the Marxist Theory of Ideology and Law* (Academic, 1979); E. P. Thompson, "The Rule of Law. Reprinted From: Whigs and Hunters: the Origin of the Black Acts", in P. Beirne and R. Quinney (ed.), *Marxism and Law* (Wiley, 1982[1975]).

〔35〕 S. S. Silbey and A. Sarat, "Critical Traditions in Law and Society Research", *Law & Society Review* (1987), pp. 165-174.

〔36〕 *Supra* note 5, H. W. Arthurs; J. Auerbach, *Justice Without Law?* (Oxford University Press, 1983); L. Buckle and S. R. Thomas-Buckie, "Doing unto Others: Dispute and Dispute-Processing in an Urban American Neighborhood", in R. Tomasic and M. Feeley (ed.), *Neighborhood Justice* (Longman, 1982), pp. 78-90; J. M. Conley and W. M. O' Barr, *Rules versus Relationships: The Ethnography of Legal Discourse* (University of Chicago Press, 1990); D. M. Engel, "Legal Pluralism in an American Community: Perspectives on a Civil Trial Court", *American Bar Foundation Research Journal* (1980), pp. 425-454; D. M. Engel, "Law, Time, and Community", *Law & Society Review* (1987), pp. 605-638; D. M. Engel, "The Oven Bird's Song: Insiders, Outsiders, and Personal Injuries in an American Community", *Law & Society Review* (1984), pp. 549-582; M. Galanter, "Reading the Landscape of Disputes: What We Know and Don't Know (and think we know) About Our Allegedly Contentious and Litigious Society", *UCLA Law Review* (1983), pp. 4-71; C. Greenhouse, "Nature is to Culture as Praying is to Suing: Legal Pluralism in an American Suburb", *The Journal of Legal Pluralism* (1982), pp. 17-37; C. Greenhouse, *Praying for Justice: Faith, Order, and Community in an American Town* (Cornell University Press, 1986); C. Harrington, *Shadow Justice: The Ideology and Institutionalization of Alternatives to Court* (Greenwood Press, 1985); C. Harrington and S. E. Merry, "Ideological Production:

其分析框架也得到了丰富和拓展。这表现为,法律人类学逐渐接受了社会科学和法律等相关学科的理论取向,尤其是借鉴了法律与社会研究以及批判法学的研究成果。早期的研究聚焦于地方,而新的研究则以国家和跨国进程为背景,由此也产生了新的问题。扩展案例研究,脱离了宏观社会背景的纠纷—处理过程范式,以及源于结构—功能范式的秩序维护与社会控制理论已经逐步退出历史舞台,因为新的理论模型更加适合分析这个由跨国进程操控权力的世界。这个世界不仅有部落和乡村,也有发达的资本主义国家。

二、文化与权力

法律不仅是关乎社会生活的规则,也与文化和表征也休戚相关。克利福德·格尔茨(Clifford Geertz)认为,法律是一种社会想象。[37]在他看来,法律的比较分析与对神话、仪式、意识形态、艺术或分类体系的比较分析如出一辙,均以意义结构为核心,而这种结构又是通过符号和符号系统来形成、传达和运用的。[38]劳伦斯·罗森(Lawrence Rosen)在对摩洛哥卡迪法

---

the Making of Community Mediation", *Law &Society Review* (1989), pp. 709-737; S. E. Merry, "Going to Court: Strategies of Dispute Management in an American Urban Neighborhood", *Law &Society Review* (1979), pp. 891-925; S. E. Merry, "Everyday Understandings of the Law in Working-class America", *American Ethnologist* (1986), pp. 253-270; S. E. Merry, *Getting Justice and Getting Even: Legal Consciousness among Working-Class Americans* (University of Chicago Press, 1990); L. Nader (ed.), *No Access to Law* (Academic, 1980); M. D. Provine, *Judging Credentials: Non-Lawyer Judges and the Politics of Professionalism* (University of Chicago Press, 1986); *supra* note 31, A. Sarat and W. L. F. Felstiner (1986); *supra* note 31, A. Sarat and W. L. F. Felstiner (1988); School of Justice Studies (ed.), *New Directions in the Study of Justice, Law, and Social Control* (Plenum, 1990); B. J. Sheehan, *The Boston School Integration Dispute: Social Change and Legal Maneuvers* (Colombia University Press, 1984); F. Strijbosch, "The Concept of Pela and Its Social Significance in the Community of Moluccan Immigrants in the Netherlands", *The Journal of Legal Pluralism* (1985), pp. 177-208; J. Vincent, *Anthropology and Politics: Visions, Traditions, and Trends* (University of Arizona Press, 1990); *supra* note 24, B. Yngvesson (1985); *supra* note 24, B. Yngvesson (1988).

〔37〕 C. Geertz, "Local Knowledge: Fact and Law in Comparative Perspective", in *Local Knowledge* (Basic Books, 1983), pp. 167-234.

〔38〕 C. Geertz, "Local Knowledge: Fact and Law in Comparative Perspective", in *Local Knowledge* (Basic Books, 1983), p. 183.

院的研究中进一步解释了这种对法院的文化分析。[39] 他认为法院既不孤独也不神秘,而是与周遭的文化进程密切相关的一个机构。理查德·奥康纳(Richard O' Connor)通过对泰国的民族志研究证明法律是一种本土的社会理论,[40]阿诺(Arno)则探讨了法庭程序本身所传达的各种信息。[41]

立法者、法官、律师、司法官员、警察和诉讼当事人的实践都可以被视为创造意义的过程。按照这种思路,卡特尔·班特雷(Carter Bentley)在分析菲律宾马拉瑙人(Maranao)的纠纷时探讨了法律在文化上的建构作用。我们知道,菲律宾是一个法律多元的社会,习惯法(*adat*)、伊斯兰法以及菲律宾政府所颁布的民法、刑法交错融合。[42] 班特雷发现,纠纷当事人综合运用各种法律体系的规定,试图构建一种他人所能接受的对世界真理的解释。皮特·贾斯特(Peter Just)探讨了印度尼西亚的豆东哥人(Dou Donggo)遇到纠纷时如何对其规则进行解释和举证。[43] 劳拉·纳德的视角离开了法庭本身,并由此提出了一个颇具争议的观点:诸如和谐这样的意识形态被当地人民当成规避国家法律、解决纠纷[44]的工具。她的著作将意识形态的分析与纠纷研究相结合,取得了重大理论突破。卡罗尔·格林豪斯(Carol Greenhouse)探讨了纠纷对南方浸信会的影响,并从中发现纠纷与宗教信仰以及人们对自身历史的看法密不可分。[45] 笔者研究了法律意识——普通

---

〔39〕 L. Rosen, "Equity and Discretion in a Modern Islamic legal System", *Law & Society Review* (1980-1981), pp. 217-245; L. Rosen, "Islamic Case Law and the Logic of Consequence", in J. Starr and J. F. Collier (eds.), *History and Power in the Study of Law: New Directions in Legal Anthropology* (Cornell University Press, 1989), pp. 302-320; L. Rosen, *The Anthropology of Justice: Law as Culture in Islamic Society* (Cambridge University Press, 1989).

〔40〕 R. A. O' Connor, "Law as Indigenous Social Theory: a Siamese Thai Case", *American Ethnologist* (1981), pp. 223-237.

〔41〕 A. Arno, "Structural Communication and Control Communication: an Interactionist Perspective on Legal and Customary Procedures for Conflict Management", *Amercian Anthropologist* (1985), pp. 40-55.

〔42〕 G. C. Bentley, "Hermeneutics and World Construction in Maranao Disputing", *American Ethnologist* (1984), pp. 642-655.

〔43〕 P. Just, "Let the Evidence Fit the Crime: Evidence, Law, and 'Sociological Truth' Among the Dou Donggo", *American Ethnologist* (1986), pp. 43-61; P. Just, "Dead Goats and Broken Betrothals: Liability and Equity in Dou Donggo Law", *American Ethnologist* (1990), pp. 75-90.

〔44〕 *Supra* note 19, J. Starr, J. F. Collier; *supra* note 19, L. Nader.

〔45〕 *Supra* note 36, C. Greenhouse (1986); C. Greenhouse, "Courting Difference: Issues of Interpretation and Comparison in the Study of Legal Ideologies", *Law & Society Review* (1988), pp. 687-709.

人如何理解法律制度,如何行使权利——以此来评价法律制度对美国白人工人阶级的支配作用。〔46〕

作为法学界风靡一时的学术运动,批评法学研究早就已经采用文化概念来描述法律维系权力关系的方式了。〔47〕需要指出的是,这种研究并非简单地着眼于法律在规则执行中所发挥的作用,而是试图讨论法律如何赋予社会关系以权威性和合法性,从而为其创造一种看似平等和公正的形象。这种立场关注的是法律对文化的促进作用,而不是法律对文化的限制作用。这种立场肇始于马克思主义,它关心的是法律意识形态和法律意识如何维系和巩固现有的权力关系。〔48〕一些民族志研究已经采纳了这一理论框架,来考察地方上的法律意识和法律程序。〔49〕从事这种研究的学者们认为,法律通过界定意义的类别和体系就能够维系权力关系。而一旦这些类别和体系能够影响意识,那么它们就成了一种霸权。

由于法律概念和原则具有强大的影响力和潜在的霸权性,导致它们一直成为各方所争夺的焦点。在革命运动中,这种情况比比皆是。此外,有人试图在国家法之外创设一种替代性的纠纷解决方式,这种尝试也包括了对法律概念和原则的利用。下文关于大众司法(popular justice)的讨论描述了政府和/或当地民众如何构建替代性的司法平台,在这种平台中,一方要提高现有法律体系的效率,另一方则试图抵制国家法的侵入并振兴地方社区。强调民族或文化主权的群体往往也会寻求司法自治。正因为司法自治与主权之间存在这种象征性的联系,所以法律自治往往也是自决权和土地权的组成部分。

---

〔46〕 *Supra* note 36, S. E. Merry (1986); *supra* note 36, S. E. Merry (1990); T. R. Tyler, *Why People Obey the Law* (Yale University Press, 1990).

〔47〕 "Critical Legal Studies Symp", *Stanford Law Review* (1984), pp. 1 and 2; D. Kairys (ed.), *The Politics of Law* (Pantheon Books, 1982); *supra* note 34, D. Kennedy; A. Altman, *Critical Legal Studies: A Liberal Critique* (Princeton University Press, 1990).

〔48〕 *Supra* note 34, M. Cain; *supra* note 47, D. Kairys; *supra* note 34, C. Sumner; *supra* note 34, E. P. Thompson.

〔49〕 *Supra* note 34, J. Brigham; *supra* note 36, S. E. Merry (1990); *supra* note 36, B. J. Sheehan; *supra* note 24, B. Yngvesson (1985).

三、法律、语言与话语

随着人们对法律所建构的文化意义越来越感兴趣,关于语言在法庭和律师事务所等法律环境中的使用方式的研究也逐渐流行起来。福柯(Foucault)[50]所提出的话语概念沟通了以下两种研究进路:一种是关于法律交谈的社会语言学分析,另一种则是与权力相关的交谈模式理论。[51] 学界已经出现了大量涉及美国语言和法律的研究成果。[52] 还有一些研究则更加宏观地着眼于冲突发生的社会领域,考察各种冲突话语及其与冲突模式的联系。[53] 例如,布瑞内斯(Brenneis)探讨了斐济在冲突管理中的话语

〔50〕 M. Foucault, *Discipline and Punish: The Birth of the Prison* (Vintage, 1979).

〔51〕 F. Cooper, "From Free Labor to Family Allowances: Labor and African Society in Colonial Discourse", *American Ethnologist* (1989), pp. 745-765; H. F. P. Ietswaart, "The Discourse of Summary Justice and the Discourse of Popular Justice: an Analysis of Legal Rhetoric in Argentina", in R. L. Abel (ed.), *The Politics of Informal Justice, Volumes* 1, 2 (Academic, 1982), pp. 149-183; *supra* note 43, P. Just (1986); E. Mertz, "The Uses of History: Language, Ideology, and Law in the United States and South Africa", *Law & Society Review* (1988), pp. 661-687; B. Messick, "Kissing Hands and Knees: Hegemony and Hierarchy in Shari'a Discourse" *Law & Society Review* (1988), pp. 637-661; W. M. O'Barr, *Linguistic Evidence: Language, Power, and Strategy in the Courtroom* (Academic, 1982); W. M. O'Barr and J. M. Conley, "Litigant Satisfaction versus Legal Adequacy in Small Claims Court Narratives", *Law & Society Review* (1985), pp. 661-703; *supra* note 31, A. Sarat and W. L. F. Felstiner (1986); B. Weissbourd and E. Mertz, "Rule-centrism versus Legal Creativity: The Skewing of Legal Ideology Through Language", *Law & Society Review* (1985), pp. 623-661.

〔52〕 J. E. Beer, *Peacemaking in Your Neighborhood: Reflections on an Experiment in Community Mediation* (New Society Publish, 1986); W. L. Bennett and M. S. Feldman, *Reconstructing Reality in the Courtroom* (Rutgers University Press, 1981); S. Berk-Seligson, *The Bilingual Courtroom: Court Interpreters in the Judicial Process* (University of Chicago Press, 1990); M. H. Goodwin, "Processes of Dispute Management Among Urban Black Children", *American Ethnologist* (1982), pp. 76-97; *supra* note 45, C. Greenhouse (1988); R. M. Hayden, "Turn-taking, Overlap, and the Task at Hand: Ordering Speaking Turns in Legal Settings", *American Ethnologist* (1987), pp. 251-270; *supra* note 31, L. Mather and B. Yngvesson; D. W. Maynard, "The Structure of Discourse in Misdemeanor Plea Bargaining", *Law & Society Review* (1984), pp. 75-104; D. W. Maynard, *Inside Plea Bargaining: The Language of Negotiation* (Plenum, 1984); *supra* note 31, A. Sarat and W. L. F. Felstiner (1988); *supra* note 31, S. S. Silbey and S. E. Merry; *supra* note 24, B. Yngvesson (1988).

〔53〕 K. Avruch, P. W. Black and J. A. Scimecca (eds.), *Conflict Resolution: Cross-Cultural Perspectives* (Greenwood, 1991).

形式,[54]比尔姆斯(Bilmes)分析了泰国在纠纷调解过程中的话语特点,[55]沃特森-基杰奥(Watson-Gegeo)和怀特(White)梳理了太平洋地区冲突话语的不同类型。[56]

有学者从法律多元的角度指出,诉讼参与人与法院在讲话方式上存在差异,由此导致前者在诉讼过程中无法有效地表达自身的诉求,进而失去了对案件的掌控。[57]上述以及相关研究旨在考察语言能力与不同法律平台之间的关系,以便更好地了解当事人在这些平台中如何施展大小不一的权力。[58]布瑞内斯最近以法院和非正式机构为线索梳理了有关语言和纠纷的研究成果。[59]

四、殖民和后殖民时期的环境

殖民主义是一种大规模的跨国法律进程。在十八九世纪的欧美帝国主义时期,欧洲法律体系覆盖了非洲、亚洲和太平洋的大部分地区。而在两个世纪以前,西班牙、葡萄牙两国的法律就已经被强制推广至拉丁美洲。欧洲法律被认为能够推动被殖民者走向"文明":改造他们的家庭生活、工作习

---

[54] D. Brenneis, "Grog and Gossip in Bhatgaon: Style and Substance in Fiji Indian Conversation", *American Ethnologist* (1984), pp. 236-250; *supra* note 31, D. Brenneis; D. Brenneis, "Performing Passions: Aesthetics and Politics in an Occasionally Egalitarian Community", *American Ethnologist* (1987), pp. 236-251; D. Brenneis, "Dramatic Gestures: the Fiji Indian Pancayat as Therapeutic Discourse", *IPrA Papers in Pragmatics* (1987), pp. 55-78.

[55] J. Bilmes, *A Northern Thai Mediation* (*Working paper*), Conflict Resolution (CORE) PLUS Program (University Hawaii, 1989).

[56] K. A. Watson-Gegeo and C. M. White (eds.), *Disentangling: Conflict Discourse in Pacific Societies* (Stanford University Press, 1990).

[57] *Supra* note 52, S. Berk-Seligson; *supra* note 36, J. M. Conley and W. M. O'Barr; *supra* note 51, W. M. O'Barr and J. M. Conley.

[58] *Supra* note 52, W. L. Bennett and M. S. Feldman; *supra* note 52, S. Berk-Seligson; *supra* note 36, J. M. Conley and W. M. O'Barr; R. M. Hayden, "A Note on Caste Panchayats and Government Courts in India: Different Kinds of Stages for Different Kinds of Performances", *The Journal of Legal Pluralism* (1984), pp. 43-52; *supra* note 52, R. M. Hayden; *supra* note 36, S. E. Merry (1986); *supra* note 51, W. M. O'Barr; *supra* note 51, W. M. O'Barr and J. M. Conley.

[59] D. Brenneis, "Language and Disputing", *The Annual Review of Anthropology* (1988), pp. 221-237.

惯、土地所有权的实践做法以及解决冲突的方式。[60] 正如科马罗夫夫妇所指出的那样,欧洲法律与殖民地的其他制度一起通过创造关于时间、空间、工作、财产、婚姻和家庭的新观念,进而重组了殖民地的文化和意识。[61] 殖民带来了法律多元。文化上截然不同的法律体系并存,但影响力却极为悬殊。现如今,后殖民国家正在努力解决这一遗留问题,包括如何从这种二元对立中建立统一的法律体系,以及如何重振前殖民时期的本土法律。盖伊(Ghai)等人基于马克思主义的观点[62]对这一问题作了精彩的梳理,而胡克(Hooker)则站在法学研究者的角度提醒我们这是一个全球性问题。[63]

早期的法律人类学研究大多数都是基于这一背景展开的。[64] 最近,基于后殖民背景的法律民族志研究基本上也都在探讨外来的殖民法律对当地人民的影响。[65] 关于殖民法律与地方法律的相互关系,比较法、法律史以及殖民史等领域均有着大量的研究成果,此外,与此相关的非英语文献更是不

〔60〕 M. Chanock, "Making Customary Law: Men, Women, and Courts in Colonial Northern Rhodesia", in M. J. Hay, M. Wright (eds.), *African Women and the Law: Historical Perspectives* (Boston University, African Studies Center, Papers on Africa, VII, 1982), pp. 53-67; M. Chanock, *Law, Custom, and Social Order: The Colonial Experience in Malawi and Zambia* (Cambridge University Press, 1985); M. Chanock, "A Peculiar Sharpness: an Essay on Property in the History of Customary Law in Colonial Africa", *The Journal of African History* (1991), pp. 65-88; F. Cooper, "Contracts, Crime, and Agrarian Conflict: From Slave to Wage Labour on the East African Coast", in F. Snyder and D. Hay (eds.), *Law, Labour, and Crime: An Historical Perspective* (Tavistock, 1987), pp. 228-253; *supra* note 51, F. Cooper; F. Cooper and A. L. Stoler, "Tensions of Empire: Colonial Control and Visions of Rule", *American Ethnologist* (1989), pp. 609-621; *supra* note 5, P. Fitzpatrick; P. Fitzpatrick, "Transformations of Law and Labour in Papua New Guinea", in F. Snyder and D. Hay (eds.), *Law, Labour, and Crime: An Historical Perspective* (Tavistock, 1987), pp. 253-299; P. Fitzpatrick, "Custom as Imperialism", in J. M. Abun-Nasr and U. Spellenberg (ed.), *Law and Identity in Africa* (1989).

〔61〕 *Supra* note 2, J. Comaroff; J. Comaroff and J. L. Comaroff, "Christianity and Colonialism in South Africa", *American Ethnologist* (1986), pp. 1-22; *supra* note 2, J. Comaroff and J. L. Comaroff.

〔62〕 Y. Ghai, R. Luckham and F. Snyder (eds.), *The Political Economy of Law: A Third World Reader* (Oxford University Press, 1987).

〔63〕 M. B. Hooker, *Legal Pluralism: An Introduction to Colonial and Neo-Colonial Laws* (Clarendon Press, 1975).

〔64〕 P. H. Gulliver (ed.), *Cross-Examinations: Essays in Memory of Max Gluckman* (Brill, 1978); I. Hamnett (ed.), *Social Anthropology and Law* (14 International Studies in Sociology and Social Anthropology, 1977); *supra* note 31, S. Roberts.

〔65〕 S. B. Burman, B. E. Harrell-Bond (eds.), *The Imposition of Law* (Academic, 1979); R. L. Kidder, "Toward an Integrated Theory of Imposed Law", in S. B. Burman, B. E. Harrell-Bond (eds.), *The Imposition of Law* (Academic, 1979), pp. 289-306; *supra* note 3, J. Starr, J. F. Collier.

胜枚举,所以笔者无法一一加以评价。本文在这里只列出一些用英文撰写的针对某一地区研究地较为深入的作品:非洲各国后殖民时期的法律关系;[66]

---

〔66〕 R. L. Abel, "Western Courts in Non-Western Settings: Patterns of Court Use in Colonial and Neo-colonial Africa", in S. B. Burman and B. E. Harrell-Bond (eds.), *The Imposition of Law* (Academic, 1979), pp. 167-200; O. Adewoye, "Legal Practice in Ibadan, 1904-1960", *The Journal of Legal Pluralism* (1986), pp. 57-76; *supra* note 60, M. J. Hay and M. Wright; *supra* note 60, M. Chanock (1985); E. Colson, "From chief's Court to Local Court: the Evolution of Local Courts in Southern Zambia", in M. J. Aronoff (ed.), *Freedom and Constraint* (Van Gorcum, 1976), pp. 15-29; *supra* note 61, J. Comaroff and J. L. Comaroff; *supra* note 31, J. L. Comaroff and S. Roberts; *supra* note 60, F. Cooper (1987); *supra* note 51, F. Cooper; R. G. Dillon, "Violent conflict in Meta' society.", *American Ethnologist* (1980), pp. 658-673; C. Fluehr-Lobban, *Islamic Law and Society in the Sudan* (Cass, 1987); M. J. Hay and M. Wright (eds.), *African Women and the Law: Historical Perspectives* (Boston University, African Studies Center, Papers on Africa, VII, 1982); B. Isaacman and A. Isaacman, "A Socialist Legal System in the Making: Mozambique Before and After Independence", in R. L. Abel (ed.), *The Politics of Informal Justice, Volumes* 1, 2 (Academic, 1982), pp. 281-324; P. Konings, "Capitalist Rice-farming and Land Allocation in Northern Ghana", *Journal of Legal Pluralism* (1984), pp. 89-119; *supra* note 18; S. E. Merry, "The Articulation of Legal Spheres", in M. J. Hay and M. Wright (eds.), *African Women and the Law: Historical Perspectives* (Boston University, African Studies Center, Papers on Africa, VII, 1982), pp. 68-89; S. F. Moore, "Individual Interests and Organizational Structures: Dispute Settlements as 'Events of Articulation'", in I. Hamnett (ed.), *Social Anthropology and Law* (Academic, 1977), pp. 159-189; *supra* note 28; S. F. Moore, "History and the Redefinition of Custom on Kilimanjaro", in J. Starr and J. F. Collier (eds.), *History and Power in the Study of Law: New Directions in Legal Anthropology* (Cornell University Press, 1989), pp. 277-301; H. W. O. Okoth-Ogendo, "The Imposition of Property Law in Kenya", in S. B. Burman and B. E. Harrell-Bond (eds.), *The Imposition of Law* (Academic, 1979), pp. 147-166; F. A. Salamone, "The Clash Between Indigenous, Islamic, Colonial, and Post-colonial Law in Nigeria", *The Journal of Legal Pluralism* (1983), pp. 15-60; F. A. Salamone, "The Social Construction of Colonial Reality: Yauri Emirate", *The Journal of Legal Pluralism* (1987), pp. 47-70; S. M. A. Salman, "Lay Tribunals in the Sudan: an Historical and Socio-legal Analysis", *The Journal of Legal Pluralism* (1983), pp. 61-128; F. G. Snyder, "Land Law and Economic Change in Rural Senegal: Diola Pledge Transactions and Disputes", in I. Hamnett (ed.), *Social Anthropology and Law* (Academic, 1977), pp. 113-157; F. G. Snyder, "Colonialism and Legal Form: the Creation of 'Customary Law' in Senegal", *The Journal of Legal Pluralism* (1981), pp. 49-90; F. G. Snyder, *Capitalism and Legal Change: An African Transformation* (Academic, 1981); C. N. Ubah, "Islamic Legal System and the Westernization Process in the Nigerian Emirates", *The Journal of Legal Pluralism* (1982), pp. 69-93; J. Vincent, *Teso in Transformation: Peasantry and Class in Colonial Uganda* (University of California Press, 1981); J. Vincent, "Contours of Change: Agrarian Law in Colonial Uganda, 1895-1962", in J. Starr and J. F. Collier (eds.), *History and Power in the Study of Law: New Directions in Legal Anthropology* (Cornell University Press, 1989), pp. 153-168; B. P. Wanda, "Customary Family Law in Malawi: Adherence to Tradition and Adaptability to Change", *The Journal of Legal Pluralism* (1988), pp. 117-134; D. V. Williams, "State Coercion Against Peasant Farmers: the Tanzanian Case", *The Journal of Legal Pluralism* (1982), pp. 95-127.

印度、[67]巴布亚新几内亚、[68]墨西哥、[69]巴西,[70]东南亚,包括印度尼西

〔67〕 B. Agarwal,"Who sows? Who reaps? Women and land rights in India",*Journal of Peasant Studies* (1988),pp. 531-581;A. Appadurai,*Worship and Conflict Under Colonial Rule: A South Indian Case* (Cambridge University Press,1981);B. S. Cohn,"The Command of Language and the Language of command",in R. Guha(ed.),*Subaltern Studies IV: Writings on South Asian History and Society* (Oxford University Press,1985),pp. 276-330;B. S. Cohn,"Law and the Colonial State in India",in J. Starr,J. F. Collier(eds.),*History and Power in the Study of Law: New Directions in Legal Anthropology* (Cornell University Press,1989),pp. 131-152;M. Galanter,*Law and Society in Modern India*,R. Dhavan(ed.),(Oxford University Press, 1989); *supra* note 58,R. M. Hayden; R. L. Kidder,"Formal Litigation and Professional Insecurity: Legal Entrepreneurship in South India",*Law & Society Review* (1974),pp. 11-37;E. Moore, *Conflict and Compromise: Justice in an Indian Village* (Monograph Series, Center for South and Southeast Asian Studies, University of California, Berkeley, CA. Lanham, University Press of America,1985); M. B. Voyce,"Some Observations on the Relationship Between the King and the Buddhist order in ancient India",*The Journal of Legal Pluralism*(1986),pp. 127-150.

〔68〕 S. Dinnen,"Sentencing,Custom,and the Rule of Law in Papua New Guinea",*The Journal of Legal Pluralism*(1988),pp. 19-54;P. Fitzpatrick,*Law and State in Papua New Guinea* (Academic, 1980);P. Fitzpatrick,"The Political Economy of Dispute Settlement in Papua New Guinea",in C. Sumner(ed.),*Crime,Justice,and Underdevelopment* (Heinemann,1981),pp. 228-247;P. Fitzpatrick, "The Political Economy of Law in the Post-colonial Period",in D. Weisbrot,A. Paliwala and A. Sawyers (eds.),*Law and Social Change in Papua New Guinea* (Butterworths,1982),pp. 25-59;*supra* note 5, P. Fitzpatrick; *supra* note 60, P. Fitzpatrick (1987); P. Fitzpatrick, L. Blaxter, "Imposed Law in the Containment of Papua New Guinea Economic Ventures", in S. B. Burman and B. E. Harrell-Bond (eds.),*The Imposition of Law* (Academic,1979),pp. 115-127;R. J. Gordon and M. J. Meggitt,*Law and Order in the New Guinea Highlands: Encounters with Enga* (University Press of New England, 1985);B. Huber,"A Note on Village Courts in Papua-New Guinea",*The Journal of Legal Pluralism* (1981),pp. 161-163;J. B Narokobi,"History and Movement in Law Reform in Papua New Guinea",in D. Weisbrot, A. Paliwala and A. Sawyers (eds.), *Law and Social Change in Papua New Guinea* (Butterworths,1982),pp. 13-25; B. L. Ottley and J. G. Zorn,"Criminal law in Papua New Guinea: Code,Custom and the Courts in Conflict",*The American Society of Comparative Law* (1983),pp. 251-300;A. Paliwala,"Economic Development and the Legal System of Papua New Guinea",*Afr. Law Stud.* (1978),pp. 3-79;A. Paliwala,"Law and Order in the Village: the Village Courts",in D. Weisbrot,A. Paliwala and A. Sawyers(eds.),*Law and Social Change in Papua New Guinea* (Butterworths,1982), pp. 191-219;L. Pospisil,"Legally Induced Culture Change in New Guinea",in S. B. Burman and B. E. Harrell-Bond(eds.),*The Imposition of Law* (Academic,1979),pp. 127-146;L. Pospisil,"Modem and Traditional Administration of Justice in New Guinea",*The Journal of Legal Pluralism*(1981),pp. 93-116;D. Weisbrot,"The Impact of the Papua New Guinea Constitution on the Recognition and Application of Customary Law", in P. Sack (ed.), *Pacific Constitutions: Proc. Canberra Law Workshop VI* (Australian National University,1982),pp. 271-290;D. Weisbrot and A. Paliwala,"Changing Society Through Law: an Introduction", in D. Weisbrot and A. Paliwala, A. Sawyers (eds.), *Law and Social Change in Papua New Guinea* (Butterworths,1982),pp. 3-13;G. D. Westermark,"Court is an Arrow: Legal Pluralism in Papua New Guinea",*Ethnology* (1986),p. 131.

〔69〕 J. F. Collier,"Political Leadership and Legal Change in Zinacantan",*Law & Society Review* (1976),pp. 131-163;*supra* note 17;*supra* note 19,J. Starr and J. F. Collier;*supra* note 19,L. Nader; *supra* note 15,P. Parnell;*supra* note 15,P. Parnell.

〔70〕 *Supra* note 11,B. de Sousa. Santos.

亚、[71]泰国[72]和菲律宾,[73]太平洋地区[74]和中东地区,[75]还有一些更宏观的比较研究。[76] 关于英国殖民地的研究成果比较多,关于美国殖民地的

〔71〕 F. von. Benda-Beckmann, *Property in Social Continuity: Continuity and Change in the Maintenance of Property Relationships through Time in Minangkabau, West Sumatra* (Nijhoff, 1979); K. von. Benda-Beckmann, "Forum Shopping and Shopping Forums: Dispute Processing in a Minangkabau Village in West Sumatra", *The Journal of Legal Pluralism* (1981), pp. 117-159; K. von. Benda-Beckmann, *The Broken Stairways to Consensus: Village Justice and State Courts in Minangkabau* (Foris, 1984); K. von. Benda-Beckmann, "The Social Significance of Minangkabau Sstate Court Decisions", *The Journal of Legal Pluralism* (1985), pp. 1-68; *supra* note 5, J. Griffiths; *supra* note 43, P. Just (1986); *supra* note 43, P. Just (1990); H. Slaats and K. Portier, "The Implementation of State Law Through Folk Law: Karo Batak Village Elections", *The Journal of Legal Pluralism* (1985), pp. 153-176.

〔72〕 D. M. Engel, *Code and Custom in a Thai Provincial Court: The Interactions of Formal and Informal Systems of Justice* (University of Arizona Press, 1978).

〔73〕 *Supra* note 42; G. S. Silliman, "Dispute Processing by the Philippine Agrarian Court", *Law & Society Review* (1981-1982), pp. 89-115.

〔74〕 *Supra* note 31, D. Brenneis; N. Johnny, *The Relationship between Traditional and Institutionalized Dispute Resolution in the Federated States of Micronesia* (Program Conflict Resolution Occasional Paper. 1987-3, University Hawaii at Manoa, 1987); W. L. Rodman, "Big Men and Middlemen: the Politics of Law in Longana" *American Ethnologist* (1977), pp. 525-537; W. L. Rodman, "'A Law unto Themselves': Legal Innovation in Ambae, Vanuatu", *American Ethnologist* (1985), pp. 603-624; E. Schwimmer (ed.), *"The Vailala Madness" and Other Essays: Francis Edgar Williams* (The University Press Hawaii, 1977); B. Shore, "Ghosts and Vovernment: a Structural Analysis of Alternative Institutions for Conflict Management in Samoa", *Man* (1978), pp. 175-199.

〔75〕 G. E. Bisharat, *Palestinian Lawyers and Israeli Rule: Law and Disorder in the West Bank* (University of Texas Press, 1989); A. Mayer (ed.), *Property, Social Structure, and Law in the Modern Middle East* (State University of New York Press, 1985); B. Messick, *The Calligraphic State: Textual Domination and History in a Muslim Society* (University of California Press, 1992); T. Mitchell, *Colonising Egypt* (Cambridge University Press, 1988); *supra* note 39, L. Rosen (1980-1981); L. Rosen, "Responsibility and Compensatory Justice in Arab Culture and Law", in B. Lee and G. Urban (ed.), *Semiotics, Self, and Society* (Mouton, 1989), pp. 101-120; *supra* note 20; J. Starr, "Islam and the Struggle over State Law in Turkey", in D. Dwyer (ed.), *Law and Islam in the Middle East* (Bergin/Garvey, 1990); *supra* note 22, J. Starr (1992); *supra* note 23, C. J. Witty (1978); *supra* note 23, C. J. Witty (1980).

〔76〕 A. N. Allott and G. R. Woodman (eds.), *People's Law and State Law: The Bellagio Papers* (Foris, 1985); F. von. Benda-Beckmann, "Some comments on the Problems of Comparing the Relationship between Traditional and State Systems of Administration of Justice in Africa and Indonesia", *The Journal of Legal Pluralism* (1981), pp. 165-175; *supra* note 65, S. B. Burman and B. E. Harrell-Bond; *supra* note 63; S. F. Moore, "Legal Systems of the World: an Introductory Guide to Classifications, Typological Interpretations, and Bibliographic Resources", in L. Lipson and S. Wheeler (ed.), *Law and the Social Sciences* (Russell Sage Found, 1986), pp. 11-62; *supra* note 14, L. Nader and H. F. Todd; K. Newman, *Law and Economic Organization: a Comparative Study of Preindustrial Societies* (Cambridge University Press, 1983); *supra* note 3, J. Starr and J. F. Collier; A. L. Stoler, "Making Empire Respectable: the Politics of Race and Sexual Morality in 20th Century Colonial Cultures", *American Ethnologist* (1989), pp. 634-661.

研究成果比较少。[77]

尽管殖民政府的政治统治主要是为了获取经济利益,但他们通常也试图改变当地人的家庭生活和工作习惯。从农民和自给自足的生产者中创造出一支可供种植园、矿场和工厂雇用的劳动力,殖民法功不可没。[78] 相关规定包括要求当地人有固定的工作时间、惩罚倦怠工作的人、取缔那些分散他们工作精力的节日和其他娱乐活动(如斗鸡)、禁止饮酒、控制流浪人口、界定犯罪行为。[79] 总而言之,早期的殖民法将殖民地人民改造成了为资本主义服务的劳动力。殖民政府还常常禁止一夫多妻制以及其他关于家庭生活的风俗习惯。查吉特(Chatterjee)认为,这些对家庭风俗习惯的禁止性规定其实另有深意。比如,英国当局对印度寡妇殉夫制的批判,从表面上看是为了保护妇女,实则是为了贬低殖民地人民的风俗。[80]

另一方面,殖民法律也为殖民政府提供了手段,用于限制殖民者对土地和劳力更加残忍的剥削。[81] 例如,巴布亚新几内亚专门立法限制主人对仆人的控制,尽管这种限制较为温和也很少执行。[82] 在殖民社会,传统领袖、

---

〔77〕 V. Deloria and C. M. Lytle, *American Indians, American Justice* (Austin, University of Texas Press, 1983); N. Forer, "The Imposed Wardship of American Indian Tribes: a Case Study of the Prairie Band Potawatomi", in S. B. Burman and B. E. Harrell-Bond (eds.), *The Imposition of Law* (Academic, 1979), pp. 89-114; M. Lam, "The Imposition of Anglo-American Land Tenure Law on Hawaiians", *Journal of Legal Pluralism* (1985), pp. 103-128; M. J. Matsuda, "Law and Culture in the District Court of Honolulu, 1844-1845: a Case Study of the Rise of Legal Consciousness", *American Journal of Legal History* (1988), pp. 16-41; P. J. Nelligan, *Social Change and Rape Law in Hawaii* (PhD thesis, Department of Sociology, University Hawaii, 1983); L. S. Parker, *Native American Estate: The Struggle Over Indian and Hawaiian Lands* (University of Hawaii Press, 1989).

〔78〕 *Supra* note 61, J. Comaroff and J. L. Comaroff; *supra* note 2, J. Comaroff and J. L. Comaroff; *supra* note 60, F. Cooper (1987); *supra* note 51, F. Cooper; *supra* note 68, P. Fitzpatrick (1982); *supra* note 60, P. Fitzpatrick (1987).

〔79〕 *Supra* note 60, M. Chanock (1985); *supra* note 60, F. Cooper (1987); *supra* note 51, F. Cooper; *supra* note 60, F. Cooper and A. L. Stoler; *supra* note 60, P. Fitzpatrick (1987); P. Fitzpatrick, "Crime as Resistance: the Colonial Situation", *The Howard Journal of Criminal Justice* (1989), pp. 272-274.

〔80〕 P. Chatteijee, "Colonialism, Nationalism, and Colonized Women: the Contest in India", *American Ethnologist* (1989), pp. 622-633.

〔81〕 *Supra* note 61, J. Comaroff and J. L. Comaroff; J. L. Comaroff, "Images of Empire, Contests of Conscience: Models of Colonial Domination in South Africa", *American Ethnologist* (1989), pp. 661-685; *supra* note 60, P. Fitzpatrick (1987).

〔82〕 *Supra* note 60, P. Fitzpatrick (1987).

受过教育的地方精英、殖民地官员、传教士以及殖民者都在争夺法律领域的控制权。[83] 在这场不平等的竞争中,殖民地官员和殖民者往往占据上风。

秉持着欧洲人的进步论和个人所有权的观念,许多殖民地试图将土地的公有制转变为私人所有制。通过重新界定财产权,法律从殖民以前的那些使用者的手中夺取了土地。于是,土地就成了商品。[84] 例如,在南非,物的财富观在被引入后取代了人的财富观。[85] 当然,现如今我们都十分清楚,这些所作所为其实都是对殖民地人民土地和生存权的侵犯。

殖民政府,特别是英国政府,通常依照他们所认为的传统或土著法律,即由其所标注的"习惯法"来统治殖民地人民。在关于殖民地的法律研究中,有一个重要发现是,"本地法院"所使用的习惯法并非前殖民时代的遗物,而是殖民时期的特定产物。一些较为深入的历史和人类学研究已经表明,殖民时期所谓的"习惯法"其实是在殖民当局与殖民地人民所进行的特定历史斗争中逐步形成的。弗朗西斯·施耐德(Francis Snyder)探讨了在塞内加尔的地方法庭上,现代精英们如何影响关于"土著法"的定义。[86] 穆尔质疑了一种传统观点,即习俗是静态的、过时的,只有国家的政治领导和顶层设计才能推陈出新;她证明了查加人有能力重新改造他们的传统,汲取其精华,去其糟粕,以适应不断变化的世界。[87] 穆尔发现,在查加人的习惯法庭所处理的案件中,有很大一部分涉及贷款和现金交易,而在殖民以前查加人并没有这方面的法律。[88] 法官依靠自己对买卖、借贷和雇用原则的理解作出"习惯法"上的判决。

随着殖民者在非洲、印度、中东和太平洋各地创建了"习惯法"体系,法律从一种微妙的、适应性强的、因地制宜的行为规范转变为一种固定的、正

---

〔83〕 J. Comaroff and J. L. Comaroff, "Christianity and Colonialism in South Africa", *American Ethnologist*(1986), pp. 1-22; *supra* note 81, J. L. Comaroff; *supra* note 60, F. Cooper and A. L. Stoler; *supra* note 68, R. J. Gordon and M. J. Meggitt.

〔84〕 *Supra* note 5, P. Fitzpatrick; *supra* note 66, H. W. O. Okoth-Ogendo.

〔85〕 *Supra* note 60, M. Chanock(1991).

〔86〕 *Supra* note 66, F. G. Snyder(1977); *supra* note 66, F. G. Snyder(1981); *supra* note 66, F. G. Snyder(Academic, 1981).

〔87〕 *Supra* note 28.

〔88〕 Ibid., p. 190.

式的规则体系。[89] 即使这些法律表面上以传统的行为规范为基础,但实际上它们却体现着欧洲法律对这些规范的解释,或者其本身就是按照欧洲的法律来定义的。伯纳德·科恩(Bernard Cohn)发现英国人在努力"寻找"印度教法时有一个基本的假设,认为印度教法(如英国普通法)也是通过先例和案件推导出来的。[90] 布林克利·梅西克(Brinkley Messick)分析了也门法律和法院从奥斯曼殖民时期到现在的转变,即从根植于法官头脑中的具象的(embodied)规则,逐渐转变为融入了官僚结构的抽象的和非具象的制度。[91]

"习惯法"的编纂是一种由殖民主义所带来的法律变革,伴随而来的还有知识和表达方式的变化。[92] 殖民当局要想了解和整理各种不同的法律制度,知识和表达方式的转变必不可少。这种转变是官僚法制(bureaucratic legality)建设的组成部分,服务于不断扩张的以西方资本主义为基础的经济组织。[93] 我们知道,权力的形式是多种多样的,有的公开且强制,而这里所体现的则是一种隐藏的权力,它以对知识和表达的掌控为基础。殖民主义将法律从具象的、口头的和解释性的行为规范转变为固定的、抽象的以及非具象的书面文本。[94]

欧洲殖民当局通过法律加强统治,相关的例证比比皆是,而学者们反复关注的一个话题是关于性关系的监控。[95] 混血儿的出现挑战了殖民者和被殖民者的边界,因此常常受到禁止异族通婚法律的限制。[96] 控制下层群体的前提是控制妇女。实际上,人们常常利用上层女性对遭受来自下层男

---

〔89〕 *Supra* note 60, M. Chanock (1985); *supra* note 60, M. Chanock (1991); *supra* note 5, P. Fitzpatrick; *supra* note 60, P. Fitzpatrick (1987); *supra* note 67, M. Galanter; *supra* note 75, B. Messick; *supra* note 66, F. A. Salamone (1987).

〔90〕 *Supra* note 67, B. S. Cohn (1989).

〔91〕 B. Messick, "The Mufti, the Text, and the World: Legal Interpretation in Yemen", *Man* (NS) (1986), pp. 102-119; *supra* note 75, B. Messick.

〔92〕 *Supra* note 75, T. Mitchell.

〔93〕 *Supra* note 62; *supra* note 75, B. Messick; *supra* note 75, T. Mitchell.

〔94〕 B. Messick, "Legal Documents and the Concept of 'Restricted Literacy'", *International Journal of the Sociology of Language* (1983), pp. 41-52; *supra* note 91, B. Messick; B. Messick, "Literacy and the Law: Documents and Document Specialists in Yemen", in D. Hilse Dwyer (ed.), *Law and Islam in the Middle East* (Bergen & Garvey, 1988), pp. 61-76.

〔95〕 *Supra* note 60, F. Cooper and A. L. Stoler.

〔96〕 *Supra* note 76, A. L. Stoler.

性性侵犯的恐惧来限制这些女性的活动,并为抓捕这些男性提供合法性。[97] 所以,司法/警察机构在控制性行为、防止破坏性影响、确立和维护殖民统治者与被统治者之间的界限等方面发挥着重要作用。正如库柏(Cooper)和斯托勒(Stoler)所指出的,对于帝国主义的思想家而言,首先要搞清楚的就是政权颠覆与性行为的关系。[98]

新殖民主义在当代的一个重要的实践领域就是旅游业。因为前殖民国家把前殖民地国家重构为“原始”或“异国”的目的地。[99] 游客的目光构筑了一个想象的世界。[100] 这是一个在经济、文化和法律上越来越重要的跨国现象。随着国际旅游业的发展,富国和穷国之间资源和人员大规模流动,无疑会增加对旅游目的地的跨国法律监管的需求。

五、地方/国家/跨国多元法律秩序之间的斗争

地方法律制度并非铁板一块。地方法律领域被穆尔精准地描述为“半自治社会领域”[101],从某种程度上讲,它是由国家和跨国法律秩序构建的能够创造文化价值并实施地方规则的自治领域。[102] 政府设立地方法院是为了使判决结果保持统一,而地方百姓则琢磨出一套利用这种法院的独特经验。坚持扩张主义的政府,在那些认为自己有助于推进现代化、发展或普及权利意识的律师的帮助下,可能会寻求更加密切地参与地方事务。[103] 即使

---

[97] J. N. Brownfoot, “Memsahibs in Colonial Malaya: a Study of European Wives in a British Colony and Protectorate 1900-1940”, in H. Callan and S. Ardener(ed.), *The Incorporated Wife* (Croom Helm, 1984), pp. 186-210; B. Gartrell, “Colonial Wives: Villains or Victims?”, in H. Callan and S. Ardener(ed.), *The Incorporated Wife* (Croom Helm, 1984), pp. 165-186; *supra* note 76, A. L. Stoler.

[98] *Supra* note 60, F. Cooper and A. L. Stoler, p. 614.

[99] *Supra* note 75, T. Mitchell.

[100] T. A. Volkman, “Visions and Revisions: Toraja Culture and the Tourist Gaze”, *American Ethnologist*(1990), pp. 91-111.

[101] *Supra* note 27.

[102] *Supra* note 6, M. Galanter; *supra* note 6, S. E. Merry.

[103] R. L. Abel(ed.), *The Politics of Informal Justice*, *Volumes* 1, 2 (Academic, 1982); *supra* note 75, G. E. Bisharat; J. A. Gardner, *Legal Imperialism: American Lawyers and Foreign Aid in Latin America* (University of Wisconsin Press, 1980).

是那些觉得国家法遥远又陌生的村民也会偶尔使用国家法。[104]

然而,许多农民和村民则抵制国家法的扩张,并倾向于选择更容易为他们所操控的非正式方法。[105] 除此之外,他们可能通过担任管理职务、重新解释规则、控制上升渠道和抵制监督等手段来篡夺对地方法院的控制权。[106] 根据戈登(Gordon)和梅吉特(Meggitt)对巴布亚新几内亚的观察,恩加(Enga)的乡村法院成为"大人物"通过施展恩惠来实现政治野心的舞台。[107]

民族国家越来越多地卷入国际经济协议和国际法规之中,其中有不少内容都对地方产生了影响。最近几十年陆续出现的新的国际法规和制度为维护国际资本主义制度提供了一个更有序的框架,其中包括跨国公司、世界银行、专利、版权、商标制度以及国际货币基金组织等。[108] 国际法律秩序的扩张对地方法律秩序的影响是多种多样的。这里笔者仅举两个例子:一是波及整个国际社会的灾难性事件的法律问题。这类事件最广为人知的当数1984 年印度博帕尔毒气泄漏事件。一家由美国公司控股的工厂发生了毒气泄漏,害死了住在附近棚户区内的几十万名居民。此事件引发了一场巨大的法律争论:究竟哪个国家的法院应该审理此案,又应该根据何种法律进行裁决。[109] 加兰特(Galanter)发现,此事件造成的结果是美国的一部分侵权法被移植到了侵权法体系尚不完善的印度。[110]

第二个例子展示了世界经济体系如何影响一个后殖民国家恢复其土著法律的能力。巴布亚新几内亚恢复了前殖民时期的法律,其中就包括允许

---

〔104〕 *Supra* note 16; *supra* note 17; *supra* note 19, L. Nader; *supra* note 15, P. Parnel; *supra* note 15, P. Parnell; *supra* note 20; *supra* note 21; *supra* note 23, C. J. Witty(1978); *supra* note 23. C. J. Witty(1980).

〔105〕 R. L. Abel, "The Contradictions of Informal Justice", in R. L. Abel(ed.), *The Politics of Informal Justice*, *Volumes* 1,2(Academic, 1982), pp. 267-321; *supra* note 75, G. E. Bisharat, pp. 166-167; *supra* note 68, R. J. Gordon and M. J. Meggitt; *supra* note 19, L. Nader.

〔106〕 *Supra* note 68, P. Fitzpatrick(1980); *supra* note 28; *supra* note 68, A. Paliwala(1982).

〔107〕 *Supra* note 68, R. J. Gordon and M. J. Meggitt.

〔108〕 *Supra* note 62, p. 275.

〔109〕 M. Galanter, "The Day After the Litigation Explosion", *Maryland Law Review*(1986), pp. 3-39; M. Galanter, "When Legal Worlds Collide: Reflections on Bhopal, the Good Lawyer, and the American Law School", *Journal of Legal Education*(1986), pp. 292-310; M. Galanter, "Bhopals, Past and Present: the Changing Legal Response to Mass Disaster", *Windsor Yearbook of Access to Justice*(1990), pp. 151-170.

〔110〕 *Supra* note 109, M. Galanter, *Maryland Law Review*(1986).

对巫师进行报复性杀戮。国际商业巨头却抱怨说,他们很难在一个允许复仇的国家开展贸易。而巴布亚新几内亚又依赖于国际经济贸易,所以就不得不放弃执行这种土著法律。[111]

六、大众司法

大众司法也具有跨国的特征。大众法庭(popular justice tribunals)是植根于当地社区的地方法庭,但它们往往也受到了跨国意识形态的影响。[112]许多国家都借鉴了大众司法的传统,这也使得大众司法经历了从核心到边缘,又回到核心的转变过程。包括古巴在内的许多社会主义国家,都建立了以苏联同志法庭为蓝本的工人法院(workers' courts),而当前英美法律的革新(如社区调解)正以燎原之势从美国向欧洲和第三世界国家蔓延。[113] 美

〔111〕 *Supra* note 68, P. Fitzpatrick(1981); *supra* note 68, P. Fitzpatrick(1982).

〔112〕 M. Cain, "Beyond informal justice", *Contemp. Crises* (1985), pp. 335-373; M. Foucault, "On Popular Justice: a Discussion With Maoists", in C. Gordon (ed.), C. Gordon, L. Marshall, J. Mepham, K and Soper(transl.), *Power/Knowledge: Selected Interviews and Other Writings* 1972-1977 (Pantheon, 1980), pp. 1-37; S. E. Merry, "Sorting out Popular Justice", in S. E. Merry and N. Milner (ed.), *The Possibility of Popular Justice: A Case Study of American Community Mediation* (University of Michigan Press, 1993).

〔113〕 T. Hsia, "Legal Developments since the Purge of the Gang of Four", *Issues & Studies* (1978), pp. 1-26; *supra* note 68, B. Huber; *supra* note 74, N. Johnny; S. Leng, "The Role of Law in the People's Republic of China as reflecting Mao Tse-Tung's Influence", *Journal of Criminal Law & Criminology* (1977), pp. 356-373; C. S. Meschievitz and G. Galanter, "In search of Nyaya Panchayats: the Politics of a Moribund Institution", in R. L. Abel(ed.), *The Politics of Informal Justice*, *Volumes* 1,2 (Academic, 1982), pp. 47-81; R. S. Moog, "Conflict and Compromise: the Politics of Lok Adalats in Varanasi District", *Law & Society Review* (1991), pp. 545-570; *supra* note 68, A. Paliwala(1982); C. L. Pe and A. F. Tadiar, *Katarungang Pambarangay: Dynamics of Compulsory Conciliation* (UST Press, 1979); L. Salas, "The Emergence and Decline of the Cuban Popular Tribunals", *Law & Society Review* (1983), pp. 587-613; *supra* note 66, S. M. A. Salman; B. de Sousa. Santos, "Popular Justice, Dual Power, and Socialist Strategy", in B. Fine, R. Kinsey, J. Lea, S. Picciotto and J. Young(ed.), *Capitalism and the Rule of Law* (Hutchinson, 1979), pp. 151-171; B. de Sousa. Santos, "Law and Revolution in Portugal: the Experiences of Popular Justice after the 25th of April, 1974", in R. L. Abel(ed.), *The Politics of Informal Justice*, *Volumes* 1,2 (Academic, 1982), pp. 251-281; J. Seekings, "People's Courts and Popular Politics", *S. Afr. Rev.* (1989); C. S. Silliman, "A Political Analysis of the Philippines' Katarungang Pambarangay System of Informal Justice Through Mediation", *Law & Society Review* (1985), pp. 279-303; J. Spence, "Institutionalizing Neighborhood Courts: two Chilean Experiences", *Law & Society Review* (1978), pp. 139-182; N. Tiruchelvam, *The Ideology of Popular Justice in Sri Lanka: A Socio-Legal Inquiry* (Vikas Publ. House, 1984).

国的社区司法机构的源头其实来自墨西哥、非洲和亚洲国家。[114]

大众司法机构或民众法院(people's courts)是介于国家法律和地方规范之间的法律机构。大众司法通常设想建立一个由地方社区掌控的司法系统,为地方法和习惯法营造出可以施展的空间,遵循友好、协商一致的程序,而不是国家法的那种对抗制的诉讼。但在实践中,大众司法在多元法律秩序之间来回周旋,既受国家法和习惯法的牵制,又构建了自己相对独立的秩序。大众司法通过非正式的程序、非专业的人员和规则以及有限的处罚权模拟了一套地方秩序。然而,参照规则体系,采用法官和法庭所特有的服装和程序,并声称代表国家的合法权威等迹象表明该系统依然遵循正式的国家法。[115] 大众法庭往往以土著的纠纷解决方式(有时是想象出来的)来命名,如菲律宾的乡村司法(katarungang pambarangay)、[116]斯里兰卡的调解委员会(Conciliation Boards),[117]或美国的邻里司法中心(Neighborhood Justice Centers);[118]尽管名称上具有显著的地方特征,但这些法庭通常受国家法的监督、控制和资助。

有时,政府设立民众法院的初衷是为了让普通人更容易获得司法公正,减少正规法院的审判压力。这种遍布西方的改革思潮已经推广至亚洲和非洲部分地区。[119] 另一方面,民众法院也是为恢复"传统"法律而设立的。[120]在印度,政府之所以支持潘查亚特(*panchayats*),旨在使乡村民众摆脱价格

---

[114] *Supra* note 103, R. L. Abel; V. H. Li, *Law without Lawyers: A Comparative View of Law in China and the United States* (Westview, 1978); S. E. Merry, "The Social Organization of Mediation in Nonindustrial Societies: Implications for Informal Community Justice in America", in R. L. Abel (ed.), *The Politics of Informal Justice*, *Volumes* 1, 2 (Academic, 1982), pp. 17–47; *supra* note 8, L. Nader; *supra* note 23. C. J. Witty (1980).

[115] *Supra* note 112, M. Foucault.

[116] *Supra* note 113, C. L. Pe and A. F. Tadiar; *supra* note 112, C. S. Silliman.

[117] *Supra* note 113, N. Tiruchelvam.

[118] *Supra* note 36, C. Harrington; *supra* note 36, C. Harrington and S. E. Merry.

[119] J. F. Collier, "Popular Justice in Zinacantan", *Verfass. Recht Ubersee: Sonder-druck* 3 (1977), pp. 431–440; *supra* note 67, M. Galanter; *supra* note 113, C. S. Meschievitz and G. Galanter; *supra* note 113, R. S. Moog; *supra* note 28; *supra* note 68, A. Paliwala (1982); *supra* note 113, C. L. Pe and A. F. Tadiar; L. Rosen, "Making Justice More Accessible", *American Ethnologist* (1981), pp. 567–571; *supra* note 113, N. Tiruchelvam.

[120] *Supra* note 68, J. B Narokobi; *supra* note 68, B. L. Ottley and J. G. Zorn.

不菲又腐败丛生的法院,重新恢复传统的调解程序。[121] 在革命成功之后,政府也会以类似革命形势下的法庭为蓝本,建立大众法庭,以促进新社会秩序的良好发展。例如,古巴、[122] 莫桑比克、[123] 1973 年的智利[124] 和 1974 年的葡萄牙。[125]

一些大众法庭是通过与敌对国家或外来政府的对抗发展起来的。[126] 一些人为了谋求权力,考虑到政府的名声不佳,试图建立独立的新法院以吸引众多追随者,比如南非的案例。[127] 1985 年,开普敦因种族隔离问题爆发了政治动乱,其中,一批非洲青年活动家借此创建了南非青年团(youth brigade)法院。[128] 然而,这所法院和不少地方的大众法庭一样,随着时间的推移发生了变化,从抵抗国家权力的民众法庭转变为侵犯人权、严酷无情的惩罚性法庭。随着惩罚日益严苛和暴力,这些法庭也失去了社区的支持。[129]

地方和国家经常为争夺这些法庭的控制权而斗争。[130] 自治法庭通常为国家所排斥。[131] 而由国家创建的大众法庭,一般有两种结局:要么因门可罗雀而濒临废弃,要么变得更加正规,与国家法的联系更加紧密。[132] 比如,据海登(Hayden)的观察,相比于其他社会主义国家的类似机构,南斯拉夫的工人法院使用频率更高,这主要是因为这个以前的非正式机构现如今

---

[121] *Supra* note 67, M. Galanter, p. 40; *supra* note 67, R. L. Kidder; *supra* note 113, C. S. Meschievitz and G. Galanter; *supra* note 113, R. S. Moog.

[122] *Supra* note 113, L. Salas.

[123] *Supra* note 66, B. Isaacman and A. Isaacman.

[124] Suora note 113, J. Spence.

[125] *Supra* note 113, B. de Sousa. Santos(1982).

[126] S. Burman and W. Schaerf, "Creating People's Justice: Street Committees and Peopled Courts in a South African city", *Law &Society Review* (1990), pp. 693-745; J. Garlock, "The Knights of Labor Courts: a Case Study of Popular Justice", in R. L. Abel(ed.), *The Politics of Informal Justice*, *Volumes* 1,2 (Academic, 1982), pp. 17-34; *supra* note 51, H. F. P. Ietswaart.

[127] *Supra* note 126, S. Burman and W. Schaerf.

[128] Ibid., p. 722.

[129] *Supra* note 113, J. Seekings.

[130] *Supra* note 68, R. J. Gordon and M. J. Meggitt; *supra* note 68, A. Paliwala(1982); *supra* note 68, G. D. Westermark.

[131] *Supra* note 105, R. L. Abel; *supra* note 126, J. Garlock; *supra* note 8, S. Spitzer.

[132] *Supra* note 112, S. E. Merry; *supra* note 113, C. S. Meschievitz and G. Galanter.

已经变得较为正规,且与国家权威休戚相关。[133]

七、土著权利、人权和主权

在较大的国家,特别是在美国、加拿大、澳大利亚等国家,有少数群体身份意识的土著人民,往往利用人权、缔约权或自决权等跨国话语中的法律主张,重申土地和生存权。[134] 联合国于 1948 年发布的人权宣言以及关于自治和非殖民化的宣言对土著群体的话语和政治产生了重大影响。[135] 此外,其他国家中处于类似境地的其他群体也有各种各样的经验,这些经验和国

---

[133] R. M. Hayden, "Popular Use of Yugoslav Labor Courts and the Contradiction of Social Courts", *Law & Society Review* (1984), pp. 229-251; R. M. Hayden, *Social Courts in Yugoslavia* (University of Pennsylvania Press, 1990).

[134] *Supra* note 67, B. Agarwal; J. Campisi, *The Mashpee Indians: Tribe on Trial* (Syracuse University Press, 1991); J. Clifford, "Identity in Mashpee", in *The Predicament of Culture: Twentieth Century Ethnography, Literature, and Art* (Harvard University Press, 1988), pp. 277-346; M. Denhez, "The Role of 'Folk Law' as Evidence of Historic Title in International Boundary Claims", *The Journal of Legal Pluralism* (1985), pp. 69-101; R. D. Ortiz, "Protection of American Indian Territories in the United States: Applicability of International Law", in I. Sutton (ed.), *Irredeemable America: The Indians' Estate and Land Claims* (University of New Mexico Press, 1985), pp. 247-266; A. D. Renteln, "The Concept of Human Rights", *Anthropos* (1988), pp. 343-364; A. D. Renteln, *International Human Rights: Universalism versus Relativism* (Sage, 1990); E. Sevilla-Casas, "Notes on Las Casas' Ideological and Political Practice", in E. Sevilla-Casas (ed.), *Western Expansion and Indigenous Peoples* (Mouton, 1977), pp. 15-29; I. M. Sinclair, "Treaty Interpretation in the English Courts", *The International & Comparative Law Quarterly* (1963), pp. 508-551; I. Sutton (ed.), *Irredeemable America: The Indians' Estate and Land Claims* (University of New Mexico Press, 1985); D. Weissbrodt, "Human Rights: an Historical Perspective" in P. Davies (ed.), *Human Rights* (Routledge, 1988), pp. 1-20; N. M. Williams, *The Yolgnu and Their Land: A System of Land Tenure and the Fight for Its Recognition* (Stanford University Press, 1986); E. N. Wilmsen, "Those Who Have Each Other: San Relations to Land", in E. N. Wilmsen (ed.), *We Are Here: Politics of Aboriginal Land Tenure* (University of California Press, 1989), pp. 43-68.

[135] R. D. Ortiz, "Protection of American Indian Territories in the United States: Applicability of International Law", in I. Sutton (ed.), *Irredeemable America: The Indians' Estate and Land Claims* (University of New Mexico Press, 1985), pp. 247-266; *supra* note 134, A. D. Renteln (1988).

际法一道塑造了地方上的关于土地、生存和主权的政治斗争。[136] 我们知道,上述这些发达工业国家现如今都是由欧洲人或其后裔所统治的,而生活在这些国家中的原住民其历史可能要比外来的欧洲人要久远得多。但讽刺的是,当原住民针对土地及其收益提出诉求时,却必须援引欧洲国家的法律条款以论证其诉求的合法性。[137] 另外,在某些情况下,土著人民也会利用这些法律制度去修正而不是限制他们关于土地的诉求。[138] 因此,国家和跨国背景对寻求保护或收回土地、资源与主权的土著群体至关重要。

各个群体所提出的法律诉求往往以过去的条约和集体土地使用权为基础。在土地权利案件中,律师和人类学家经常密切合作。[139] 围绕土地权利和主权的法律程序所展开的人类学的新研究,做出了重要的理论贡献:针对土著人民与土地的关系,创造了一种动态、互动、历史的全新解释,从而取代了源自结构/功能主义和生态理论的形式主义的非历史的研究模型。[140] 例如,由埃德温·维尔姆森(Edwin Wilmsen)主编的关于原住民土地保有权(land tenure)的文集对过去所认为的狩猎/采集者缺乏土地所有权意识的传统观点提出了挑战。[141] 这部文集所收录的论文描述了澳大利亚土著

---

〔136〕 M. Asch, "To Negotiate into Confederation: Canadian Aboriginal Views on Their Political Rights", in E. N. Wilmsen (ed.), *We Are Here: Politics of Aboriginal Land Tenure* (University of California Press, 1989), p. 126; *supra* note 67, B. Agarwal; *supra* note 77, M. Lam; G. Nettheim, "Australian Aborigines and the law", in *Law and Anthropology* (Internationales Jahrbuch für Rechanthropologie, Hohenschaftlam-Renner, 1987), pp. 371-403; *supra* note 134, A. D. Renteln (1988); *supra* note 134, E. Sevilla-Casas; *supra* note 134, I. M. Sinclair; *supra* note 134, D. Weissbrodt; *supra* note 134, N. M. Williams; *supra* note 136, E. N. Wilmsen.

〔137〕 *Supra* note 136, E. N. Wilmsen, pp. viii.

〔138〕 H. A. Feit, "James Bay Cree Self-governance and Land Management", in E. N. Wilmsen (ed.), *We Are Here: Politics of Aboriginal Land Tenure* (University of California Press, 1989), p. 72.

〔139〕 *Supra* note 134, J. Campisi; *supra* note 134, J. Clifford; K. Maddock, "Involved anthropologists", in E. N. Wilmsen (ed.), *We Are Here: Politics of Aboriginal Land Tenure* (University of California Press, 1989), pp. 155-177; *supra* note 136, E. N. Wilmsen.

〔140〕 L. R. Hiatt, "Aboriginal Land Tenure and Contemporary Claims in Australia", in E. N. Wilmsen (ed.), *We Are Here: Politics of Aboriginal Land Tenure* (University of California Press, 1989), pp. 99-118; *supra* note 77, M. Lam; *supra* note 77, L. S. Parker.

〔141〕 *Supra* note 136, E. N. Wilmsen.

人、[142] 卡拉哈里的桑人(*Kalahari San*)[143] 以及加拿大土著人[144] 中的狩猎/采集者与土地的复杂关系。一群人往往共享对一片土地的所有权,他们之间的相互关系也影响着他们与土地的关系。维尔姆森指出,许多采集者之所以背井离乡是因为他们的土地所有权制度不被理解,所以重新审视土著人的土地保有权具有十分重要的政治和理论意义。[145]

对国情相似的国家所开展的比较研究揭示了一个普遍存在的现象:伴随着土地从公有制向私有制的转变,土著人民往往也失去了其集体所拥有的土地。[146] 在 19 世纪的夏威夷,过去一直享有土地集体所有权的土著人却被迫接受英美法系的土地保有制,[147] 类似的情况还存在于澳大利亚、卡拉哈里和加拿大。[148] 帕克(Parker)将美国人从美洲印第安人和夏威夷土著人那里盗取土地、渔业和用水权的历史进行了比较分析。[149] 对美洲原住民和夏威夷土著人而言,土地的收益以及关于这些收益的所有权常常比土地所有权本身更为重要。

为了支持土著人民以及其他类似的非主流群体的诉求,人类学家还在考虑能否构建一种考虑文化差异的普适的人权观。人权可以被视为一种具有多重政治功能的话语,也可以被视为一种修饰非主流群体所主张的各种权利的策略。因为他们所主张的这些权利,比如禁止童工和家暴,还是应和了全球公认的道德标准。[150] 有人主张土著人的土地权也是人权的一部分,

---

[142] *Supra* note 140, L. R. Hiatt; *supra* note 139, K. Maddock; F. Myers, "Burning the Truck and Holding the Country: Pintupi Forms of Property and Identity", in E. N. Wilmsen (ed.), *We Are Here: Politics of Aboriginal Land Tenure* (University of California Press, 1989), pp. 15-43.

[143] R. Gordon, "Can Namibian San stop Dispossession of Their Land?", in E. N. Wilmsen (ed.), *We Are Here: Politics of Aboriginal Land Tenure* (University of California Press, 1989), pp. 138-155; *supra* note 136, E. N. Wilmsen.

[144] M. Asch, "To Negotiate into Confederation: Canadian Aboriginal Views on Their Political Rights", in E. N. Wilmsen (ed.), *We Are Here: Politics of Aboriginal Land Tenure* (University of California Press, 1989), pp. 118 - 138; H. A. Feit, "James Bay Cree Self - governance and Land Management", in E. N. Wilmsen (ed.), *We Are Here: Politics of Aboriginal Land Tenure* (University of California Press, 1989), pp. 68-99.

[145] *Supra* note 136, E. N. Wilmsen, pp. 4-5.

[146] *Supra* note 134, I. Sutton.

[147] *Supra* note 77, M. Lam.

[148] *Supra* note 136, E. N. Wilmsen.

[149] *Supra* note 77, L. S. Parker.

[150] *Supra* note 134, A. D. Renteln (1988).

应该将土地权与人权话语结合起来。[151] 超越国界的普适人权标准看上去似乎对传统人类学所坚持的文化相对论构成了根本挑战,但在伦特恩(Renteln)看来,这种所谓的挑战不足为惧,因为其并没有真正理解什么是文化相对性。[152]

八、纳入行政国家

一些研究探讨了地方如何与行政国家的规章制度和福利政策纠缠在一起。其中,有学者考察了推动后殖民国家向欧洲或北美式的福利国家转型的影响。比如,将第三世界国家的工人和农民纳入社会保障体系。最近出版的一部关于社会保障和民间法律的论文集对此作了专门讨论。这些文章认为,失业金和养老金等社会保障形式诞生于欧洲的工业经济,这对于过去以民间亲属关系为基础的农业社会来说,是一个沉重的负担。[153] 当然,随着城市化的进程和货币经济的发展,原有的农业社会正在逐渐瓦解。

还有一些学者关注的是在没有正式法院的地区新设立的法院。需要说明的是,这里的"法院"是指归属于国家司法系统的法院,而不是上文所述的源于大众司法的非正式法庭。关于新法院与原有秩序体系之间的相互影响,相关研究不胜枚举,而这其中又有不少研究都秉持着历史的研究视角。[154] 在一国从他国引入新法典的过程中,地方法院发挥了举足轻重的文

---

[151] *Supra* note 144, M. Asch, p. 122.

[152] A. D. Renteln, "Relativism and the Search for Human Rights", *Amercian Anthropologist* (1988), pp. 56–72.

[153] F. von. Benda-Beckmann, K. von. Benda-Beckmann, E. Casino, F. Hirtz, G. R. Woodman and H. F. Zacher (eds.), *Between Kinship and the State: Social Security and Law in Developing Countries* (Foris, 1988).

[154] *Supra* note 66, R. L. Abel; *supra* note 65, S. B. Burman and B. E. Harrell-Bond; *supra* note 60, M. Chanock (1985); *supra* note 67, B. S. Cohn (1989); *supra* note 69, J. F. Collier; *supra* note 119, J. F. Collier; *supra* note 17; *supra* note 66, E. Colson; *supra* note 68, P. Fitzpatrick (1980); *supra* note 67, M. Galanter; *supra* note 68, R. J. Gordon and M. J. Meggitt; *supra* note 77, M. J. Matsuda; *supra* note 66, S. F. Moore (1989); *supra* note 68, J. B Narokobi; *supra* note 68, B. L. Ottley and J. G. Zorn; *supra* note 68, A. Paliwala (1982); *supra* note 15, P. Parnell; *supra* note 73, G. S. Silliman; *supra* note 66, F. G. Snyder (Academic, 1981); *supra* note 66, C. N. Ubah.

化作用。[155] 关于这种现象,可以参考斯塔尔对近代土耳其法律移植所作的精彩研究。我们知道,土耳其在传统上是一个伊斯兰社会,但从 20 世纪 20 年代起,它开始引入世俗法律,而后,这些法律逐步渗入乡村生活,并借此构建了一个崭新的社会秩序。[156] 到了 20 世纪 60 年代,在乡村生活中,世俗法的地位已经超过了伊斯兰法。斯塔尔认为,她此前所作的区域研究无法解释这种现象。[157] 因而她主张,必须要把研究视野从地方或区域扩展至国家政治、法律变迁以及历史转型等宏观层面。还有一些学者探讨了奥斯曼帝国在 19 世纪引入法国法典的情况。[158]

然而,现代行政国家的规章制度和法律程序对地方上的众多关键领域均产生了影响,而这些领域却很少受到人类学的关注。其中最突出的一个领域是税收政策。其次就是警务问题。目前不乏关于地方法院的研究,但涉及警务策略的却寥寥无几。对美国警察的大量研究表明,警务是一项由警官的文化类别和文化观念所决定的高度依赖自由裁量的活动。但在大多数法律民族志的描述中,警务问题往往被当作背景而非研究的核心。[159] 警务技术和训练标准显然是跨越国界的。例如,中美洲国家的警务策略就受到了美国模式的启发。

第三个被忽视的研究领域是监狱、罚款和监管等惩罚策略。福柯曾对规训和监管这些现代形式作过原创性的分析。[160] 他认为,从体罚到监禁的转变反映了社会已经发生重大转型。关于殖民社会和后殖民社会的研究偶尔会提到监狱,也会顺便强调一下监狱的重要性,但大多数的民族志研究并没有专门讨论过监狱问题。波斯皮斯尔(Pospisil)讨论了一个有趣的问题,即权力和规训如果发生了形式上的改变究竟意味着什么。据他的观察,巴布亚卡保库人(Kapauku)对监狱这种惩罚方式感到不满。在当地人看来,这种外来的惩罚形式不仅切断了灵与肉的关联,也分割了身体行动与自由

---

〔155〕 *Supra* note 63; J. Starr and J. Pool, "The Impact of a Legal Revolution in Rural Turkey", *Law & Society Review* (1974), pp. 533-560.

〔156〕 *Supra* note 22, J. Starr (1989); *supra* note 75, J. Starr; *supra* note 22, J. Starr (1992).

〔157〕 *Supra* note 22, J. Starr (1978).

〔158〕 *Supra* note 75, G. E. Bisharat; *supra* note 75, B. Messick.

〔159〕 *Supra* note 14, L. Nader and H. F. Todd; *supra* note 22, J. Starr (1978); *supra* note 68, R. J. Gordon and M. J. Meggitt.

〔160〕 *Supra* note 50.

决策的关系。[161] 用卡保库人的话说,在监狱里,"维持人生命的物质消耗殆尽,人就死了"。[162] 事实上,尽管荷兰殖民官员坚信监禁具有积极的"文明"作用,但他们也发现,如果卡保库人被长期关押,会出现日渐憔悴甚至死亡的后果。

在福柯的理论中,权力的基础除了消极的禁止以外,还有积极的一面,即完善的规范以及对个体的规训。[163] 法律在制度上塑造而非遏制了监督;法律创造了新的规训技术,其适用范围非常广泛,从监狱到工厂,从军队到学校。以福柯所谓的"规训技术"——一种高效的权力形式,包括时间表、牢房和全景视监狱——为标准,资本主义的法律与前资本主义的法律在性质上有着根本的差异。那么,当资本主义社会中的这些高效的权力和规训与非资本主义社会的那些并不高效的权力和规训相互遭遇的时候,就产生了极为有趣的对比。

第四个为民族志研究所忽视的领域是法律职业的作用。学者们经常研究欧洲、北美和第三世界国家的律师以及跨国法律与发展运动,[164] 但很少有人从民族志的角度考察过地方上的律师。比沙拉(Bishara)对位于约旦河西岸的巴勒斯坦律师的研究填补了这一空白。[165] 他梳理了这种法律职业的历史变迁:最初于19世纪移植自西方,起初在民间社会中根基不深,后来在英国统治下蓬勃发展,被以色列占领后又萎靡不振,而进入20世纪之后,因约旦河西岸的政治动荡,这些律师的社会声望与权力地位一直有着较大的波动。

法律人类学的研究主要集中于地方社会生活中更加本土化和"传统"的法律领域——特别是纠纷程序、非正式平台以及地方法院。他们恰恰忽视了那些在很大程度上具有跨国特征的法律制度:警察、监狱、律师、行政法

[161] *Supra* note 68, L. Pospisil (1979), p. 141.

[162] Ibid., p. 142.

[163] *Supra* note 50.

[164] R. L. Abel and P. S. C. Lewis (eds.), *Lawyers in Society*, *Volumes* 1, 2, 3 (University of California Press, 1988); C. J. Dias, R. Luckham, D. O. Lynch and J. C. N. Paul (eds.), *Lawyers in the Third World: Comparative and Developmental Perspectives* (Uppsala: Scandinavian Institute of African Studies / New York: International Center for Law in Development, 1981); *supra* note 103, J. A. Gardner; *supra* note 67, R. L. Kidder.

[165] *Supra* note 75, G. E. Bisharat.

规、税收、社会保障制度。就第三世界国家的地方法院而言,有的的确创立于全球化以前,但还有一些确定无疑是跨国进程的产物。

九、结论

本文回顾的文献表明,20 世纪 90 年代的法律人类学在研究地方的过程中越来越需要把跨国进程纳入分析背景。这意味着此项学科需要考虑以下问题:伴随殖民统治而强加的外国法律制度的遗留问题;过去的某些自治社会的规则可能延续到了新社会;国际条例或宣言的影响;舶来的法律程序(如大众法庭)和整个法规体系对地方社区的影响。更重要的是,法律体系在多民族的国家中可能发挥着能够界定集体身份的关键的象征作用。对主权的诉求本身就包括对自主法律制度的渴求,而这种法律制度就是集体意识的体现。现如今,我们正迈向一个能够实现规则和程序全球流通的多民族的法律秩序,而国家和跨国进程是理解这一状况的关键。

基于此,笔者认为,包括国家和跨国秩序在内的相互构成的法律秩序模式,为理解法律如何在地方发挥作用提供了最有效的理论框架。将规范秩序之间的关系界定为相互构成,能够帮助我们了解在法律多元的背景下主流与非主流群体或阶级之间的相互关系。它提供了一种方法,使得我们可以去思考通过法律统治的可能性以及这种统治的局限性,由此也指明了哪些领域能够让个人和群体做出有意义的抵抗。对多元秩序的关注展示了国家法律在意识形态能力上的局限性,并提醒我们不可忽视国家法律无法渗透的领域,在这些领域中,持续存在一种替代国家法的规范秩序。

中国国际法学者

邵津教授的求学治学之路
——兼评邵津教授主编之《国际法》教材

◇ 王晓娟*

燕园山水，湖光塔影，美不胜收，朗润园当属其中的一颗明珠。深秋时节，垂柳渐黄，落叶满地。由于地处校园最北边，园内只有个别科研机构和几幢住宅楼，因此行人罕至，显得格外宁静。郎润园 13 公寓，一幢普通的教工住宅楼，邵老师居住在这里已经数十年了。其间楼层有过调整，但室内家具陈设未见显著变化，桌上放着的书却引人注目：一本是署名为伦敦某研究所的国际法专著，另一本是北京大学出版社出版的译著——《世界舞台上的国际政治》。师母交代的家政要事常常需要再三提醒，但只要一谈起有关国际法的事情，邵老师便神色爽朗，反应迅捷，仿佛脑子里随时都有备好的标准答案。

1992~1995 年，当我还在蓟门桥畔、小月河边的政法大学学习国际公法时，就在一次小型学术研讨会上，有幸聆听了邵老师严谨、规范的英文发问。当时的会议地点是新搬迁进去的北京大学法学楼一层会议室，会议主题是国际人权法，参加人员有白桂梅、李鸣老师，两位来自加拿大的学者，还有我敬爱的导师梁淑英教授。当时两校的国际法专业之间似乎是互通有无的。老师们都坐在前排的桌边，我们几个学生就坐在后排的位置上。记忆中邵老师穿着一件九成新的瓦蓝色制式衬衫。在加拿大学者发言完毕之后，邵老师对着桌上的稿纸，缓慢而准确地用英语提出了自己的问题，大概他要提的问题是事先已经准备好的，写在稿纸上。然后他的目光期待着加拿大学者，等待他的回答。加拿大学者显然是听懂了邵老师的提问，随后语气客观

---

* 法学硕士，现为世界知识出版社编辑。

地做了回应。

那时,我刚刚跨入国际法的大门,坦白地说,大部分情形是一知半解,但是,国际法和国际关系是我的最爱。会后,我即主动地向邵老师询问,以后能否报考他的博士研究生,继续深造国际法,邵老师其时已是国务院学位委员会批准的、为数不多的博士生导师。邵老师例行公事地问了问我的毕业院校和专业,我如实做答。毕业时分,前途和去向未卜,由于各种客观原因,我当年并没有报考邵老师的博士研究生,转而自谋生路。虽然没有机会成为邵老师的学生,然而阴差阳错,事隔多年,我有幸成为邵老师主编的《国际法》教材的责任编辑。[1] 首先是作为本书的责任编辑,其次是作为一个研习国际法多年的学生,我认真通读了邵老师主编的这本《国际法》教材,的确产生了认同。邵老师为人处世一贯严谨低调,作为一个比较了解邵老师的人,我感到有责任也有义务向业界同仁介绍一下这本书的特色,介绍一下邵老师的为人为学。

自1982年、1995年司法部统编《国际法》教材问世以来,国内各大专院校冠名《国际法》的教材和专著不下数十种,其中不乏兄弟院校和资深国际法学者的优秀著作,标志着我国国际法的教学和研究已经超越了改革开放初期的起步阶段,开始向纵深地带发展,但另一方面,确实也难免有极少数教材创新不足。邵老师主编的这本教材的写作团队广泛吸纳了校内外各领域已取得相当专长的人士,对于国际法基本理论的论述和阐释有一定的创新与突破,在国际法教学内容方面有所发展与拓宽,个别章节填补了国内空白。以下试举例说明。

一、教材的创新之处

(一)个人是否为国际法的主体

国际法的主体是指在国际法律关系中享有权利和承担义务的法律人格者。在第一次世界大战之前,国家被认为是国际法的唯一主体。然而,第二次世界大战后,伴随着国际关系的变化和发展,国际组织、正在争取解放的

[1] 邵津主编:《国际法》(第二版),北京大学出版社、高等教育出版社2005年版。

民族或民族解放运动组织,如巴勒斯坦解放组织被广泛承认为国际法的主体。但是,对于个人是否是国际法的主体,国际和国内理论界却一直存在争论和分歧。个人究竟能否独立地参加国际关系,能否直接和独立地(而不是间接地通过他们的国家)承担国际法上的责任,是回答这一问题的关键。新近的国际实践表明,某些地区性人权保护公约如《欧共体条约》直接赋予了个人或公司在某些情况下在欧洲人权法院起诉的权利,甚至规定个人可以对其所属国家提起诉讼。又如,在《国家与他国国民投资争端公约》这样的世界性投资公约中,外国投资者可以在该公约所设的仲裁庭向作为公约缔约国的东道国提出求偿。一个最新的事例是:1998 年通过的《国际刑事法院规约》第 7 条“个人的刑事责任”规定:“凡计划、教唆、命令、犯下或协助煽动他人计划、准备或进行本规约第 2 至 5 条所指罪行的人应当为该项犯罪负个人责任,也不得减轻刑罚。”此外,1996 年联合国国际法委员会二读通过的《危害人类和平与安全罪法典草案》第 3 条和第 4 条规定,危害人类和平与安全的罪行引起个人责任;个人应按照本法对侵略罪和所列其他罪行负责,所受到的惩罚应与其罪行的性质和严重性相适应。

面对国际现实,客观的、符合逻辑的结论应该是:在有限的、特定的范围内,个人已经成为国际法的主体,这一点已经得到国内部分国际法学者的承认。我国 20 世纪 80 年代的统编教材对个人的国际法主体资格作了否定的陈述和回答。然而,二三十年已经过去了。作为一个资深的国际法教授,邵老师参加了该部统编教材和随后的 1995 年国际法统编教材的编写工作。邵老师在自己于 2000 年主编《国际法》教材时,仍然持有比较传统的观点,然而在 2005 年对自己主编的教材进行修订之际,他抛弃了自己以往过时的观点,转而承认:“现在比较通行的看法是认为个人是国际法的主体。”这体现了一种实事求是、与时俱进的精神。

(二)国际法渊源的含义

国际法的渊源是国际法学科的又一个基本问题。笔者十多年前学习国际法时,教科书对国际法渊源的定义是:“国际法原则、规则和规章制度第一次出现的地方。”[2]然而,同时翻开法学基础理论课本,关于法律的渊源是

---

〔2〕 参见王铁崖主编:《国际法》,法律出版社 1981 年版,第 25 页。

这么叙述的:具有法的效力作用和意义的法的外在表现形式。究竟什么是法律的渊源,什么是国际法的渊源,作为一个初入国际法学门的学生,笔者自无力解决。

自那时以后,国外的国际法教材也次第引入。关于国际法渊源的概念,各家存有争论。在2000年邵老师主编的《国际法》一书中,国际法的渊源是这样表述的:"国际法规范表现的形式或形成的过程、程序。"学习和研究国际法渊源"不但有理论意义,而且有实用意义。因为,不论要查明国际法的规范是什么,还是在有分歧时要确定何者是适用的国际法规则,何者不是,都离不开对有关规范或规则的渊源的调查研究"。至此,关于国际法渊源的概念应该明确。国际法的渊源只能是指法律意义上的国际法的形式渊源,以此区别于它的历史渊源——它第一次出现的地方,也区别于它的实质渊源——国家法效力产生的根据;区别于国际法的起因——国际法产生和发展的政治、经济和文化等因素,也区别于国际法的证据——证明国际法原则、规则和制度的资料。

(三)国际法与国内法的关系

2001年,我国加入世贸组织,加快了国内法与国际法的衔接、渗透和转化,"甚至在许多法律中规定了国际法在国内的直接适用",[3]国际法在国内的适用问题更加凸显。关于国际法与国内法的关系,邵老师在导论一章中是这么写的:"国际法与国内法的关系是国际法的基本理论问题之一,同时也对各国实践,首先是条约和习惯法规则在国内如何实施,产生影响,因而具有重要的理论意义和实际意义。国际法与国内法的关系主要涉及两个方面的问题:一是国际法和国内法是属于一个体系还是属于两个体系。另一个是如何使国际法在国内具有效力。对前一个问题的不同回答产生了一元论、二元论等不同学说,对后一个问题的回答需要先考察一下各国的实践。"字里行间,贯穿着独立思考、深入研究的治学精神,未见任何因袭他人成见的痕迹。

---

[3] 王虎华主编:《国际公法学》,北京大学出版社、上海人民出版社2005年版,序言第1页。

（四）军备控制与裁军

在审读书稿的过程中，责任编辑还发现，修订后的邵老师主编的《国际法》一书新增加了一章《军备控制与裁军》。本章作者开宗明义写到，军备控制与裁军是国际安全和国际关系中的一个重要问题，也是现代国际法的重要内容，国际法从近代国际法转变到现代国际法，最重要的标志之一就是宣布侵略战争为非法，侵略战争是破坏国际和平的罪行。以此为出发点，国际社会制定了和平解决国际争端、军备控制与裁军的国际法原则。《联合国宪章》的宗旨是维护国际和平与安全。为促进这一宗旨的实现，宪章规定，“以尽量减少世界人力及经济资源之消耗于军备”，“建立军备管制制度”。恕孤陋寡闻，责任编辑学习和关注国际法多年，还是第一次看到军备控制和裁军被纳入国际法的重要内容。说其填补了国内空白也不为过，在英文版的国际法教科书中也不多见。

时光荏苒，数十年过去了，今日的国际法学科已非改革开放初期所能比拟，今日图书市场之繁荣亦非数十年前所能想象。在学习完邵老师这本言简意赅、独具特色的国际法教科书之后，笔者长期以来心存的许多难点和疑惑确有茅塞顿开之感。工作之余，我有机会和邵老师及师母多次交谈，得以了解邵老师的求学和治学道路。

二、邵老师的求学与治学之路

（一）家庭背景

邵老师于 1927 年出生于“五口通商”著名商埠——宁波。自清末门户开放以来至 20 世纪 30 年代，宁波已经由一个商埠小城发展成为比较活跃的商贸中心。在这个靠近大海的城市，邵老师的生活自幼就不闭塞，思想比较开放，很容易接受新事物。小时侯，邵老师家旁边就是英国领事馆，挂着“大英钦命领事馆”的牌子，年幼的邵老师经常看着这些中外人士进进出出，忙于公务。更重要的是，邵老师家有一位亲戚名叫吴经熊（1899~1986 年），是一位名载史册的法学家，曾在天津北洋大学、上海中国比较法学院学习法律，后在美国密歇根大学法学院获博士学位。吴曾在上海担任法官、律师，

1933年加入南京国民政府立法院,担任宪法起草委员会副委员长,主持编撰了著名的《吴氏宪草》,1945年以中国代表团法律顾问的身份,参加了在美国旧金山召开的联合国制宪会议。1946~1949年,吴曾任中华民国驻罗马教廷公使。[4] 小时侯,邵老师的父亲总是勉励他以表叔为榜样,并专门带他去上海静安寺路拜访过这位表叔。从此,邵老师就想长大后留学、当外交官、当学者。上中学后,邵老师自然就对外语很感兴趣,学习很认真,很勤奋。

(二)本科教育

1945年,邵老师考入国立浙江英士大学,英士大学以“辛亥第一功臣”陈英士烈士命名,[5]具有民主、开放的浓厚氛围,是一所多学科的综合性大学(解放后与浙江大学合并,成为今日浙江大学前身的一部分)。由于少时的家庭影响,邵老师就选择了法律系学习法律。他认为,这个专业是将来从事外交工作直接需要的,况且自己对这方面也有很浓厚的兴趣,并特别注重学好外语。战火连绵不断,局势动荡不安,英士大学在杭州周围数迁校址。尽管如此,在浙江英士大学法律系读书四年,邵老师还是如饥似渴地学习各门课程,不断提高外语水平。

(三)调入北大

毕业之时,正是全国解放前夕,邵老师先在家乡一所中学教了几个月英语。由于他先前曾在上海学习过一段时间的俄语,这时就到大连大学俄专和一所军队所属的俄专继续学习俄语。毕业后,邵老师曾留校担任过一段俄语教师,其间继续学习、研究法律特别是国际法的志向始终没有改变。终

---

〔4〕 参见吴经熊:《超越东西方》,社会科学文献出版社2002年版,第52、147、266页。

〔5〕 陈英士,名其美,浙江湖州人,是辛亥革命先驱和元勋之一。他1906年留学日本,加入同盟会,于1911年在上海创立了同盟会中部总会。作为孙中山的积极追随者,他在辛亥革命中赴汤蹈火,“光复上海,谋取江浙,部署攻克金陵,为东南半壁江山的光复奠定了基础”。南京临时政府成立后,陈担任沪军都督,是临时政府最有力的支持者。1913年,袁世凯复辟帝制遭全国反对,陈英士出任讨袁军总司令,1916年被袁世凯派人刺杀于上海,年仅38岁。孙中山高度赞扬陈英士的革命精神,称赞他是“革命首功之臣”。1929年民国政府在杭州湖滨三公园建立了陈英士铜像,1938年为纪念他又在浙江丽水创设英士大学。载搜狐网(http://news.sohu.com/20050429/n225402929.shtml),最后访问日期:2021年7月14日。

于在 1956 年,邵老师调入北京大学法律系,正式开始了“在我从小向往的大学、在我所选择的领域的教学和科研工作”。这时的邵老师风华正茂,精力充沛,看到新中国百废俱兴,外交上也开始走上国际舞台,在北大这么好的学习和工作环境中,邵老师很快就确定了自己毕生的研究方向——国际法。从那时开始,邵老师在国际法的教学和科研领域里一直工作到今天,已有半个世纪之久。

在长达半个世纪的岁月里,他和同时代的知识分子一样,经历过十年“文化大革命”、院系调整、下放劳动,但他始终没有中断国际法的学习,更不断通过自学,提高英语水平。图书馆是他经常光顾的地方,管理员对他格外热情和关照。坚持不懈的自学和积累为他后来恢复教学和科研工作奠定了坚实的学术基础。

(四)迎来改革开放的春天

改革开放以后,我国的各项事业空前发展,科研的春天也来到了。这时,老一辈国际法学者担任着繁重的学科恢复和行政工作,邵老师作为新一辈年轻人,多年的学习和积累有了用武之地,迅速成为教学科研工作的新生骨干力量。

更为幸运的是,国家实行改革开放的新政策,知识分子重新得到了尊重。作为年轻的新生后备力量,邵老师亲身沐浴到了改革开放的春风。1983 年,他有机会到美国哥伦比亚大学法学院做访问学者,为期一年。多年来潜心苦学的国际法和英语有了用武之地。在那里,他和当地的国际法专家、学者共同研究和讨论国际法、海洋法方面的问题,真是如鱼得水,获益匪浅。1985 年秋,邵老师又在海牙国际法学院进行海洋环保法研究。

回国以后,基于他多年扎实的学术功底和严谨认真的工作作风,1985 年 12 月,邵老师被国家教委批准为博士生导师,开始指导博士生的学习和研究。教学相长,这使他在国际法、海洋法方面的研究更加深入。特别是在这个时期,邵老师有很多机会参加有关的国际会议,接触最新的专业问题,与更多的国际知名学者进行广泛的交流。

1990 年 9~12 月,邵老师有机会到美国西雅图华盛顿大学法学院讲学,从事教学和研究工作一个学期。在那里他和著名的海洋法教授 W. Burke 进行了切磋和研讨。

(五)代表性科研成果

这段时间是邵老师教学科研的黄金阶段。他先后发表了《国际法院的北海大陆架案判决与大陆架划界原则》〔6〕《大陆架划界案仲裁裁决与公平原则》〔7〕《专属经济区的法律性质》〔8〕《关于外国军舰无害通过领海的一般国际法规则》〔9〕《银河号事件的国际法问题》〔10〕《专属经济区和大陆架的海洋科学研究制度》〔11〕《新的海洋科学研究国际法制度——专属经济区和大陆架、国际海底区域》〔12〕《专属经济区和大陆架的军事利用的法律问题》等文章。〔13〕

《关于外国军舰无害通过领海的一般国际法规则》一文的核心观点是,关于军舰无害通过领海的国际法规则,在成文的国际海洋法公约中实际因"一揽子交易"而有模糊和弹性解释空间。特别是,公约对于"沿海国到底可以为军舰无害通过领海制订多少或多严的法律,而意欲通过该领海的外国军舰要如何尊重并遵守这些国内法"等关键问题,是没有确切答案的。因此,有关军舰无害通过领海的国际法规则就必须因循国际习惯法,即只能从丰富的国际实践中去寻找导出。而综观国际实践,各国事实上是根据本国的海军实力和海上安全需求来确定并适时调整本国的领海政策和法律的,关于外国军舰通过领海的国内法实践是多元的,既有严格限制的,也有宽松自由的,即便是同一个国家,在不同时期亦会在这个问题上调整政策或修改

---

〔6〕 参见邵津:《国际法院的北海大陆架案判决与大陆架划界原则》,载《北京大学学报(哲学社会科学版)》1980年第2期,第28~37页。

〔7〕 邵津:《英法大陆架划界案仲裁裁决与公平原则》,载《中国国际法年刊》1982年,第239~258页。

〔8〕 邵津:《专属经济区的法律性质》,载《海洋问题研究》1982年第2期,第22~38页。

〔9〕 邵津:《关于外国军舰无害通过领海的一般国际法规则》,载《中国国际法年刊》1989年,第115~138页。

〔10〕 邵津:《银河号事件的国际法问题》,载《中外法学》1993年第6期,第9~13页。

〔11〕 邵津:《专属经济区和大陆架的海洋科学研究制度》,载《法学研究》1995年第2期,第60~72页。

〔12〕 邵津:《新的海洋科学研究国际法制度——专属经济区和大陆架、国际海底区域》,载《中外法学》1995年第2期,第7~12页。

〔13〕 邵津:《专属经济区和大陆架的军事利用的法律问题》,载《中国国际法年刊》1985年,第183~217页;另见《江流有声:北京大学法学院百年院庆文存之理论法学·国际法学卷》,法律出版社2004年版,第401~425页。

法律。邵老师认为,多样立法,或严或宽,多元实践,这才是军舰无害通过领海的国际法规则的应然状态。在20世纪80年代中后期,这篇文章对我国领海与毗连区法关于军舰无害通过条款的制定有重要影响,邵老师本人也以咨询专家身份参与了这部国内基础性海洋法的立法工作,并发挥了重要作用。这篇论文的英文版被英国权威海事杂志《海事政策》刊登,英文标题为《外国军舰无害通过领海问题:第三次联合国海洋法会议以后》。[14]

2001年,中美飞机在南海相撞,恰逢邵老师的学生在军方专门研究和处理这方面的法律问题,他查遍中国国际法学界在国际海洋法方面的研究成果,最终发现,唯有邵老师1985年在《中国国际法年刊》上发表的论文《专属经济区和大陆架的军事利用的法律问题》对这一问题作过深入的探讨和研究。自2001年撞机事件以后,更多的国内国际法学者开始关注专属经济区的军事利用问题,西太平洋海域一些国家,如我们的东邻——日本,这时才专门召集国际会议研讨该问题。而邵老师能在十多年前就对该问题进行严谨、深入的学术探讨,足见其学术敏感性以及在国际海洋法领域独到的研究视野。近年来,美国海军在南海强暴推行所谓的"航行自由行动"。我海军依法依规依据、有理有利有节,与美海军进行周旋和斗争,其中,邵老师多年前的研究成果仍具有很高的参考价值。

此外,邵老师撰写的《日内瓦人道主义四公约的解释和适用:中华人民共和国的实践》也被《国际人道主义法论文集》(葡文版,澳门红十字会1997年版)收录。他还参加了《中国大百科全书》(中国大百科全书出版社1984年版)法学卷"国际争端的和平解决"等系列词条的编写工作;合作翻译前苏联科罗文主编《国际法》教科书(1951年版,人民大学、外交部内部发行)、《海洋政治地理》(商务印书馆1979年版);参加编写《联合国专门机构研究》、司法部统编教材《国际法》1982年版和1995年版。

(六)访学港澳台

1997年7~9月邵老师到台湾东吴大学法学院,和国际法专家学者进行交流,并担任了一个学期的教学工作。

---

〔14〕 "The Question of Innocent Passage of Warships: After UNCLOS Ⅲ", *Marine Policy* (1989), pp. 56-67.

1996年,邵老师应邀去澳门参加国际人道法研讨会,澳门的通用语言为葡语和广东话。作为中国学者,邵老师无奈只能选择使用英语发言。没想到,他自解放前中学起开始学习、在美国经过考验的英语功底这时发挥了意想不到的效果,不仅使参会学者对中国学者刮目相看,当即还得到香港大学法学院的邀请去该校讲学。2003年4~8月,邵老师又去澳门科技大学法学院给本科生和博士生带课。这些访学活动为他的学术研究拓宽了视野,丰富了内容。

(七)当选联合国经社理事会人权委员会"防止歧视和保护少数者小组"委员会轮值委员

1988年、1989年,邵老师先后参加联合国防止歧视与保护少数小组委员会第40届、第41届会议。2000年,基于他在国际法学科突出的科研成果和学术地位,经外交部提名,邵老师作为专家以个人身份当选为联合国经社理事会人权委员会"防止歧视和保护少数者小组"委员会轮值委员。〔15〕

(八)过往回眸

1. 教学和科研

自1956年调入北京大学法律系,邵老师在国际法的教学和科研领域一直工作到今天,屈指已有半个多世纪的历史。特别值得指出的是,邵老师先后参加过司法部1982年、1995年《国际法》、2000年教育部全国高等学校法学专业核心教材《国际法》三代统编教材的编写工作,亲身经历了我国国际法学科从恢复到繁荣到纵深的发展历史。由邵老师主编的第三代《国际法》统编教材自2000年11月首次出版以后,不断修订和完善,至2019年已多次再版重印(见图1)。〔16〕 邵老师说:"国际法在外交活动中有着很重要的作用,更多的人在学习这门课程。编写出一本好的教材,是我们新老国际法

---

〔15〕 巧合的是,2020年我在编辑出版朱利江教授的《联合国人权理事会普遍定期审议机制研究》一书时,无意中发现邵老师的表叔吴经熊先生于1946年也曾被推选为联合国经社理事会下设人权委员会核心小组成员。参见朱利江:《联合国人权理事会普遍定期审议机制》,世界知识出版社2020年版,第8~9页。

〔16〕 参见邵津主编:《国际法》,北京大学出版社、高等教育出版社2000年第1版;北京大学出版社2014年第5版。

学者义不容辞的使命。”

图 1 《国际法》

在完成本科生授课之外，自 1986 年以来，邵老师还指导了数十名研究生，他们大多很优秀，善于学习，有研究能力。邵老师说：“在指导他们的过程中，也促进了我更深入地研究。”“现在，这些学生在国际法的不同范畴里，各有所长，已经成为国际法学科的中坚力量。他们活跃在大学的讲坛上，在自己的研究领域里进行着新的研究和探索，国际法学的形势可喜。”

图 2 1996 届博士生毕业论文答辩留影

（从左至右：答辩委员会秘书、博士研究生任筱锋，博士生导师邵津教授，答辩人、博士研究生吴慧）

图 3 《国际法学论丛》

2. 担任北京国际法学会首任会长

1997 年 12 月,北京市法学会国际法学研究会宣告成立,从此,“首都从事国际公法、国际私法、国际经济法教学、科研人员和涉外实际工作者有了自己的学术组织”。邵老师被推举为首任会长。国际法主要是调整国家之间对外关系的法律。北京是伟大祖国的首都。可以说,有关我国对外交往中的国际法问题有相当一部分是发生在首都北京的。北京市国际法学研究会本着实事求是、严谨务实的工作作风,注重解决中国法制建设和对外交往中所发生的有关国际法的实际问题和具体问题。该会的代表性刊物是《国际法学论丛》(见图 3)。在开首卷中,邵老师亲自撰写了《中国国际法学:从恢复、发展到初具规模——纪念十一届三中全会二十周年》,[17]对改革开放以来,我国国际法学科的恢复、建设与发展做了历史性的回顾和前瞻。所引资料皆由他和他的研究生亲自搜集整理,数字具体,引证明确,论述中肯,从不说半句没有根据的话,从不做任何空洞虚荣之事,充分体现了邵老师为人为学一贯所秉持的严谨、务实、求真的风格。[18]

---

〔17〕 参见《国际法学论丛》,当代世界出版社 1999 年版,前言及第 1~18 页。

〔18〕 北京国际法学会的前身是成立于 1997 年的北京市法学会国际法学研究会,北京大学法学院邵津教授为首任会长。2006 年在北京市民政局社团办注册登记为独立社团法人,更名为“北京国际法学会”。会员主要来自首都高校及中央、北京市的国家机关、企事业单位的法学研究人员和从事实务工作的人员。北京国际法学会团结和组织首都高校和北京市政府机关及其法律实务部门中从事国际法学教学、科研和外事实务工作者及其它热心国际法学研究探讨的有关人员,大力开展国际法学研究和学术研讨活动,为推动国际法学的不断发展,贯彻国家对外政策,促进国家和首都的对外交往贡献力量。载首都法学网,(http://www.bjfxh.org.cn/bjfxh/436289/453296/458682/526888/index.html).最后访问日期:2021 年 7 月 24 日。

自成立以来,该会积极开展国际法学科的学术研究活动,团结了首都从事国际公法、国际私法和国际经济法专业的教学、科研、实务和外事工作人员,成为首都国际法工作者的重要论坛,成为工作在教学、科研和实务第一线的青年国际法学者崭露头角的家园。在2005年召开的北京国际法学会年会上,邵老师伯乐知老,他明智地将自己手中的接力棒教给了下一代年轻人,诚心诚意地扶持和鼓励年轻人独当一面。

……

三、结语

往事如烟,我离开学校已经很多年了。走了很多年,依然没有走出国际法的圈子,反而昔日人物如昨。开年会的时候依然能见到以前仰慕的前辈知名学者,也有昔日同窗好友一跃而成为新秀。在北大出版社工作期间,与邵老师接触的机会超过了历史上任何时期,对邵老师的为人和治学也有了更多的了解。离开北大出版社之后,我时常想念那里的一切,每隔一段时间也有机会和邵老师、师母团聚。进了邵老师的家,推开阳面的窗户,是季羡林先生笔下的清塘荷韵,荷塘的四周,万条垂下金丝柳。推开阴面的窗户,正对着圆明园红色的宫门,屋后一墙之隔,万泉河水[19]在静静地流淌……人常说,"上善若水",邵老师的性情和做事的风格大抵如此。他静静地读书、学习、工作、生活、做事,静静地倾听学生们在谈论各自的工作和生活,他言语不多,然而,必要时却会做出机智的反应……退休后的邵老师仍然居住在朗润园,大多数的时日或是在书房读书,或是在园中散步休息,或是去图书馆翻阅报刊。偶尔出门旅行,箱包里也忘不了带上一两本国际法或国际关系方面的著作。那里永远是他辛勤耕耘的精神乐园。

〔19〕 万泉之水汇流成河,名万泉河。据古书记载:"自万泉庄平地涌泉……汇于丹棱沜。沜之大以百顷,沃野平畴,澄波远岫,绮合绣错,盖神皋之胜区也。"参见曹保升等:《海淀名胜掌故》,同心出版社2003年版,第262页;张恩荫:《三山五园史略》,同心出版社2003年版,第169~172页。